周期
真实义
1

周金涛 ———— 著

中信出版集团|北京

图书在版编目（CIP）数据

周期真实义 . 1 / 周金涛著 . -- 北京：中信出版社，
2025.1. -- ISBN 978-7-5217-6949-4
Ⅰ. F014.8
中国国家版本馆 CIP 数据核字第 2024UW1668 号

周期真实义 1
著者：　　周金涛
出版发行：中信出版集团股份有限公司
　　　　　（北京市朝阳区东三环北路 27 号嘉铭中心　邮编　100020）
承印者：　北京启航东方印刷有限公司

开本：787mm×1092mm 1/16　　印张：21.25　　字数：314 千字
版次：2025 年 1 月第 1 版　　　　印次：2025 年 1 月第 1 次印刷
书号：ISBN 978-7-5217-6949-4
定价：138.00 元

版权所有·侵权必究
如有印刷、装订问题，本公司负责调换。
服务热线：400-600-8099
投稿邮箱：author@citicpub.com

目录

推荐序一 / 盛　斌　　　　　　　　　　　III

推荐序二 / 刘煜辉　　　　　　　　　　　V

专家导读 / 苏雪晶　　　　　　　　　　　VII

[第一章]
走向成熟

01　工业深化中的消费转折　　　　　　003
　　——内生增长、结构升级和诱导效应

02　繁荣的起点　　　　　　　　　　　039
　　——2006 年证券市场的趋势及机会

03　房地产价格周期是增长型而非古典型　　077

04　增长的收敛　　　　　　　　　　　105
　　——繁荣后期的经济景象

05　美国经济与中国牛市繁荣机制　　　127
　　——工业化转型期的投资全景

06　国际化博弈　　　　　　　　　　　157
　　——从升值与通货膨胀的关系中演绎 2008

07　PPI 演绎利润轮动　　　　　　　　214
　　——资源约束下的行业资产配置

08 "V"的右侧延展　　　　　　　　　　264
　　——从刚性需求释放到寻找潜在的增长点

09 过渡期的必然性与复杂性　　　　　295
　　——基于通货膨胀预期的情景分析

推荐序一

人生小周期与世间大周期

"人生发财靠康波",这是很多人愿意走近并了解周金涛先生的最直观浅白的初心。但周金涛先生倡导的"结构主义"(通过产业结构演进推动经济增长)和"四期嵌套经济周期"(60年康波周期——长波、人生;20年房地产周期——中波、投资;10年朱格拉周期——中波、投资;3年基钦周期——短波、库存)的分析方法才是他思想的真谛与内涵。作为周金涛先生在南开大学共同读书的好友与师兄,我为金涛学弟取得的学术成就由衷地感到高兴。

金涛学弟的周期理论基于经济,但其内涵又远远深于经济层面。他并不是仅仅将周期作为宏观经济来研究,而是认为周期是经济、技术、社会系统及社会制度的综合产物,在周期大系统面前,若干宏观经济指标的变化只是表面现象。他认为,对周期研究的最高境界是以对系统的洞察来理解细节的变化,周期的过程与系统才是其奥义所在。这种视角与方法对经济政策制定者、研究人员、企业高管、投资者和学生都具有重要的启迪与参考价值。

对经济政策制定者来说,这套书通过站在过去看现在、站在现在看过去和站在未来看现在的方法,以发达经济体和新兴经济体的经验来比较和评价中国的改革与转型之路，尤其是研究了具体政策措施对产业和部门的实质影响。

对研究人员来说，这套书通过大量典型案例，提供了近二十年中国上市公司价值变迁的图谱，为今后的理论创新提供了坚实的数据基础。

对企业高管来说，这套书的研究可以帮助他们有效判断行业或部门的兴盛或沉沦大势，从而制定正确的投资决策和企业发展战略，尽享先发红利。

对投资者来说，这套书是很好的大类资产配置读本。比如，如果投资者读懂了《房地产价格周期是增长型而非古典型》，将会对中国房地产投资有更深刻的感悟；如果阅读了《国际化博弈》，则会对2008年国际金融危机有更深刻的认识。

对学生来说，这套书无疑是有趣又充满魅力的。

天妒英才，金涛学弟不幸英年早逝。虽然他已离开了我们，但他的思想和研究成果留给了我们，这套书的出版使我们可以结合当时的经济现实，有根有据地检验他当时预测的推理逻辑，同时永久地体味其精华。

金涛曾说过，"从冷眼到喧哗，这就是2016年初以来周期的华丽转身，从最初我们的孤独到现在全球的山呼，难道周期真的发生了这么大的变化？周期即人性，这就是周期理论的形而上层次。周期的剧烈波动，每次都体现了人性的贪婪与恐惧。所以我们才有结论，周期是人类集体行为的结果，自然，作为群体的人来讲，绝大部分都不明白周期的真实义，所以才有从恐惧到贪婪的转换，但这就是周期运动的一部分"。"周期由人类社会运行的系统所推动，自然包括每一个周期的信仰者与不信仰者，而在周期的每个阶段，信仰者与不信仰者自然有其不同的结果，这本身根本没有必要进行无谓的争论，当下需要做的，就是把周期的过程研究清楚，获取周期对我们人生财富的意义"。

金涛在他人生的小周期内完成了对世间大周期的书写。

盛　斌

南开大学党委常委、副校长

推荐序二

"人生财富靠康波"。

站在 2024 年回望,也许每个中国人才真真切切地体会到这句话的含义。这句话是周金涛先生十年前讲出来的一句名言。

2024 年中国的房价正在经历快速下跌,自 2021 年房价见顶回落,迄今已是第四个年头了。现代经济中,康波几乎就等同于房地产周期。讲康波是一个甲子,这是因为日本经济在前面走出了一个经典的"康波":1960—1990 年,三十年的左侧(工业化和城市化);1991—2021 年,三十年的右侧(通货紧缩)。周金涛先生用"康波"的视角超前地审视中国经济周期时,那是 2014 年,准确地讲,那时的中国经济刚刚迈入"类滞胀"状态,因为高债务。

宏观经济学中有一句名言:滞胀是经济(上升)周期的"回光返照"。讲的大概就是这个。这个状态一直延续到 2021 年房地产周期见顶,也算是走完了一个标准的"康波左侧的三十年"(20 世纪 90 年代至 2021 年),中国的工业化和城镇化"越过了山丘"。

当然,这些都是我们站在 2024 年这个时点回头去看,才看到了这些结论。金涛先生早在十年前就可能冥冥中看到了这一结果。这是我读这本书一个最大的感受。

宏观经济学中还有一句名言：滞胀过后是萧条。

这句话我觉得倒未必，可能完全看你能否选对一个正确的政策范式去应对康波。选对了，完全有可能避免萧条，或者能很快走出衰退。现代宏观经济学最近三十年的发展和政策实践，完全证明人类经济已经找到走出"康波右侧"的智慧。

从这个意义上讲，"人生财富也可以不靠康波，而是靠科创"。

缅怀周金涛先生！

刘煜辉

中国首席经济学家论坛理事

专家导读

书的缘起

在金涛追悼会结束后,在他永远离开我们的一周后,我和研究所的同事一起下定决心,一定要将他一生的研究成果汇集成册。这本书更多是希望将他卖方生涯的研究精华展现给世人,与更多宏观策略研究爱好者一起分享周金涛先生及其团队的思想盛宴。这也是我们一起工作了十多年的老朋友和学生们的一种怀念。

我们着手该书的编辑后,才知道这项工作有多不容易,我们也惊叹金涛这十多年研究成果的高质和高产。当时,中信建投宏观策略团队的所有小伙伴不仅在他住院期间每日相伴左右,而且承担了书稿编纂的所有工作。因为书内引用的研究报告既有金涛在长江证券时期的主要成果,也有他在中信建投证券时的研究精华,所以书稿能够顺利完成离不开两家公司的帮助与支持。由于书稿内容时间跨度较长,涉及研究范围极广,小伙伴们在不耽误本职工作的前提下,把业余时间都奉献给了它,这种奉献也是他们对自己老领导及老师的一种缅怀。

正是大家集体的努力,才有了今天的《人生财富靠康波:涛动周期论》

和"周期真实义：涛动周期录"系列。我记得在金涛的研究成果追思会上，和他共事过的老同事老兄弟们，有十几人现场参加，都对书稿的总体内容提出了宝贵的建议，在此一并表示感谢。金涛的研究成果从来都不是他一个人的，而是以金涛为代表的团队集体智慧的结晶。正如捧着这套书的读者朋友们，对于书以及周期的理解，是由大家共同的智慧不断重新解构得到的。

色即是空 & 宿命与反抗

记得那是我刚来上海研究部工作没多久，我第一次领略了周金涛先生的风采。在长江证券策略会上，金涛的大会发言报告题目就是《色即是空》，一个小时左右的讲解获得满堂喝彩。当时正值全球大宗商品价格上涨的阶段性高潮，金涛用他完美的研究逻辑推导，做出了很多关于全球宏观经济以及大宗商品价格的预判。用现在的眼光来看，该报告真的充满了智慧，金句频出。例如"资源品价格不仅是资源品市场的问题，也是资源行业与非资源行业产业博弈的问题，更是世界经济增长的问题""滞涨：资源品价格上涨的传统表现形式""中国牺牲利润缓解世界通胀"等。这些前瞻性研究结论即使放在今天也具有重要的指导意义。更有趣的是，由于市场更多地关注短期波动，就在报告出炉的那几天，大宗商品领域出现了大幅调整。那时候的金涛，已经是市场最受瞩目的青年分析师，因为资源品价格大波动，又引发了更大的流量，金涛的报告一时洛阳纸贵。金涛也非常兴奋，他很享受自己的研究成果被众人探讨交流的高光时刻。我们事后一起感叹那真是一个属于总量研究的黄金年代，我也见识到了一位顶级卖方分析师的模样。

其实细究这篇文章，本意并不是看空大宗商品，而是阐述了未来很长一段时间全球宏观经济趋势以及大宗商品价格走势背后的机理。但奈何报告题目太具辨识度，甚至引发了当时重仓资源的机构投资者的集体紧张。当然，事后来看，那其实也只是大宗商品大周期中的一次小浪花。

《宿命与反抗》报告出来前后，有更有意思的故事发生。中信建投策略团队对这篇报告几易其稿，最后团队一起敲定了这个题目。文章中既有对当时宏观趋势的短期判断，更有对中周期改变做出的预测，我个人认为这是他们研究团队的代表作之一。其中，"资源已经成为国际利益分配的焦点"这一点睛观点以及关于对新一轮周期的预判，后验效果明显，该报告也凸显了周金涛先生臻至巅峰的宏观策略研究能力。该报告发出后，一时间研究所内部很多人都将"宿命与反抗"当成了口头禅，相互开玩笑，因为这两个语义相反的词语最终被该篇报告神奇地统一起来，可以用于很多场景。

"宿命与反抗"用金涛的话来解读就是："过去我们都是谈论如何在宽松中赚钱，而在未来应该谈论如何在经济的下行期保住自己过去6年的成果，我觉得这是一个大的判断，这就是宿命。反抗就是在这个过程中人们的不甘心死；但最终一切还将归于宿命。"周金涛先生研究的魅力就在于他对经济领域许多关键问题规律的总结，真正做到了一锤定音！

罗斯托的研究

记得2007年在上海，金涛的策略团队通过团队成员薛俊（日本知名大学经济学研究背景）邀请了不少重量级日本经济学家出席长江证券中日比较论坛。回头看，这也应该是卖方研究里中日比较研究开先河的做法，会议反响极为热烈。在当时的我看来，金涛的宏观策略框架里，中日比较和罗斯托理论研究是其真正的内核。在会议召开的间歇，我突发奇想，建议金涛是不是可以去美国邀请罗斯托这一流派的学术团队，做一场关于"亚洲四小龙"发展状况的大论坛。罗斯托在2003年已经故去，美国当时的情况我们也不甚了解。我只是半开玩笑地建议，没想到金涛眼睛一亮，很认真地说，我们搞完这次会议就去论证可行性。可惜出于种种原因，直至我与他再次共事中信建投研究所之时，这场论坛也未成功举办，不得不说是一大憾事。

在我到北京工作后，有一天午休逛书店时，我突然发现书架上《概念与交锋——市场观念六十年》这本书，这是罗斯托的代表作，中文版因为印数不多以前从未见过。我当时就极为兴奋，马上买下了书店仅剩的几本，一路小跑把书拿回研究所。金涛看到后特别开心，那天下午办公室里多次传来他那极具特色的大笑声。在这次之后的买方机构路演中，我们多次提及罗斯托这本书里的内容，也算是金涛作为多年罗斯托理论研究者的一份敬意吧。

涛动周期理论

金涛在天津住院的最后一段日子，我基本上每隔几周就去探望他一次。老实讲，看着他憔悴的病容，我的内心很是煎熬。但即便如此，他每次也坚持和我谈论研究所的工作，并且明确指出接下来阶段性宏观策略组研究的方向。我为了安慰他，笑着说等他的病康复了，还指望他带着我们一起把BTC和黄金放在一起研究。当时我们都隐约觉得这两者的关系很微妙，也很重要。黄金及BTC和熊彼特的创新理论都是周金涛先生在最后时光最惦念的研究方向。神奇的是，这也是他去世5~10年后全球最大的两个变量因子，只可惜世间再无周金涛！

也许是冥冥之中的定数，金涛生前对自己多年周期研究的一个总结性提法就是涛动周期。我记得那天他敲定这个提法的时候，专门跑来我的办公室得意地告诉我这个创造性的名字，这件事仿佛就发生在昨天。时至今日，这个提法恰好可以作为这套书最好的标题。

经过反复沟通，周金涛的家人选择中信出版社出版这套书，这既是对中信大家庭品牌的信任，也是期待这套书能够让周金涛先生的经济研究思想长存。本套图书得以出版，要再次感谢周金涛先生服务过的两大券商给予的大力支持，也要感谢对本书内容提供帮助的所有人。我期待所有金涛爱的人和爱金涛的人，都能够在未来的日子里共同成长，照耀彼此。

苏雪晶

青骊·投资管理合伙人

[第一章]

走向成熟

01　工业深化中的消费转折
内生增长、结构升级和诱导效应

▪ 2005 年 8 月 4 日

　　"一切真正危机的最根本原因，总不外乎群众的贫困和他们的有限消费……"，马克思所说的这句话精准地概括了消费对经济增长的基本作用。事实上，在美国等西方发达国家，消费占 GDP（国内生产总值）的比重在 70% 以上，对经济增长起着决定性作用。而且，国内外经验都显示，相对于投资和进出口，消费增长具有明显的平稳特征。因此，自 2004 年实施宏观调控以来，消费类行业的上市公司一直是防御性投资的首选，在大盘不断下跌的情况下，部分消费类股票却逆市上扬。然而，近年来我国消费率持续下降，消费对经济增长的贡献不断降低（见图 1-1），消费类公司具有持续的投资价值吗？

　　我们认为，消费不仅关乎投资选择，而且关乎经济周期走势，甚至影响中国工业化后期经济增长模式的转变。在这种情况下，有必要在工业化背景下对支撑消费增长的机制和核心因素进行深入分析。刘易斯的二元经济理论认为，发展中国家在工业化过程中，其大量农村人口可以为工业发展提供廉价劳动力，从而支持该国的工业化。然而，伴随着城市化率的提高和人口增速的减缓，劳动力无限供给的状况不可能一直存在。数据分析表明，当前我国正处于临界状况，一旦劳动力无限供给的格局走向终结，劳动力工资必将内生性加速上涨，而工资加速上涨将支持居民消费支出内生性快速增长。诱导效应理论和国外工业化期间消费结构转变的经验显示，未来5~7年很可能是我国居民消费结构快速转变的时期，这从另一角度证明了我国消费增长的潜力和经济增长模式的转变。本章的思路与框架如图1-2所示。

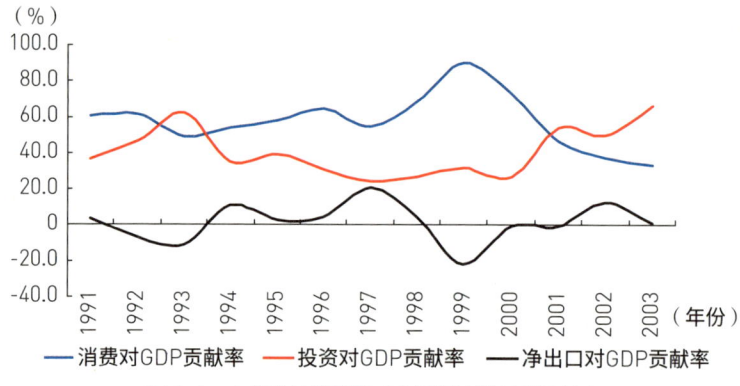

图1-1　支出法核算消费对中国经济增长的贡献率

数据来源：国家统计局。

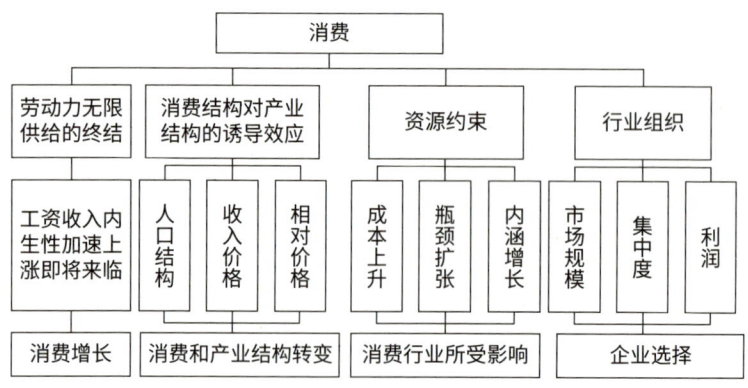

图1-2　思路与框架

资料来源：长江证券研究所。

劳动力无限供给的终结与消费内生性增长

要把握消费增长的前景,须先认识消费增长机制。消费增长机制是一个多因素的复杂系统,图 1-3 显示了一个简化模型。

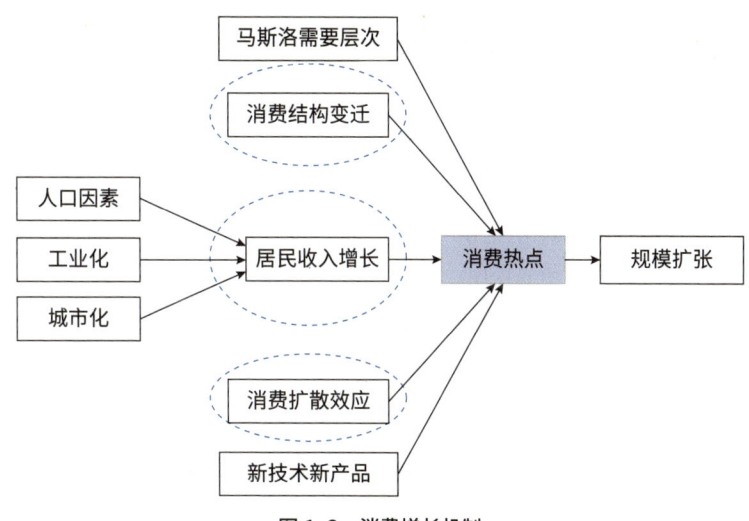

图 1-3　消费增长机制

资料来源:长江证券研究所。

我们认为,消费增长机制包括三个层面内容:心理、技术和经济。首先,正如美国心理学家马斯洛所说,需要是有层次的,消费行为是由优势需要决定的,低层次的需要被满足之后,消费者必然会追求更高层次的需要,因此,心理动机为消费增长创造了永无止境的内在冲动。其次,技术进步会不断创造新的产品和新的消费条件,为消费的持续增长不断地提供客观条件。最后,仅有心理动机和技术条件是不够的,另外一个不可或缺的条件是居民购买力,在以货币为交换媒介的市场经济中,没有购买力的消费需要只会是无米之炊。因此,消费增长的过程是以上三个层面因素互相作用、互相提供条件的永无止境的过程,从经济学的角度看,购买力或者说居民收入增长是整个消费增长机制中的核心要素。

下面我们从两方面得出结论，一方面通过实证分析论证工资增长是我国居民消费增长机制的核心，另一方面通过数据分析发现我国劳动力无限供给的状况将要走向终结，证明工资水平面临内生性加速上涨。两方面结合，得出我国消费将迎来内生性可持续增长阶段的结论。

工资增长是我国居民消费增长机制的核心

正如上文指出，市场经济中消费过程的实现是以购买力为前提的，所以，居民收入增长是市场经济中消费增长的核心。事实上，无论是凯恩斯的绝对收入消费函数理论、杜森贝里的相对收入消费函数理论，还是弗里德曼的持久收入消费函数理论，无一不将消费看作收入的函数，虽然他们从不同的角度认识收入对消费的作用。

需要指出的是，由于工资收入在当前我国居民收入构成中占 70% 以上，工资增长的趋势很大程度上决定了居民收入增长的状况。对过去近 15 年的数据进行回归分析显示，工资增速与居民消费支出增速有显著的正相关关系（见图 1-4）。因此，工资增长是推动我国居民收入增长和消费增长的核心因素。

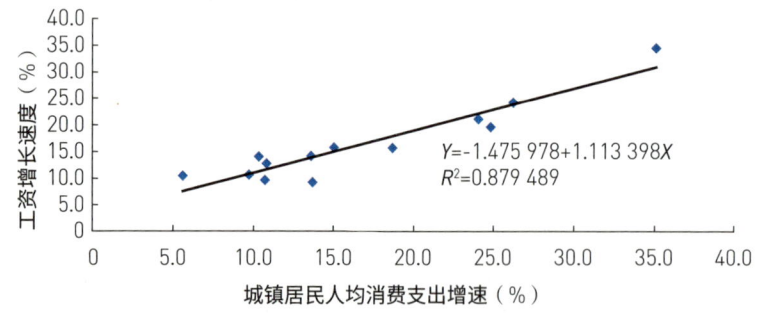

图 1-4　消费支出增速与工资增速线性回归拟合图

数据来源：国家统计局。

改革开放以来，我国职工的平均工资在波动中保持了较快增长，尤其是自 20 世纪 90 年代后期以来，工资出现了加速上涨的趋势。实际工资指数的变化显示（见图 1-5），从 1978 年到 2002 年，中国实际工资率上涨了 3

倍多，而仅在 1992—2002 年，工资就上涨了 2.36 倍。市场经济体制确立以来工资加速上涨的趋势会持续吗？

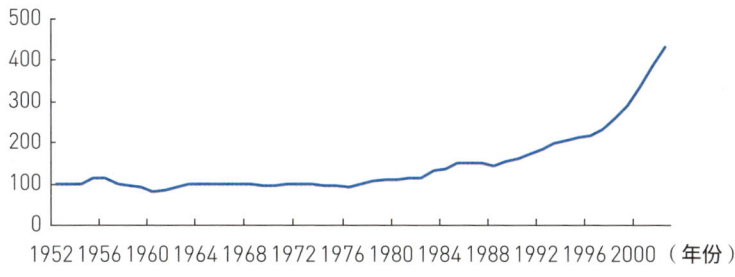

图 1-5　1952 年以来我国实际工资指数

数据来源：CEIC 数据库，长江证券研究所。

劳动力无限供给的终结与工资内生性加速增长

我们认为，不仅工资加速上涨的趋势是可持续的，而且工资水平在未来 5 年还要走向内生性加速上涨。原因在于，20 世纪 80 年代末 90 年代初以后，我国人口出生率出现持续下滑（见图 1-6），这意味着在 2007—2008 年后，年满 18 岁的适龄劳动力的供给增速将持续下降，劳动力无限供给的状况将逐步消失，劳动力工资水平面临加速上升的局面。

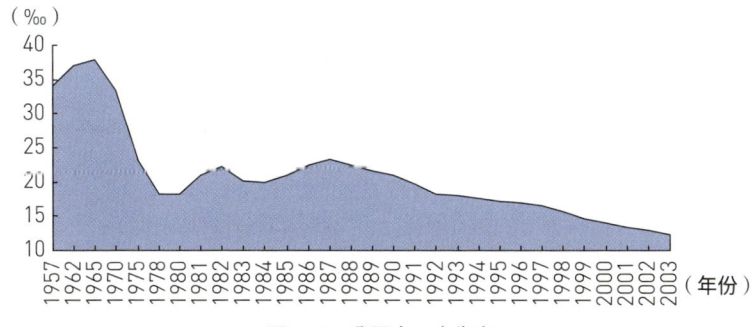

图 1-6　我国人口出生率

数据来源：国家统计局。

以"十一五"期间我国新增劳动力供需格局为例，假设 GDP 增速存在高（10%）、中（9%）、低（8%）三种可能，新增劳动力需求按照过去13年的就业弹性系数计算，敏感性分析表明，新增劳动力供不应求的格局最迟在2009—2010年出现，最早在2006—2007年出现（见图1-7）。我们估计，未来5年内，我国GDP总体增速保持8%~9%的可能性较大，因此，新增劳动力供不应求的局面在2008年前后出现的可能性最大。我们的结论很明确：刘易斯的二元经济模型中劳动力无限供给状况的拐点即将到来，中国劳动力无限供给的状况将在未来5年逐步消失，劳动力工资的内生性加速上涨基本上是确定的。

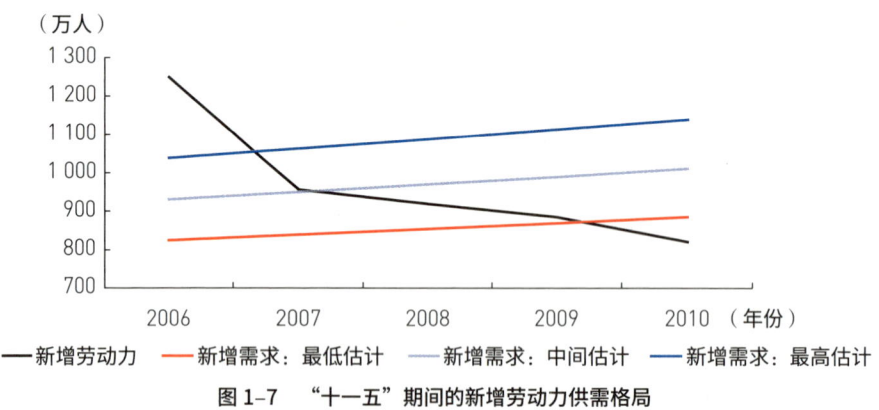

图1-7 "十一五"期间的新增劳动力供需格局

注：就业弹性系数取1991—2003年平均值0.297。
数据来源：蔡昉、都阳，《"十一五"期间劳动力供求关系及相关政策》，《宏观经济研究》，2005（6）。

值得一提的是，在许多人的直观认识中，中国农村存在大量潜在的失业人口，似乎中国还远没有到达劳动力无限供给状况的终结时点。事实上，我们认为不仅要考虑劳动力供需总量，还要考虑供需结构。首先，每个行业都有自己独特的技能和壁垒，农业潜在剩余劳动力并不一定适应工业发展的需要。具体地说，首先，我国农村劳动力平均受教育年限只有6.8年，在16~55岁的农村劳动力人口中，90%以上是初中和初中以下学历，在工业技术的进步不断加快、对劳动力知识水平的要求不断提高的情况下，大多数农村潜在剩余劳动力并不能为工业提供有效的劳动力供给。其次，流量劳动力供需（即新增劳动力供需）远比存量劳动力供需更重要。因为存量劳动力是已经被塑造过的劳动力，很难在不同行业之间流动，从而也很难成为有利于经济发展的有效劳动力，而新增劳动力供需状况往往才是决定劳动力价格变化的主导因素。

其实，发展中国家在工业化中后期，由二元经济向一元经济转变的过程中，劳动力工资出现加速上涨并不是偶然现象，20世纪60—80年代，日本劳动力工资同样出现了加速上涨的情况（见图1-8）。劳动力收入的内生性增长不仅大大提高了居民购买力，还改变了消费者的收入增长预期，二者都是促进消费增长的关键因素。

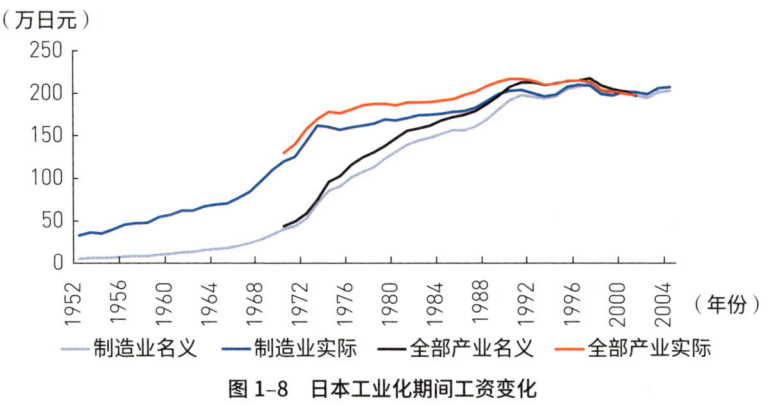

图1-8 日本工业化期间工资变化

数据来源：CEIC数据库，长江证券研究所。

对上述现象，经济学家拉尼斯和费景汉做出过解释，他们认为可以将发展中国家由二元经济向一元经济的转变过程分为三个阶段：第一阶段，正如刘易斯模型所述，由于农业部门存在大量过剩劳动力，可以以不变的工资为工业部门发展提供无限的劳动力；第二阶段，工业部门吸收的劳动力达到一定数量，工业化和城市化发展到一定程度，这时传统部门的产品开始出现短缺，粮价上涨，工资也开始加速上涨，劳动力无限供给的状况开始扭转；第三阶段是传统农业部门生产率开始提高，商品化进程加快，直到剩余劳动力被吸纳完毕，二元经济转变为一元经济（可参考图1-9）。根据上文的分析，我们认为，我国当前已经进入了第二阶段。

另外，支持工资加速上涨的因素还有许多，例如，在工业化和城市化过程中，人口从农业转移到工业，收入增加；国家对低收入阶层、农民工的保障加强提高了低收入阶层的收入；国家指出，要在"十一五"期间扭转投资、消费不合理的状况，预计国家会出台提高收入的政策。综合以上因素，我们认为很可能的结果是，未来劳动力供求格局的转变是劳动力工资和居民收入加速上涨的基本推动因素，而政策等因素将在这一基本因素的引导下做出配合，内外因互相作用推动工资加速上涨。

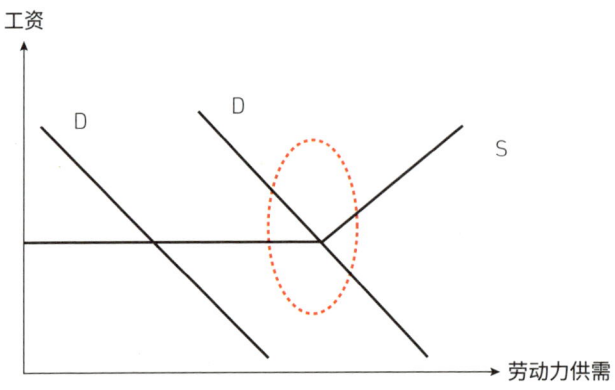

图1-9 刘易斯模型中劳动力供需水平与工资的关系

资料来源：胡放之，《中国经济起飞阶段的工资水平研究》，中国经济出版社，2005年。

新一轮消费高潮的可能

以上我们进行了两方面的分析：一方面，通过实证分析证明工资上涨是解释我国居民消费支出增长的核心变量；另一方面，通过数据分析证明未来5年内我国劳动力无限供给的状况将逐渐消失，工资内生性加速上涨的阶段即将来临。综合两方面，我们的结论是，工资内生性加速上涨将保证居民消费出现内生性快速增长。

事实上，从消费结构转变的角度看，我们认为未来5~7年很可能是我国消费升级的高潮期。众所周知，20世纪80年代我国经历了以家电为消费热点的消费升级，伴随着20世纪90年代以来居民收入的快速增长，我国人均GDP已于2003年达到1 000美元，以通信、汽车、住房、高档家庭耐用消费品、电子数码类消费品以及无形消费等为消费热点的第二次消费升级刚刚拉开帷幕。韩国等众多后起工业化国家工业化期间消费结构的变化经验显示，人均GDP超过1 000美元以及居民恩格尔系数为0.3~0.4，是消费升级最快的时期（见表1-1）。我国城镇居民恩格尔系数在2003年为0.37，根据国际经验和我国恩格尔系数的变化速度判断，未来5~7年很可能是我国第二轮消费升级高潮期。这从另一个角度证明了我国消费将保持较快增长。

表1-1 20世纪70—90年代韩国居民消费支出结构变动率

1970—1983年		1984—1992年		1993—2000年	
恩格尔系数	0.3~0.4	恩格尔系数	0.2~0.3	恩格尔系数	0.1~0.2
类别	结构变动率(%)	类别	结构变动率(%)	类别	结构变动率(%)
杂项	500	杂项	150	通信	235.3
通信	266.7	文化娱乐	37.9	杂项	50
住房	127.3	水电气燃料	30.1	水电气燃料	17.7
教育	114.8	交通	27	文化娱乐	-2.6
医疗保健	64.5	通信	23.1	宾馆酒店	-3.9
文化娱乐	62.5	宾馆酒店	5.2	交通	-7.6
交通	56.5	教育	-3.4	教育	-8.1
家具设备	28.1	住房	-4.1	酒精类饮料和烟草	-11.1
水电气燃料	5.9	家具设备	-14	食品和非酒精类饮料	-14.90
酒精类饮料和烟草	-16.9	服装	-17.4	家具设备	-19.3
宾馆酒店	-17.3	食品和非酒精类饮料	-29.2	住房	-22.2

续表

1970—1983 年		1984—1992 年		1993—2000 年	
恩格尔系数	0.3~0.4	恩格尔系数	0.2~0.3	恩格尔系数	0.1~0.2
类别	结构变动率(%)	类别	结构变动率(%)	类别	结构变动率(%)
食品和非酒精类饮料	-21.7	医疗保健	-31.6	服装	-19.6
服装	-32.4	酒精类饮料和烟草	-45	医疗保健	-24.0

数据来源：CEIC 数据库，长江证券研究所。

消费率和消费对经济增长的贡献率很可能止跌反弹

对居民消费率和工资/GDP 的线性回归表明，两者之间也存在较明显的正相关关系（见图 1-10）。因此，工资的内生性加速上涨有望促使工资总额在 GDP 中的比重上升，从而消费率可能出现上升，消费对经济增长的贡献率也很可能止跌反弹，预计"十一五"期间，经济增长将更加倚重消费（可参考图 1-11）。

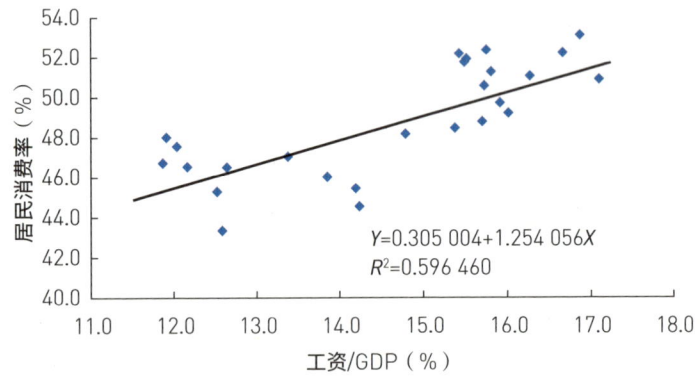

图 1-10　居民消费率与工资/GDP 拟合图

数据来源：国家统计局。

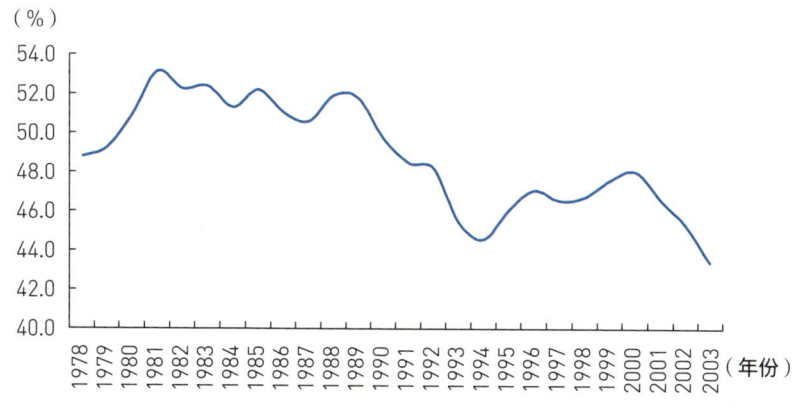

图 1-11 我国居民消费在 GDP 中的比重

数据来源：国家统计局。

事实上，著名发展经济学家钱纳里对居民消费率和经济增长的关系做过深入的研究，他发现当人均 GDP 为 100~1 000 美元时，消费率总体的发展趋势是下降的，当人均 GDP 达到 1 000 美元之后，居民消费率的发展趋势将止跌反弹，消费对经济增长的作用开始增强（见图 1-12）。这主要是由于，在经济起飞过程中，即在由低收入水平向高收入水平过渡阶段，经济的高速增长需要大量的投资支持，正如罗斯托所说，经济起飞的重要条件之一是提高生产性投资率。而当经济增长进入工业化后期时，居民收入水平的提高和大量新兴消费品的不断涌现会促使消费倾向提高。同时，居民收入水平的提高也会为消费结构的升级创造购买力条件，消费率便会上升。

扩散效应与消费规模扩张

美国经济学家杜森贝里在其 1949 年发表的《收入、储蓄和消费者行为理论》中提出了相对收入消费函数理论，即消费者的消费支出不仅受其绝对收入的影响，也受周围人的消费行为和收入与消费相互关系的影响。他认为消费具有示范效应和惯性。示范效应是指在消费行为上人们相互影响、相互攀比的现象，即一个人的消费支出占其收入的比重取决于他相较于其他人的相对收入。消费的惯性是指人们在某一时期的消费不仅受当前收入水平的影响,还会受过去收入和消费水平的影响,特别是受过去收入水平和消费水平最高点的影响。人们如果目前收入低于过去,就会宁愿减少储蓄以维持已有的消费水平,这种现象被称为消费的不可逆性。

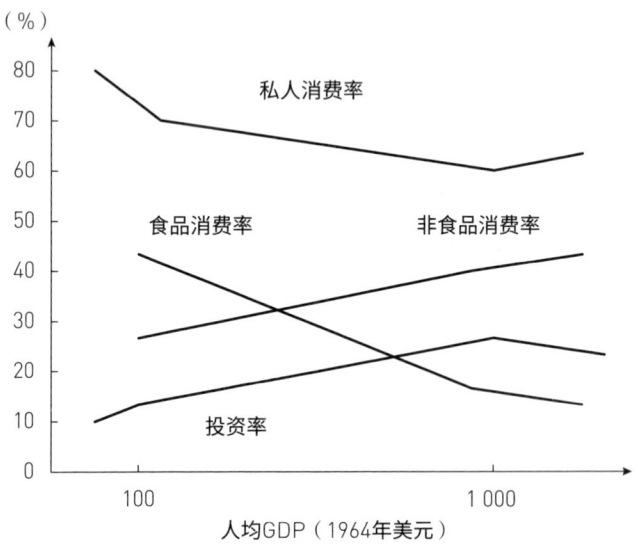

图 1-12　钱纳里等人对消费率等指标变化规律的总结

资料来源:伊志宏主编,《消费经济学》,中国人民大学出版社,2004 年。

事实上,我们认为消费增长的过程是消费热点不断产生和消费规模不断扩大的过程,从消费和经济增长的关系看,消费规模的扩张甚至比消费热点的产生更重要。消费的示范效应和消费的不可逆性很好地解释了消费增长过程中消费热点的产生如何向消费规模的扩张转变,如果我们形象地将消费的示范效应和消费的不可逆性概括称为消费的扩散效应,那么扩散效应是促使消费热点的产生向消费规模的扩张转变的催化剂,保证了消费在总量上对经济增长的有效性。

当然,扩散效应的发挥并不是毫无条件的,我们认为,主要的影响因素有收入分配状况、消费信贷制度、社会保障制度等。

首先,收入差距不断拉大,表现为城镇内部、农村内部、城乡之间居民收入差距均出现拉大。表1-2显示了中国改革开放以来基尼系数的变化，截至2000年，城镇基尼系数超过0.3，农村基尼系数超过0.4，收入不公平的程度呈现持续扩大趋势。收入差距拉大从总体上降低了消费倾向，抑制了扩散效应的作用。

表 1-2　中国基尼系数

年份		1981	1985	1990	1995	2000
基尼系数	城镇	0.16	0.21	0.23	0.27	0.31
	农村	0.24	0.26	0.31	0.34	0.42

数据来源：孙国锋，《中国居民消费行为演变及其影响因素研究》，中国财政经济出版社，2004年。

其次，消费信贷制度受货币政策影响，不稳定性较大。2004年实施宏观调控后，汽车和住房消费信贷先后受到抑制，在消费者购买力不足时，消费信贷通过信用方式保证了示范效应的实现。消费信贷制度的不完善和不稳定对住房和汽车消费尤其不利。中国人民银行公布的金融运行情况显示，2005年上半年居民户消费性贷款增加1 193亿元，同比少增加1 204亿元，消费信贷总额出现了明显回落。

最后，社会保障制度等制度不完善降低了居民消费倾向。有学者指出，由于社会保障制度、教育制度等制度不完善，当前我国城镇居民的消费函数比较符合预防性储蓄假说和流动性约束假说关于消费行为的假定，对未来收入不确定性的增加会导致人们的消费行为较为谨慎，人们存在较高的储蓄倾向（伊志宏，《消费经济学》）。这种状况也会抑制扩散效应发挥作用。

总之，我们想说明的是，消费扩散效应是促进消费规模扩张的一个内在机制，采用逆向思维可知，不利于我国当前消费增长的因素仍然存在。收入差距越大，消费扩散效应越不易于在不同的收入阶层之间发挥作用；在消费信贷制度完善的情况下，扩散效应可以通过消费信贷发挥作用，并在一定程度上弥补收入差距所带来的负面作用，然而，信贷政策往往具有不稳定性；由于社会保障制度的不完善，消费者对未来支出预期感到较为不确定，消费心理趋于保守，扩散效应难以发挥作用。不过，长期来看，伴随着市场制度的完善和政策的调整,这些因素对消费的负面影响会趋于减弱。

小结:消费内生性增长是走向大国经济的希望

在本部分中,我们尽可能客观地对促进中国消费增长的长期因素做出分析,结果显示,虽然一些不利于消费增长的因素还存在,但是我们看到,我们正在逐步接近劳动力无限供给状况的终结和工资收入内生性加速上涨的阶段,这将支持未来居民消费的内生性增长。从长期趋势看,消费的增长可望保持较高水平,消费对经济增长的贡献作用也将不断上升。从更宏观的层面看,本部分的分析结论让我们看到了中国经济增长模式转变的真正希望,支持中国走向大国经济的潜在因素正在逐渐变成现实,内需可能逐步取代外需成为支撑中国经济可持续增长的主力。

消费的周期性和消费景气延续的可能性

上面分析的着重点是从长期对消费增长的前景进行战略性把握,我们还需要对短期消费增长的形势进行分析,尤其要将消费嵌入经济周期去考虑。

消费增长同样具有周期特征

从我国经济增长的过程看,消费和GDP增速具有同步周期性波动的特征,韩国数据同样显示消费具有周期性波动的特征(见图1-13、图1-14)。但是,与投资相比,消费的波动幅度要小得多。

经济回落期消费有何作为?

相关数据说明,消费的波动幅度虽然较小,但消费的波动与投资、GDP的波动一样具有周期特征。然而,消费和投资在周期中的作用是不同的。

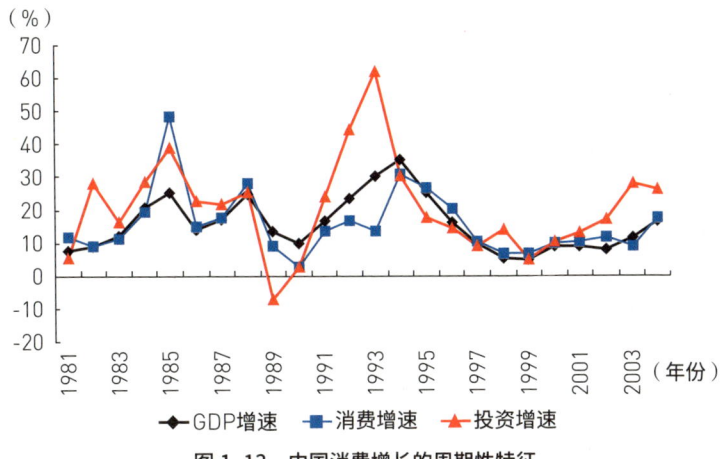

图 1-13 中国消费增长的周期性特征

数据来源：国家统计局。

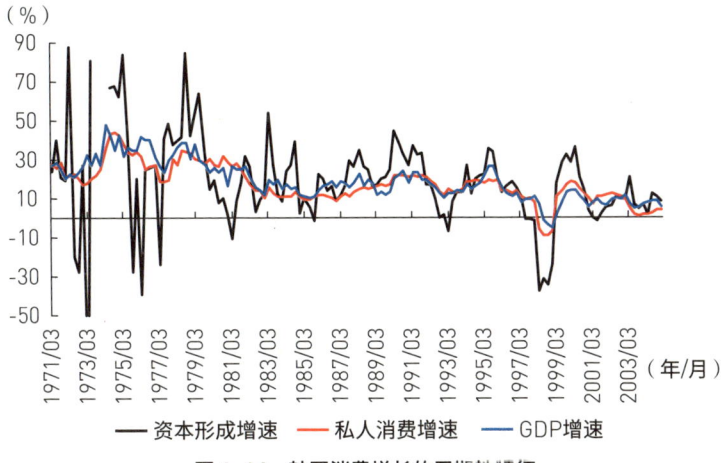

图 1-14 韩国消费增长的周期性特征

数据来源：CEIC 数据库，长江证券研究所。

我们认为，消费是工资的函数，而投资则是（预期）利润率的函数，在经济上升周期中，利润率增加，企业对市场前景看好，投资加速上涨，在投资和 GDP 加速上涨的情况下，工资会加速上涨，进而消费会加速增长。然而，当由于某种原因（譬如瓶颈约束或者行政调控等）必须减速时，企业利

01 工业深化中的消费转折　　017

润率因市场需求突然减少而降低，利润率降低的预期会引起投资增速减慢，国民经济和工资增速从而开始放缓。但是，在工资刚性的作用下，工资增速的下降速度会远远低于企业利润增速的下降速度，因此消费增速的下降速度也会小于投资增速的下降速度。也就是说，工资刚性会平抑消费的波动，而消费又会平抑投资大幅波动对整体经济的影响。

上面的分析想说明的是，在经济高速增长时期，工资和利润增速都会加速增长，进而消费和投资增速会加速上升；当经济衰退时，工资和利润增速都会放缓，消费和投资增速也都会相应减缓。然而，由于工资刚性，工资和消费的波动幅度要远远小于利润和投资的波动幅度，这会起到平抑经济周期的作用。

短周期复苏与消费景气延续的可能

陈磊和孔宪丽利用"宏观经济监测预警系统"，选择先行、一致和滞后三个指标组，建立了反映中国宏观经济总体运行状况的合成景气指数（见图1–15）。

根据对改革开放后中国经济周期的研究，中国从 1981 年开始已经经历了两个 9 年的中周期，而本轮经济周期如果从 1998 年开始计算，已经经历了 6 年的上升，经济周期在 2004 年第一季度出现头部之后，连续 5 个季度回落，这说明 2004 年就是本轮中周期的头部。我们在《走向大国经济》中曾经判断，中国的经济景气指数将在 2006 年出现复苏，但其高点不会超过 2004 年的高点，这实际上就是把 2006 年景气指数的复苏当作经济中周期的短周期来看待，也就是下降周期中的周期纠正（反弹）。

先行合成指数于 2002 年 7 月达到峰顶，在 2004 年 5 月达到谷底后反弹，并且出现了连续上升的趋势，根据先行合成指数的走势和平均超前期推断，一致指数将在 2005 年第二、第三季度继续下滑，而其走势拐点可能出现在 2005 年第四季度。

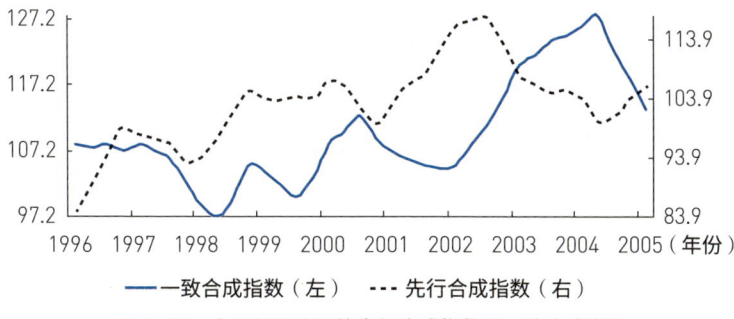

图 1-15 中国经济波动的先行合成指数和一致合成指数

数据来源：陈磊、孔宪丽，《本轮经济周期波动特征与 2005 年经济走势分析》，《数量经济技术经济研究》，2005（7）。

基于对当前经济周期的判断和消费在周期中的作用特征，我们认为，消费的增长趋势与经济周期能否从古典型周期转变为增长型周期有关，也与政府的消费政策有关。从中周期角度看，如果经济增速出现大幅回落，不排除消费增速下降的可能。如果依据今年 GDP 增速 8.5%~9% 计算，我们根据 GDP 增速和明年消费增长关系的模型预测，明年的消费增速大概保持在 10.7%~12.8%，增速稍有回落。从短期看，上半年消费增速应该会出现短期高点，但 2005 年第四季度后中国经济可能面临短周期复苏机会，因此，2005 年下半年消费增速很可能会呈现先低后高的走势，全年保持高位增速的可能性较大。2000 年 1 月至 2005 年 4 月社会消费品零售总额同比增长率的走势如图 1-16 所示。

图 1-16 社会消费品零售总额同比增长率

数据来源：国家统计局，长江证券研究所。

01　工业深化中的消费转折　　019

消费结构对产业结构的诱导效应

在上文中,我们对长期和短期消费总量增长的前景进行了分析,结论显示,未来几年,消费将保持高位平稳增长,然而,消费的高位增长将会体现在哪些重点行业上呢?无疑,这对产业选择有重要意义。下面从消费结构对产业结构的诱导效应入手,着重分析消费结构和相应产业结构的演变。

消费结构对产业结构诱导效应的实现路径

消费心理和消费行为的变化会通过消费支出投向选择及其投向结构影响消费结构,进而通过消费结构对产业结构产生诱导作用。诱导消费结构变化的原因主要有三个:人口结构变动、居民收入变动和商品价格变动。相应地,消费结构变动诱导产业结构变动主要通过三个效应实现:消费偏好、收入弹性、价格弹性。诱导效应之所以重要,是因为伴随着人口结构、居民收入、商品价格等因素的变动,消费结构、产业结构必然发生相应的变动(诱导效应的实现路径示意图参见图1-17)。认识诱导效应的作用机制,有助于我们前瞻性地把握消费结构和产业结构的变动方向,这对产业选择大有裨益。

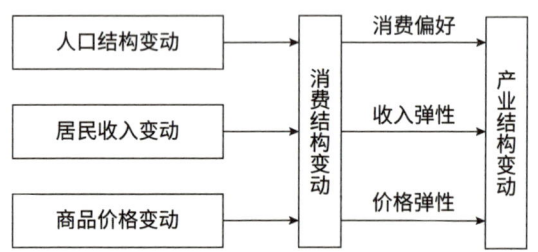

图1-17 消费结构对产业结构诱导效应的实现路径

资料来源:长江证券研究所。

高档消费与无形消费——人口结构诱导效应

人口结构主要通过不同年龄和地域的消费者具有的不同消费偏好对消费和产业结构发挥诱导作用。近15年的数据表明(见图1-18、图1-19),我国人口结构的变迁具有如下特征：第一，城市化速度加快，城镇人口比例明显上升，农村人口比例明显下降；第二，0~24岁人口比例下降，而25~49岁的青壮年和50岁以上的老年人口比例上升。人口年龄和地域结构变动是引导消费结构变动的最基本因素，人口结构的变化必然引起消费结构的变化。

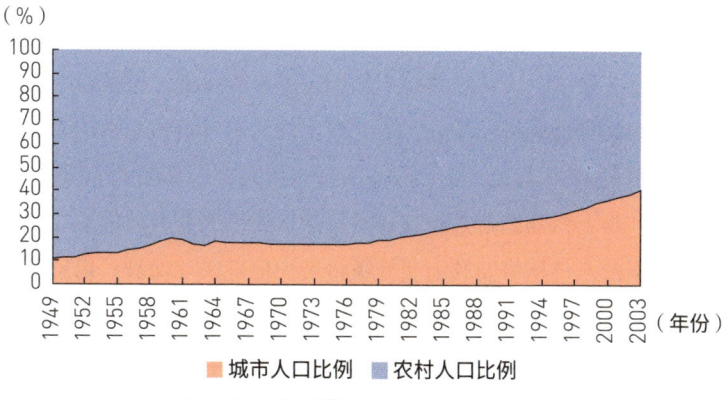

图1-18　我国城镇和农村人口比例变化

数据来源：CEIC数据库，长江证券研究所。

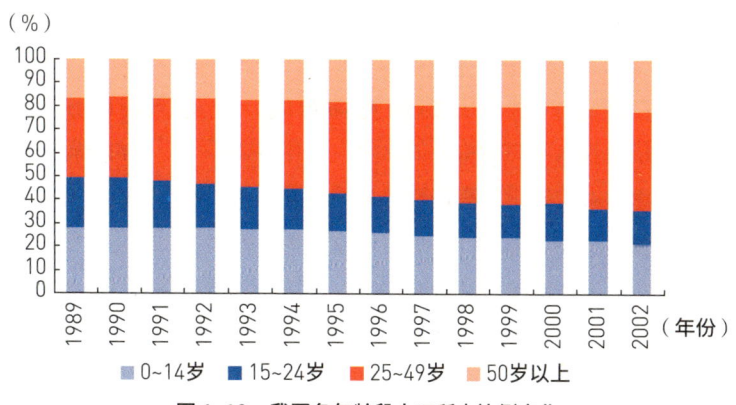

图1-19　我国各年龄段人口所占比例变化

数据来源：CEIC数据库，长江证券研究所。

首先，农村人口在城镇化过程中，由于收入增加、消费习惯改变，必然增加对住房、教育资源、医疗资源、金融服务、家庭耐用消费品的需求，这同时会拉动水、电、气、城市交通等公用事业发展以及文化娱乐类消费。劳动和社会保障部[1]劳动科学研究所副所长莫荣分析，未来15年，每年因城市化而转移的人口为1 200万~1 600万，城市化过程将给上述消费行业带来巨大的增长空间。

其次，青壮年人口的增加和儿童的减少，降低了单位劳动人口的抚养负担，人们对住房、汽车、高档家庭耐用消费品的消费升级倾向和购买量会增加，休闲娱乐、旅游、文化教育等产业也会进一步发展。根据新生代市场监测机构对购房人年龄进行的调查，25~45岁的购房人群占总数的60%以上，对预购房人群的调查显示，21~35岁的预购房人群占总数的60%左右，这充分说明青壮年人口的消费升级倾向明显高于平均水平。

最后，老龄人口增多及其消费升级将大大促进医疗保健、娱乐、旅游等行业的发展。1982年，我国老龄人口年平均增长率已高达3.9%，远高于世界平均2.4%的增长速度，目前我国60岁以上老年人口已达到1.4亿，占全球老年人口的1/5，已经成为世界上老龄人口最多的国家。随着社会保障制度的完善和收入水平的提高，除了医疗保健行业，老年人口还将大大推动娱乐、旅游等行业的增长。

高收入弹性产品代表产业结构变动方向——收入价格诱导效应

收入价格指收入与商品价格的比率，即相对购买力。当消费品价格既定而居民收入增加时，居民对高档消费品的购买力增加，需求的增加会刺激高档消费品产业的增长。由于产品的需求收入弹性代表了产品档次的高低，所以具有不同收入弹性的消费品行业的潜在市场容量是不同的，收入弹性高的行业才有可能不断扩大其在市场上的份额，因此，高收入弹性的产品的出现一般代表产业结构的变动方向。

1　2008年3月，中华人民共和国劳动和社会保障部撤销。——编者注

收入价格诱导效应发挥作用的最终结果是，发展中国家在收入不断增长的过程中实现消费结构由温饱型向小康型、享受型转变，然后转向发展型、时尚型与个性化，相应的产业结构也出现同样的转变。从我国当前的数据看（见表1-3），收入价格诱导效应显示，交通通信、居住、医疗保健等行业仍然是未来产业结构变动和市场规模扩张的方向，这一结果与对人口结构诱导效应的分析结果一致。从消费倾向看（见图1-20），交通通信、居住、医疗保健等行业的消费倾向出现明显上升趋势，这也印证了市场扩张的方向。

表1-3 我国城镇居民消费品支出的收入弹性（根据2003年数据计算）

类别	交通通信	居住	医疗保健	衣着	食品	家庭设备用品及服务	教育文化娱乐服务	杂项商品与服务
弹性系数	1.52	1.2	1.07	0.79	0.64	0.56	0.36	0.98

数据来源：国家统计局。

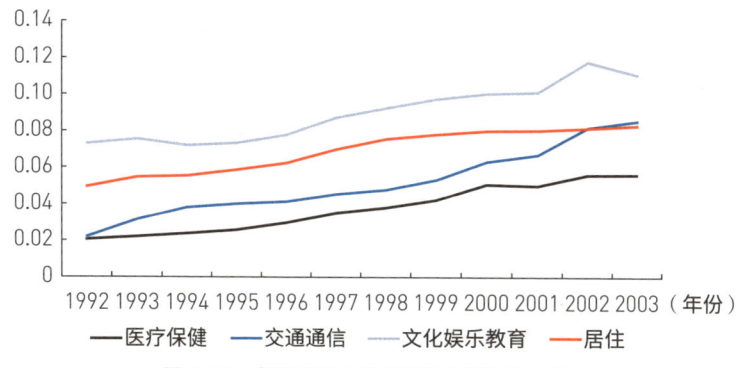

图1-20 部分高收入弹性行业的消费倾向变化

数据来源：国家统计局。

价格弹性与产业波动——相对价格诱导效应

当消费品的相对价格发生变化时，消费者会根据自己的消费偏好、预算约束对不同消费品的消费支出进行调整，以实现效用最大化。这种调整最终会在宏观上诱导相应行业出现波动。消费品的需求价格弹性越高，该行业受到价格波动的影响就越大，反之就越小。

从表 1-4 中可以看出，日用品和文化用品的需求价格弹性系数较高，说明生产该类产品的行业受价格变动的影响较大，从而生产该类产品的行业的波动性也会较大。相反，生产食品、衣着、医药、燃料类消费品的行业的波动性受价格变动的影响会小一些。

表 1-4 部分消费品需求价格弹性系数

类别	日用品	文化用品	燃料	食品	医药	衣着
价格弹性系数（绝对值）	5.095 1	3.067 2	1.553 4	1.523 8	1.201 1	0.616 0

数据来源：伊志宏主编，《消费经济学》，中国人民大学出版社，2004 年。

我国居民消费结构演变方向

2000 年以来，交通通信类、医疗保健类、教育文化娱乐服务类消费在消费结构中的比例持续上升，而传统的衣着、食品类消费品消费比例下降（见表 1-5）。从 20 世纪 90 年代以来居民平均消费倾向的变化中可以看出（见表 1-6），传统的衣着、食品和耐用消费品消费趋于下降，交通通信、居住、文化娱乐教育、医疗等服务类消费趋于上升，在食品消费中，传统的粮食类消费下降而奶制品等上升。从我国的经济发展阶段看，我国已经进入重工业化时期，2003 年人均 GDP 已经超过 1 000 美元，从恩格尔系数看，2003 年城镇居民为 0.37，相当于韩国 1978 年前后的情况，正如我们在第一部分的分析中所指出的，这意味着我国将要进入新一轮快速消费升级阶段。

表 1-5 2000—2003 年中国城镇居民消费结构（单位：%）

年份	食品	衣着	家庭设备用品及服务	医疗保健	交通通信	教育文化娱乐服务	居住	杂项商品与服务
2000	39.4	10	7.5	6.4	8.5	13.4	11.3	3.4
2001	38.2	10.1	7.1	6.5	9.3	13.9	11.5	3.5
2002	37.7	9.8	6.5	7.1	10.4	14.9	10.4	3.3

续表

年份	食品	衣着	家庭设备用品及服务	医疗保健	交通通信	教育文化娱乐服务	居住	杂项商品与服务
2003	37.12	9.79	6.3	7.31	**11.08**	**14.35**	**10.74**	**3.3**
趋势	下降	下降	下降	上升	**上升**	**上升**	**下降**	**下降**

数据来源：国家统计局。

表 1-6　中国 20 世纪 90 年代以来 APC（平均消费倾向）变化

年份	APC	食品	粮食	肉类	蛋类	水产品	奶制品	衣着
1992	0.825	0.436	0.052	0.102	0.020	0.029	0.009	0.116
1993	0.819	0.411	0.050	0.097	0.018	0.028	0.008	0.117
1994	0.816	0.407	0.058	0.096	0.017	0.027	0.007	0.112
1995	0.826	0.412	0.061	0.097	0.016	0.028	0.007	0.112
1996	0.810	0.394	0.056	0.091	0.016	0.027	0.008	0.109
1997	0.811	0.376	0.046	0.089	0.014	0.027	0.008	0.101
1998	0.798	0.355	0.042	0.079	0.012	0.026	0.009	0.089
1999	0.789	0.330	0.037	0.070	0.011	0.025	0.010	0.082
2000	0.796	0.312	0.030	0.065	0.009	0.023	0.011	0.080
2001	0.774	0.294	0.027	0.060	0.008	0.022	0.012	0.078
2002	0.783	0.295	0.025	0.059	0.008	0.022	0.014	0.077
2003	0.769	0.285	0.023	0.056	0.007	0.020	0.015	0.075
趋势	下降	下降	下降	下降	下降	下降	**上升**	下降

年份	家庭设备及服务	耐用消费品	医疗	交通通信	文化娱乐教育	娱乐设备	居住	住房	杂项
1992	0.069	0.037	0.020	0.022	0.073	0.025	0.049	0.018	0.039
1993	0.072	0.041	0.022	0.031	0.075	0.022	0.054	0.021	0.037
1994	0.072	0.043	0.024	0.038	0.072	0.019	0.055	0.023	0.036
1995	0.069	0.041	0.026	0.040	0.073	0.018	0.058	0.024	0.035
1996	0.062	0.033	0.030	0.041	0.077	0.019	0.062	0.026	0.035
1997	0.061	0.034	0.035	0.045	0.087	0.022	0.069	0.029	0.036
1998	0.066	0.037	0.038	0.047	0.092	0.023	0.075	0.032	0.036

续表

年份	家庭设备及服务	耐用消费品	医疗	交通通信	文化娱乐教育	娱乐设备	居住	住房	杂项
1999	0.068	0.040	0.042	0.053	0.097	0.023	0.078	0.033	0.039
2000	0.070	0.041	0.051	0.063	0.100	0.023	0.080	0.032	0.041
2001	0.064	0.037	0.050	0.067	0.101	0.020	0.080	0.032	0.041
2002	0.050	0.027	0.056	0.081	0.117	0.032	0.081	0.032	0.025
2003	0.048	0.025	0.056	0.085	0.110	0.031	0.083	0.030	0.025
趋势	下降	下降	上升	上升	上升	上升	上升	上升	下降

数据来源：国家统计局。

为了进一步揭示和预测我国居民消费结构的演变方向，我们不妨看看国外同时期消费结构的变化情况。表1-7展示了韩国20世纪70—90年代即重工业化时期居民消费结构的演变。我们可以看出，消费结构由生存型和温饱型向享受型和发展型转变，由实物消费向服务消费转变，由有形消费向无形消费转变。当恩格尔系数为0.3~0.4时（1970—1983年），通信、教育、医疗保健、文化娱乐、交通、家具设备、水电气等燃料的消费比重依次出现大幅上升，而传统的衣食消费类别如服装、食品和非酒精类饮料、宾馆酒店、酒精类饮料和烟草等消费比重依次明显下降。当恩格尔系数为0.2~0.3时（1984—1992年），消费结构继续朝着娱乐等服务类、享受类转变。当恩格尔系数为0.15~0.2时（1993—2000年），消费结构中的服务类、享受类基本处于平稳状态。

表1-7　20世纪70—90年代韩国居民消费支出结构演变（单位：%）

年份	食品和非酒精类饮料	酒精类饮料和烟草	服装	住房	水电气等燃料	家具设备	医疗保健	交通	通信	文化娱乐	教育	宾馆酒店	杂项
1970	39.6	6.5	10.8	2.2	9.6	3.2	3.1	6.2	0.3	3.2	2.7	9.8	0.1
1971	39.4	6.5	10.6	2.5	9.4	3.2	3.2	6.1	0.3	3.0	2.8	10.3	0.2
1972	39.7	6.5	10.2	2.2	9.5	3.1	3.4	6.7	0.3	2.8	2.9	10.9	0.1
1973	39.3	6.9	11.4	2.9	9.0	3.4	3.3	6.9	0.3	3.1	2.9	11.1	0.1
1974	39.2	7.2	10.1	3.0	8.3	3.6	3.7	6.8	0.3	3.2	3.0	10.6	0.1

续表

年份	食品和非酒精类饮料	酒精类饮料和烟草	服装	住房	水电气等燃料	家具设备	医疗保健	交通	通信	文化娱乐	教育	宾馆酒店	杂项
1975	38.3	7.4	10.8	2.7	7.9	3.5	3.6	6.8	0.4	3.2	3.5	10.4	0.1
1976	39.6	6.8	10.3	3.3	7.6	3.9	3.4	6.4	0.4	3.4	4.1	10.3	0.1
1977	38.5	6.8	10.7	3.7	8.4	4.1	3.2	6.6	0.5	3.3	4.3	9.7	0.1
1978	37.1	6.4	10.8	3.8	8.6	4.5	3.5	7.2	0.5	3.4	3.8	9.5	0.2
1979	36.6	6.6	10.1	4.4	8.2	4.8	3.3	7.9	0.5	3.6	3.6	8.8	0.3
1980	35.3	6.5	9.5	4.5	9.6	3.9	3.1	8.8	0.5	3.6	3.6	8.5	0.4
1981	35.7	6.3	8.6	4.2	9.9	3.5	3.7	8.6	0.7	4.0	4.9	8.0	0.6
1982	33.0	6.0	7.6	4.4	10.4	3.6	4.3	9.3	1.0	4.5	5.5	8.1	0.8
1983	31.0	5.4	7.3	5.0	10.2	4.1	5.1	9.7	1.1	5.2	5.8	8.1	0.6
趋势	下降	下降	下降	上升	上升	上升	上升	上升	上升	上升	上升	下降	上升
1984	29.1	5.1	6.9	4.9	10.3	4.7	5.7	10.0	1.3	5.8	5.8	7.7	0.6
1985	28.2	4.6	5.9	5.0	10.2	4.8	6.5	10.3	1.4	6.3	5.8	7.5	0.7
1986	27.1	4.4	6.0	4.9	10.4	5.3	6.7	10.6	1.4	6.8	5.8	7.6	0.5
1987	26.4	4.2	6.0	4.6	10.5	5.8	6.7	11.1	1.5	7.3	5.7	7.6	0.5
1988	25.5	4.0	6.1	4.4	10.6	6.1	6.3	11.1	1.6	7.5	5.7	7.4	0.9
1989	24.5	3.8	5.9	4.4	10.6	5.9	5.7	11.5	1.7	7.7	5.7	7.6	1.4
1990	23.6	3.5	5.9	4.7	12.1	5.7	4.8	12.0	1.5	7.7	5.6	8.0	1.6
1991	22.4	3.1	5.8	4.7	12.6	5.7	4.9	12.3	1.5	7.9	5.4	8.0	1.6
1992	20.6	2.8	5.7	4.7	13.4	5.6	4.9	12.7	1.6	8.0	5.6	8.1	1.5
趋势	下降	下降	下降	平稳	上升	上升	下降	上升	上升	上升	下降	平稳	上升
1993	19.4	2.7	5.6	4.5	14.7	5.7	5.0	12.9	1.7	8.0	5.7	7.7	1.4
1994	18.8	2.5	5.6	4.2	15.4	5.6	4.8	12.7	1.9	8.1	5.6	7.3	1.5
1995	17.1	2.3	5.9	3.8	15.4	5.7	4.7	13.0	2.3	8.3	5.8	7.0	1.8
1996	16.1	2.4	5.7	3.8	15.7	5.5	4.4	12.6	2.7	8.1	5.8	7.1	2.0
1997	15.9	2.4	5.3	3.6	16.8	5.2	4.5	12.6	3.3	7.8	5.7	7.1	1.8
1998	17.2	2.5	4.5	3.8	19.0	4.5	4.3	12.0	4.2	7.0	6.0	7.0	1.4
1999	17.4	2.6	4.4	3.7	17.3	4.6	4.1	12.1	5.0	7.2	5.5	7.6	1.5
2000	16.5	2.4	4.5	3.5	17.3	4.6	3.8	11.9	5.7	7.8	5.2	7.4	2.1
趋势	下降	下降	下降	下降	上升	下降	下降	平稳	上升	下降	平稳	平稳	上升

数据来源：CEIC 数据库，长江证券研究所。

上文依据诱导效应理论分析了影响我国消费结构变动的三个途径，从不同角度论证出了同样的结果，即我国居民消费结构的演化明显意味着交通通信类、教育类、医疗保健类、居住类、文化娱乐类消费的增长。而且，根据国外的经验，未来5~7年很可能是我国消费结构升级最快的阶段。而消费结构的变化必然通过消费者的行为选择反映在市场上，最终引起生产结构和产业结构变化。

　　尤其值得一提的是，日本的经验显示，在经历了重工业化阶段后，消费结构的变化对产业结构的引导作用会变得更加突出，这主要是由于在重工业化之前，政府往往通过产业政策等手段来实现促进经济快速增长的目的，而消费对产业结构的诱导作用受到较大压抑或者忽视。在重工业化之后，经济的增长更多依靠消费，因此消费结构对产业结构的诱导效应便得到凸显，这也是为什么在当前阶段应该关注诱导效应。总之，根据诱导效应理论，我们认为交通通信、教育、医疗保健、居住、文化娱乐等产业代表了未来产业结构和市场扩张变化的方向。

资源约束对消费和消费行业的影响

　　上文着重从市场需求角度对消费增长前景进行了分析，事实上，我们在认识重工业化时期的消费和消费行业时，还必须考虑资源约束的影响，因为资源约束是重工业化时期工业发展必须面对的问题。

资源约束打乱消费升级的步伐

　　资源是稀缺的，这一点无可厚非。然而，我们认为，重工业化时期资源约束问题的凸显与消费升级有着不可分割的关系。在重工业化时期，消费升级的方向首先是住房、汽车、通信等大型、重型消费品，而且，这些消费品升级的实现需要完善的配套基础设施，因此，投资扩张成了消费升级的前提和结果。我们观察中国20世纪90年代以来消费结构的变迁便会一目了然，

表1-8显示从1990年到2003年,我国城镇居民消费结构中交通通信和居住两大项支出大幅上升,而且,通过比较发现,这两项支出是20世纪90年代以来消费结构演变中消费支出比重上升最大的两项。因此,消费的重型化引致了大量投资,投资的高增长进而引起了资源的高消耗。而2004年煤、电、油、运的紧张同样是这轮房地产和汽车业的快速增长导致的投资扩张引起的(见图1-21)。

表1-8 1990—2003年我国城镇居民交通通信和居住消费占消费支出比重的变化

年份	1990	1992	1994	1996	1998	2000	2001	2002	2003
交通通信(%)	2.1	2.64	4.65	5.08	5.94	7.90	9.3	10.4	11.08
居住(%)	5.63	5.96	6.77	7.68	9.43	10.01	11.5	10.4	10.74

数据来源:国家统计局。

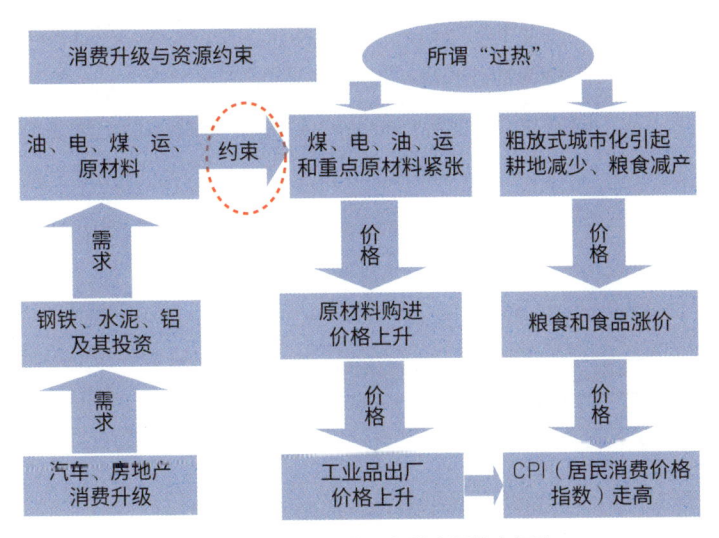

图1-21 经济运行的平衡被资源约束打破

资料来源:长江证券研究所。

在受到资源约束冲击的情况下,现有经济增长体系将依次被注入三个相互联系的解释变量:成本上升、瓶颈产业扩张、经济增长方式变革。新解释变量将对消费和消费品行业产生深度影响，这些影响是我们在思考消费品产业选择时必须考虑的问题。

成本上升：总体上不利于消费品行业

我们先考虑成本效应。我们认为，消费品行业在应对资源价格上涨方面既有有利的一面，也有不利的一面。根据我们对成本问题的研究（详细情况可参考专题报告《成本约束、成本控制、成本传递与产业选择》），价格传导从上游传递到下游的有效性是逐步衰减的，由于消费品行业位于产业链的末端，所以从理论上说，消费品行业尤其是服务类消费品行业受到上游资源价格上涨的影响较小。

但是，从另一个角度看，正是因为消费品行业位于产业链末端而其业态往往接近完全竞争，所以往往无法将上升的成本转嫁出去，当资源约束促使产品成本上升时，行业利润将首先下降。如图1-22所示，在原材料价格上涨时，耐用消费品和衣着类消费品基本不能将成本传导下去，一般日用品具有些许转嫁成本的能力，食品类消费品的传导能力较强，但仍然无法完全抵消成本的上升。

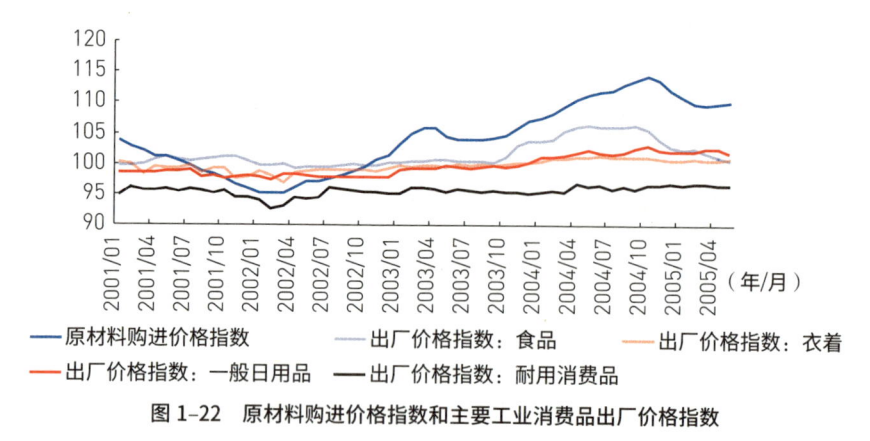

图1-22 原材料购进价格指数和主要工业消费品出厂价格指数

数据来源：Wind资讯，长江证券研究所。

总体上看，服务类消费品行业对资源的依赖程度较小，受到资源价格上涨的影响相对较小；消费品制造业对资源的依赖程度较大，受到资源价格上涨的影响也较大。另外，消费品行业受到的成本影响受到该消费品行业业态及其上游行业业态的影响，如果某一消费品行业的竞争较为激烈，而其上游行业集中度较高，那么该消费品行业处于不利状况；如果其上游行业内部竞争较为激烈，而其自身集中度较高，那么在成本传递方面相对有利。

瓶颈扩张：为下一轮消费升级创造条件

我们考虑第二个效应即瓶颈扩张。瓶颈扩张是在资源约束中期出现的一个显著效应。这一点，我们可以从2004年以来我国固定资产投资结构的变化中看出（见表1-9）。瓶颈扩张是市场经济条件下资本逐利的一种自然表现，同时会为下一轮消费升级创造条件，经济增长本身就是在"不平衡—平衡—不平衡"的演变中呈螺旋式上升的。

表1-9 不同行业投资波动

类别	行业	2004年第一季度(%)	2005年第一季度(%)	变化趋势
瓶颈类	煤炭	94	86.1	维持高位
	电力、燃气、水	53	44	维持高位
	铁路	-59	430	增速提高
耗能类	非金属矿物制品	117.5	-2.9	明显降低
	黑色金属冶炼	106.4	-1.4	明显降低
	有色金属冶炼	89.2	6	明显降低

数据来源：国家统计局。

值得一提的是，瓶颈扩张和经济发展减速势必引起资源产品价格增速减缓甚至回落，因此消费品制造业的成本压力会有所减小。我们认为，虽然资源价格有所下降，但最终会在更高的平台上达到均衡。韩国的经验表明，成本上升效应很可能持续整个重工业化时期。韩国在20世纪70—90年代重工业化期间，PPI（工业生产者出厂价格指数）和CPI之间的差距不断拉大，消费品行业所受的成本冲击直至重工业化行将结束时才趋于消失（见

图 1-23）。

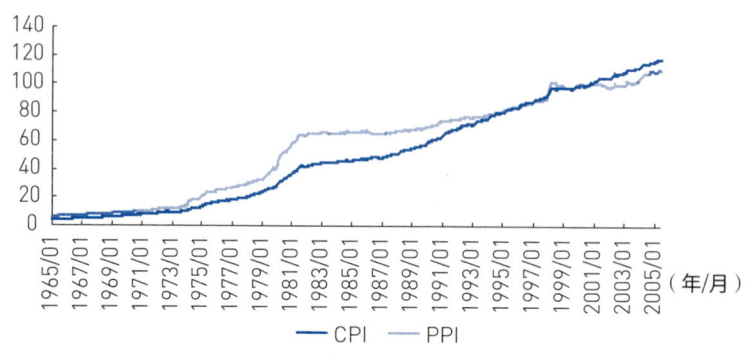

图 1-23 韩国 CPI 和 PPI 走势

数据来源：CEIC 数据库，长江证券研究所。

增长方式变革：长期趋势

最后，我们谈谈经济增长方式的变革，这是资源约束的长期效应。经济增长模式无疑要向内涵化和集约化的可持续方向转变，而可持续的经济增长方式以可持续的消费方式为条件。可持续消费理念的深入贯彻必将引起消费制度、产业政策的改变，粗放型增长将走向没落，这对消费者和生产者都会产生影响。我们应该更加关注低耗能（资源）类产业的发展，高耗能（资源）类产业和产品的发展势必受到限制，对固定资产投资依赖程度较高的房地产和汽车行业爆发式增长的可能性已经不大。在消费政策和消费意识的共同引导下，高耗能的消费方式也会被消费者逐步抛弃，这一点似乎已经对轿车消费产生影响，在油价高企的情况下，消费者的意识逐步改变，小排量、低耗能轿车受到追捧。

小结：市场化与国际化背景下的工业化

中国工业化的一个突出特征就是工业化与市场化、国际化同时展开，当资源约束效应产生并开始影响原有的经济增长路径时，消费品行业不仅要面临成本上涨的压力，还要面临国内外市场竞争的压力，甚至要转变产业增长模式。

从资源约束的角度看，这的确打破了城市化、工业化的原有秩序，但这并不意味着停滞，宏观调控无意也不可能阻止中国的工业化、城市化和居民消费升级，其所做的只是两点：第一，调整中国工业化的节奏和步伐，使其以可接受的速度增长；第二，从根本上扭转中国经济增长的粗放模式，使其以可持续的方式增长。

从市场化和全球经济一体化的角度看，市场在对内对外开放的同时融入全球经济体系，白热化的市场竞争使企业面临的成本压力根本无法释放，这可能也是本轮价格上升中上下游价格传导机制一直不能有效发挥作用的根本原因。这种局面的最终结果可能只有一个：行业集中，适者生存。从这个角度看，消费品行业作为最市场化的下游领域，加速集中可能是未来的必然，而集中的结果很可能是成就一批具备国际竞争力的民族品牌。另外，全球经济一体化导致我国面临的问题已经不是要不要对外开放，更关键的可能是以什么样的角色参与国际市场分工，因为这决定着我国企业和产业在世界产业链中的位置，也决定了它们的利益，这一点在铁矿石价格国际谈判问题上已有明确体现。

以上分析对我们的启示是：从消费品制造业层面看，成本消化能力、市场竞争能力和内涵式增长潜力较强的企业才具有选择价值；从制造业与非制造业的比较看，警惕消费品制造业面临的市场竞争和成本压力，关注非消费品制造业存在的机会，服务类消费品行业如通信服务、旅游、文化娱乐、医疗保健、教育等代表消费升级的方向，能更好地规避资源约束效应的负面影响。

行业组织结构对公司收益的影响

以上分析表明，无论是从消费总量还是从消费结构的转变来看，我国都已经具备消费增长的潜力。然而，消费的增长与规模的扩张对上市公司意味着什么？从本轮经济增长中消费品行业出现的现象出发，分析现象背后的原因，消费品行业可能的发展趋势及其带来的启示。

市场规模与企业利润——一个现象

表1–10显示了2004年我国部分消费品制造业的利润增幅与销售收入增幅的比值，不少消费品制造业利润增幅与销售收入增幅的比值都小于1，或者大于1但出现下降趋势，可见销售收入并未与利润同步增长。

表1–10　2004年我国部分消费品制造业利润增幅与销售收入增幅的比值

行业名称	1—3月	1—7月	1—9月	1—12月
农副食品加工业	2.6	1.7	1.4	1.1
食品制造业	0.5	0.8	0.6	0.7
饮料制造业	1.3	1.5	1.3	1.3
烟草制品业	1.4	1.6	1.9	2.3
纺织业	0.6	0.6	0.6	0.7
纺织服装、鞋、帽制造业	0.7	0.9	0.9	0.8
皮革、毛皮、羽毛（绒）及其制品业	0.6	1.0	0.9	1.3
木材加工及木、竹、藤、棕、草制品业	2.9	2.1	1.8	1.7
家具制造业	1.3	1.4	1.4	1.2
文教体育用品制造业	0.5	0.5	0.7	1.0
医药制造业	1.0	0.2	0.5	0.5
交通运输设备制造业	0.6	0.5	0.3	-0.2

数据来源：Wind资讯，长江证券研究所。

消费规模扩张并没有给消费类公司带来普遍性机会，这一点可能是由当前我国消费品行业的业态决定的。消费品行业位于整个产业链的末端，行业集中度较低，竞争十分激烈，尤其是一些日常消费品行业的市场近似完全竞争市场（见表1-11）。商务部的调查表明，2005年上半年，绝大多数商品特别是消费品的供求局面基本是2004年下半年的供求局面的延续，在接受调查的600种主要商品中，供过于求的商品439种，占73.2%，没有供不应求的商品。行业的供过于求进一步加剧了企业的竞争。所以，市场规模的扩大并不一定会给企业带来利润的高增长。

表1-11 我国部分消费品行业市场集中度

行业	彩电（CR5）	食品（CR10）	饮料（CR10）	医药（CR10）
集中度（%）	43	12.6	21.2	15.3

注：CR为市场集中度的英文简写，CRn代表市场占有率排前n名的企业的市场占有率之和，例如，CR5代表市场占有率排前5名的企业的市场占有率之和。
数据来源：长江证券研究所。

规模扩张与行业集中——一个趋势

上述现象引起了我们对工业化中后期市场规模扩张与行业组织结构变化趋势的思考。我们在前文中已经论证了未来一段时间我国消费高位增长和规模扩张的可能性，这里我们必须指出，对大多数消费品行业来说，未来市场一个共同的显著特征很可能是规模扩张与行业集中并存。虽然产业组织的分散化是一国经济发展的必然结果，然而对我国大多数传统消费品行业来说，由于市场化改革较早，市场导入期和产业组织分散化的时期已经过去。在市场化与全球经济一体化的背景下，行业出现激烈竞争是可想而知的，行业集中是必然趋势。我国彩电业的发展过程已经说明，一旦一个产业的导入期结束，那么伴随规模扩张的很可能是激烈的竞争和产业集中。

再以轿车行业为例，1996年后，中国轿车行业的集中度（CR3）持续下降，2002年下降为55.2%。但是20世纪90年代中期以前的高集中度是行政壁垒造成的，而不是市场竞争的结果，随着20世纪90年代中期之后轿车行业进入壁垒的降低，行业集中度降低（见图1-24）。但是我们认为，这种低集中的状况是不可持续的，未来伴随着规模扩张和市场竞争很可能再次出现行业集中。

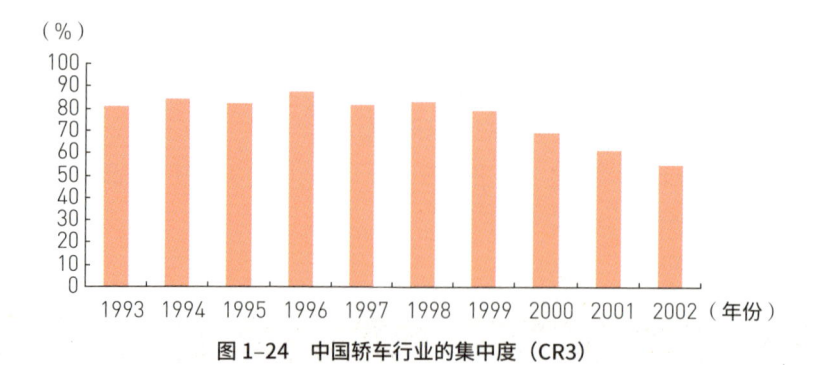

图 1-24　中国轿车行业的集中度（CR3）

数据来源：于春晖、戴榕、李素蓉，《我国轿车工业的产业组织分析》，《中国工业经济》，2002（11）。

事实上，资本主义国家经济发展的历史表明，产业发展的过程就是资本不断走向集中的过程。19 世纪末 20 世纪初，西方资本主义国家从自由竞争阶段进入垄断资本主义阶段后，以美国为代表的西方国家，掀起了数次并购浪潮，其产业集中度大大提高，最终在汽车等领域出现了一批具有国际市场竞争力的跨国公司。

集中度与利润率——一个结论

那么，行业集中会对企业利润产生什么影响？根据德姆赛茨等经济学家的实证研究，当行业前四家企业的集中度超过 50% 后，利润率与行业集中度才会出现正相关关系，当集中度为 10%~50% 时，利润率反而随集中度的提高而降低。我国大多数最终消费品的 CR4 都小于 50%，这说明即使行业集中度提高，企业的利润率也未必提高。

我们认为，行业集中度固然能够影响和反映企业的利润状况，但是，行业集中度提高并不意味着企业利润率必然提高。利润率的状况可能与行业所处的成长阶段有更多联系（见图 1-25），在行业的高速成长阶段，市场前景吸引新企业进入，行业集中度趋于降低，但由于市场容量往往以更快的速度扩张，企业的利润率并不一定降低。行业进入成熟阶段后期，面临市场容量缩小的趋势，行业竞争加剧，利润率降低，但伴随这一过程的往往是行业集中度的提高。在成熟市场中，行业市场最终甚至会是寡头垄断市场，但市场竞争可能仍然很激烈。当行业组织结构稳定，往往也是行业进入成熟阶段时，严重的行业利润率平均化就会出现。

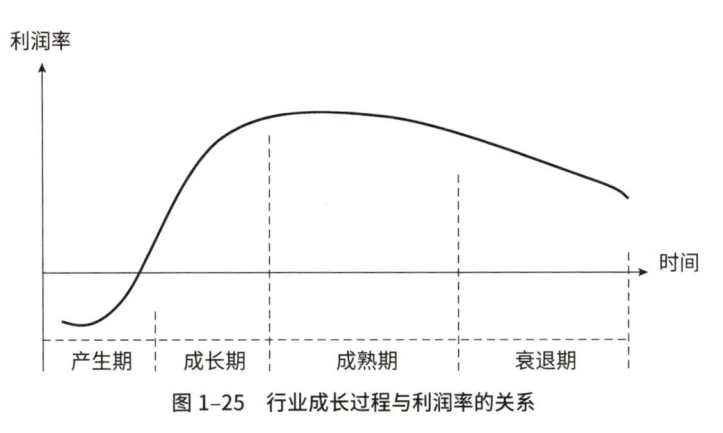

图1-25 行业成长过程与利润率的关系

资料来源：长江证券研究所。

消费规模的扩张并没有带来利润的同步增长，这已经成为我国当前消费品行业普遍存在的现象，这当然是对消费品行业生存业态的反映。然而，基于我们对工业化的独特特征和工业化中后期市场规模扩张与行业组织结构变化趋势的认识，我们认为，在未来相当长一段时期内，规模扩张与行业集中两大趋势可能并存。而需要指出的是，行业的集中未必就意味着企业利润率的提高，因为利润率似乎跟行业的成长阶段有更密切的关系。

结语

我们坚信，在我国工业化中后期，劳动力价格上涨、人民币升值、资源约束、经济增长模式转变等问题同时产生绝对不是巧合，这些问题的产生意味着中国真正的转变的开始。劳动力无限供给状况的终结是任何一个发展中国家的经济从二元结构向一元结构的转变过程中必然面对的，劳动力供求格局的转变最终会推动劳动力价格的加速上涨，工资收入的提高为居民消费的增长和消费结构的升级准备了条件，这标志着中国经济增长的福利将更多地体现为国民的富裕。而这些很可能就是未来5~7年要发生的事情。

从经济增长模式的层面看，消费增长和规模扩张意味着消费对经济增长的贡献率将趋于上升，这将为从出口导向型增长转向内需拉动型增长创造机会，中国将走上大国经济之路。

然而，对位于产业链下游的消费类企业来说，消费规模扩张带来的并不是一顿免费的午餐。正如我们前面指出的，中国的工业化是与市场化、全球经济一体化同时展开的，当工业化深化产生的资源约束给企业带来前所未有的成本压力时，市场化程度深化和全球经济一体化深化也正在给它们施加前所未有的竞争压力，正是这种生存环境让我们认为市场规模扩张和行业集中是未来并存的两大趋势。当然，这同样蕴含了希望，因为市场竞争和行业集中的结果只有一个："剩"者为王。

02

繁荣的起点
2006年证券市场的趋势及机会

▪ 2005年10月21日

  开宗明义，我们认为虚拟经济的繁荣与泡沫将是2006年中国资本市场的投资主题。对此，我们已经做了一篇专题报告《中国虚拟经济的繁荣与泡沫——从资本需求角度看待2006年的投资机会》，本章既是对该专题报告的延续和补充，也体现了我们对这一投资主题的持续关注。

  在合适的时间做合适的事，我们现在开始谈中国的虚拟经济繁荣问题，是充分考虑了我国当前经济形势的。当前我们面临经济中周期下滑与经济结构转型，本币升值与货币政策调整，以及证券市场持续的制度创新与产品创新，多种因素的交错作用使得我们对2006年资本市场的认识越发迷茫，而这种迷茫的原因可能在于缺乏一种明晰的逻辑体系。那么我们期望通过对工业化史中虚拟经济与实体经济的关系及虚拟经济独立性的研究，从超越周期的角度昭示证券市场的未来。

  目前中国经济已经呈现中周期下滑迹象，在这种情况下，2006年的中国股市并不能从实体经济中获得持续增加的支持，研究中国股市的走势，就必须把重点落在虚拟经济上。之前我们已经着重论述了中国经济未来几年并不具备产生大的投机泡沫的可能性，但是这并不代表中国的虚拟经济不会繁荣。相反，根据我们对国际工业化史的比较研究，我们认为，经过一系列的制度完善和产品创新，2006年中国证券市场将步入繁荣的起点阶段，其特征可能并不表现为整体性的投资机会增长，而是表现为资本市场的活跃程度增加，并且在局部蕴含着投资机会。在本章中，我们将着重论述我们提出的"证券市场的繁荣起点论"，并在此基础上结合我们之前的报告的分析结论，得出我们认为的2006年证券市场的投资机会。

虚拟经济繁荣中的证券市场

在之前的专题报告中，我们已经指出虚拟经济并不单单指股市，从运行方式上来说，虚拟经济一般包括金融、房地产、无形资产和其他呈现资本化定价方式的各类资产的经济活动。在这里，为了方便后文的分析，我们需要对虚拟经济繁荣的真实内涵做一个更加明确的界定。

虚拟经济繁荣的内涵及其与实体经济繁荣的关系

国内外对虚拟经济的内涵有好几种界定方式。我们倾向于从运行方式上，将虚拟经济的真实内涵界定为包括有价证券（包含货币、股票、债券和各种衍生金融产品）、房地产以及其他呈现资本化定价方式的各类资产的经济活动。虽然汉语里对"虚拟"一词的解释是假设或虚构，但我们今天所研究的虚拟资本以及虚拟经济绝对不是虚幻的，而是有客观内容的客观存在，它的重要性已经脱离实体经济得到体现。因此，从这个意义上讲，虚拟经济的载体主要包括有价证券和房地产，我们需要分析股市的繁荣和房地产的繁荣，但是我们研究虚拟经济繁荣的最终落脚点是中国资本市场，因此分析房地产的繁荣也是为了更好地考察中国资本市场的繁荣。

虚拟经济繁荣不等同于泡沫经济或经济泡沫

需要指出的是，虚拟经济繁荣，既不等同于经济泡沫，也不等同于泡沫经济。泡沫经济是虚假需求的刺激使资产与商品的市场价格普遍地、极大地偏离其基础价值时出现的一种经济现象。经济泡沫是正常的价格波动，而当价格波动过度导致经济出问题时，才会出现泡沫经济。

严格意义上讲，经济泡沫是一种局部形态，泡沫经济是多种经济泡沫交织在一起，相互作用形成的一种整体经济形态。而我们所说的虚拟经济繁荣更多是指虚拟经济由萧条逐步走向繁荣的状态，其中必然伴随着经济泡沫的产生，如果这些经济泡沫越来越膨胀，使得虚拟经济过度繁荣，最终就可能导致整个虚拟经济变成泡沫经济。

虚拟经济繁荣与实体经济繁荣的关系

我们并不否认虚拟经济繁荣与实体经济繁荣之间的相互依赖关系，实体经济的繁荣会对虚拟经济的繁荣起到支撑作用，而虚拟经济的繁荣也会对实体经济起到平滑周期的作用。很多时候虚拟经济的走势与实体经济的发展是非常一致的，这一点很容易从国外股市的发展中得到验证。我们在之前的报告中已经着重论述了从国际经验来看，虚拟经济的繁荣往往滞后于实体经济的经济周期，并对经济周期起到平滑作用。从图 2-1 中可以看出，20 世纪 90 年代初美国信息高速公路的建设，拉开了美国新经济发展的帷幕，美国经济增长的速度显著提高，实体经济进入新的上升周期，这最终支撑了 20 世纪末美国的股市大涨，虚拟经济表现出明显滞后的特征，随着虚拟经济的繁荣发展，美国 GDP 增长率的减速相对平缓，这说明，投机泡沫在滞后于经济周期的同时，对经济周期起到一定的平滑作用。

但是，从一个更长的视野来看，虚拟经济大繁荣也是超越周期的。在特定的历史时期，比如工业化后期，伴随着一些临界条件的发生，虚拟经济将走向大繁荣。这种虚拟经济的大繁荣景象可能会持续较长时间，因此在某种程度上是超越经济周期的，虽然它也有起伏。之前的专题报告的一个重要结论是，中国的虚拟经济（专指股票市场）未来几年不会产生大的投机泡沫，中国并不具备产生类似日本 20 世纪 80 年代末期的泡沫经济的条件。但是，我们在这里要强调的是，虽然大的投机泡沫不会产生，但是中国虚拟经济繁荣的起点可能已经来临，正如日本在 20 世纪 60 年代后半期股市逐步走好，1966 年成为日本 20 世纪后期虚拟经济大繁荣的起点一样，经过一系列的证券市场的制度完善和产品创新，2006 年或许是未来 20 年中国虚拟经济大繁荣的起点。

图 2-1 美国的 GDP 增长率与股票市场走势

数据来源：CEIC 数据库，长江证券研究所。

工业化中后期的证券市场大繁荣

从主要工业化国家的股市发展史来看，一国进入工业化中后期以后，证券市场都会出现一次超越周期的大繁荣，比如美国"沸腾的 20 年代"和日本 20 世纪 80 年代的股市大繁荣。韩国的经济状况也是如此，与日本的泡沫经济有很多的相似性，韩国也出现了虚拟经济大繁荣景象。

美国：源起于 19 世纪末的"沸腾的 20 年代"

美国"沸腾的 20 年代"，股市出现大繁荣，其起点可以追溯到 19 世纪末 20 世纪初。经历了第一次世界大战后的短暂衰退，美国在 20 世纪 20 年代出现了稳定繁荣的局面，汽车工业及其相关产业，例如炼油、公路等获得极大发展，在这种情况下，美国社会在整个20世纪20年代洋溢着一种乐观的"新时代"情绪，而且这种情绪越来越强烈，最终反映到股票市场上。先是纽约交易所中所谓的大盘股（例如通用汽车公司的股票）价格在其竞争对手福特公司短暂停产转型期间，出现了强劲上涨；然后新技术供应商RCA公司的销售额更是每年增长50%；接着公用事业板块也强劲上涨，并且带动了股票指数的整体上涨，出现了泡沫。如图2-2所示，道琼斯工业平均指数从20世纪20年代初的72点一路飙升，在1929年达到363的高点，股市在工业化中后期迎来了一波大繁荣。

道琼斯工业平均指数

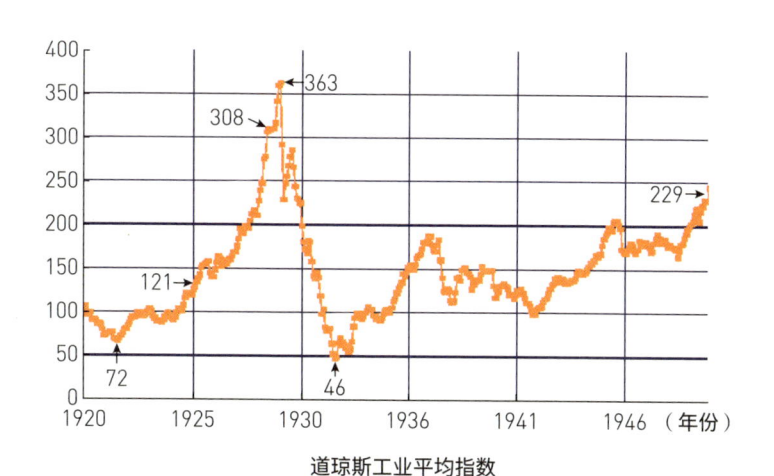

图 2-2　美国股票价格走势

数据来源：陈志武、熊鹏，《泡沫破灭引发经济衰退 重温1929年美国股灾》，《新财富》，2002 (8)。

日本：以20世纪60年代中后期为起点的股市大繁荣

20世纪80年代日本的股市大繁荣以及随后陷入泡沫经济的状况，已经被人们熟知。随着日本经济的长期极度繁荣，经过了长达5年的萧条以后，从20世纪60年代中期开始，日本的虚拟经济，包括股市和房地产，同时走出了迈向大繁荣的第一步。图2-3、图2-4描述的分别是二战后日本股市和平均地价的走势。日本股市自20世纪60年代中期开始一路走强，日经225指数最高峰时达38 915.87点。当然，我们不否认日本20世纪80年代后期的股市大繁荣带有泡沫经济的性质，中国未来未必会走上这条路，但是日本股市后期产生大繁荣的原因，与前期的工业化发展和证券市场的制度创新有很密切的关系。

在同一时期，从 1966 年开始房地产的繁荣呈现加速迹象，日本的房地产也滋生了很大的泡沫。1955—1989 年，日本平均地价上升了 54 倍，东京等六大城市的平均地价上升了 128 倍。

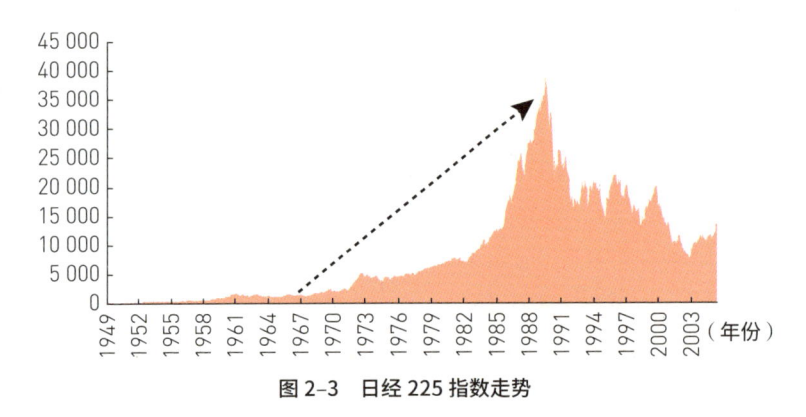

图 2-3　日经 225 指数走势

数据来源：CEIC 数据库，长江证券研究所。

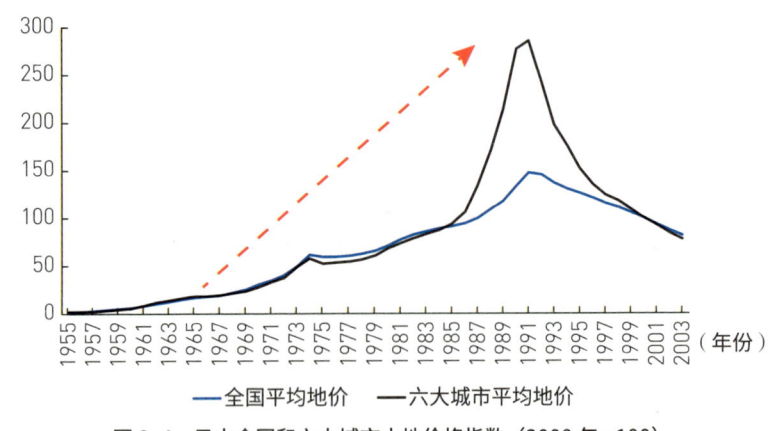

图 2-4　日本全国和六大城市土地价格指数（2000 年 =100）

数据来源：日本统计局，长江证券研究所。

韩国和中国台湾：工业化后期同样出现了股市大繁荣

作为亚洲四小龙，韩国和中国台湾在 20 世纪 80 年代进入工业化中后期，随着经济高速发展，在 20 世纪 80 年代中期股市快速发展，在 20 世纪 80 年代末期达到虚拟经济繁荣的顶点（见图 2-5）。应该说，韩国和中国台湾的虚拟经济繁荣相对于主要的工业化经济体而言，速度更快、时间更短，但是它们并没有遵循工业化后期，当社会和经济发展达到一定临界点后，虚拟经济迎来大繁荣景象这样的规则。原因可能是，日本股市的繁荣或者说泡沫经济刺激了这些经济体的虚拟经济的更快发展。

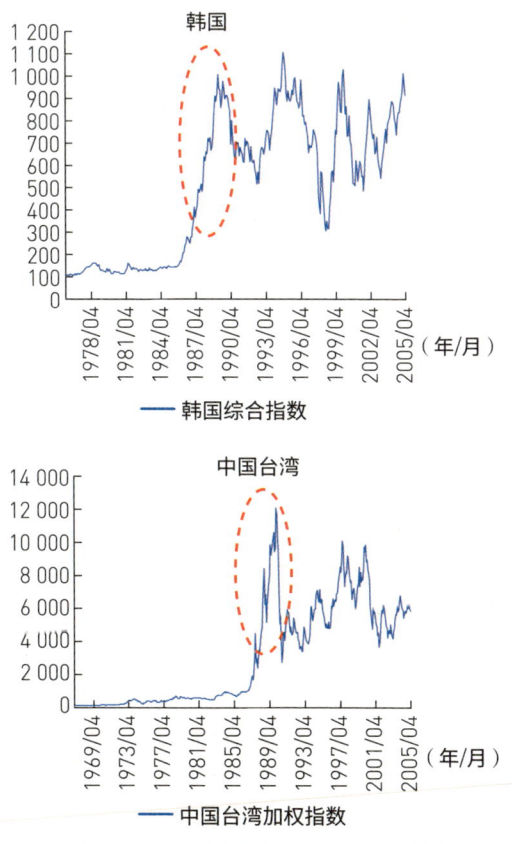

图 2-5　韩国和中国台湾的股票市场走势

数据来源：CEIC 数据库，长江证券研究所。

大繁荣的本质及其触发因素

大繁荣的基础和本质：工业化大发展

想了解为什么工业化后期会出现虚拟经济大繁荣，我们需要首先考察一下虚拟经济繁荣的路径，图2-6是我们对虚拟经济大繁荣的路径所做的示意图。第一，工业化进入中后期以后，工业化对实体经济的深远影响逐步体现出来，社会和经济发展水平得到极大提高；第二，社会和经济发展到一定阶段后，实体经济必然迫切需要虚拟经济的支持（突出表现为两方面，一方面企业的直接融资需求增加，另一方面居民财富增加带来资本投资需求的增加，这两方面共同要求证券市场的发展）；第三，虚拟经济部门（突出表现为资本市场）的重要性提高，证券市场迎来空前的发展机遇；第四，原有的证券市场体系已经不适应新的发展要求，证券市场开始加强制度建设，并不断加大金融产品创新力度，资本市场开始由不成熟走向成熟；第五，在资本市场趋于成熟并且实体经济需求越来越大的情况下，所有保证虚拟经济走向繁荣的基本条件都已具备；第六，虽然面临一些其他的制约因素，但证券市场最终仍然会走向大繁荣，而这种大繁荣也会反作用于实体经济，初期可能会延缓实体经济周期的回落，对实体经济周期起到平滑作用，当然，这种平滑作用并不是解决问题的根本方法，如果虚拟经济繁荣不断持续，最终导致泡沫经济破裂，那么对实体经济的危害反而更大。

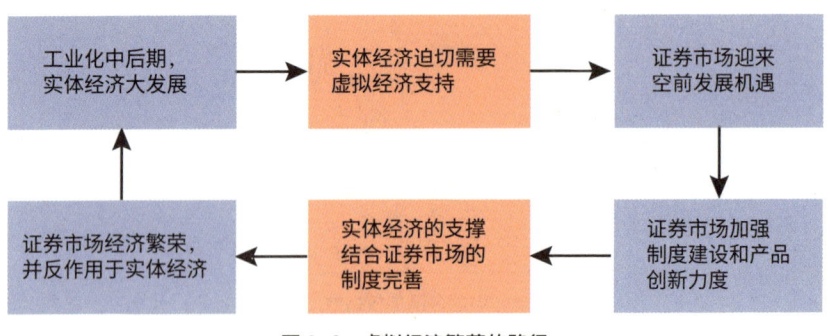

图2-6 虚拟经济繁荣的路径

资料来源：长江证券研究所。

我们可以从图2-6中看出，工业化大发展是虚拟经济繁荣的动力和基础，只有在工业化发展到中后期，社会分工进一步细化，到达一定的临界点后，虚拟经济部门才会有发展壮大的基础，而这种壮大或者繁荣的过程之所以会出现，本质上是因为实体经济对虚拟经济的决定作用。实体经济会出现经济周期性波动，总是在不断进步发展，虚拟经济必然随之发展，但是这种大发展的来临，需要一定的临界点，这是我们说工业化前，在奴隶社会、封建社会中不会出现虚拟经济大发展的原因。当然随着虚拟经济的发展，我们还需要看到另一个方面的问题，虚拟经济对实体经济也具有反馈作用，虚拟经济可以通过资本的反作用，起到平滑经济周期的作用，这一点在我们后面的分析中也会有所体现。

繁荣的触发因素：汇率冲突下的货币政策选择

在前面的分析中，我们已经明确工业化中后期的证券市场大繁荣具有一定的必然性，但是证券市场大繁荣的出现，还需要一定的触发因素，即作为实体经济与虚拟经济中介环节的货币政策选择。我们认为，汇率冲突下的货币政策变动可能会成为促使虚拟经济繁荣更快到来的主要触发因素，而这种触发因素的出现本身具有一定的必然性。

世界经济史表明，每当新经济体崛起时，国际分工体系的改变往往会引起国际经济的失衡，在对实体经济的调整难以短期实现的情况下，金融市场将成为全球经济失衡压力释放的渠道，此时的货币政策无论是对实体经济还是对虚拟经济来说，既重要又关键。

以日本为例，1985年签订《广场协议》后，日元的升值失控了。在汇率失控的前提下，日本快速的金融深化和金融自由化是日本经济产生泡沫的原因，而这种结果很可能是任何一个国家都想要避免的，日本的教训对中国未来的货币政策选择具有十分重要的借鉴意义（见图2-7）。在世界经济失衡并将压力推向日本时，日本实行的自由化倾向的货币金融政策几乎决定了其命运。日本第一个关键失误体现为汇率浮动的自由化，第二个失误体现为在日元大幅升值的条件下，为避免衰退而采取扩张性财政政策的同时，竞争性信贷和股本扩张产生过剩的流动性,从而实体经济和虚拟经济均出现流动性泡沫。因此,汇率冲突下的货币政策选择往往会决定虚拟经济是否能走向繁荣。正如美国杜克大学教授高柏所指出的,日本在20世纪70年代初和20世纪80年代中后期所犯的两次错误,"都是在日元升值时采取扩张性金融政策加扩张性财政政策的组合"。

```
           全球经济失衡
                │
                ▼
            汇率失控
                │
                ▼
        金融自由化与深化
         │      │      │
         ▼      ▼      ▼
    利率     股本     货币
   市场化导致 融资与主  过量供应
    放贷竞争 银行体系  与财政扩张
              失控
         │      │      │
         ▼      ▼      ▼
       泡沫及其破裂和经济衰退
```

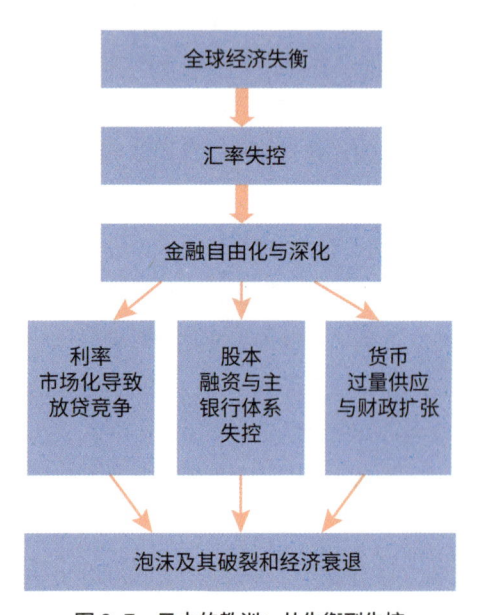

图 2-7　日本的教训:从失衡到失控

资料来源:长江证券研究所。

寻找证券市场大繁荣的起点——以日本为例

在上文中,我们论证了为什么工业化中后期会出现虚拟经济大繁荣,那么我们现在要思考的是中国正处于虚拟经济繁荣的什么阶段,未来是否会走向大繁荣。这里我们首先通过对日本经济的研究,来证明中国即将进入虚拟经济繁荣的起点阶段。如前所述,日本的虚拟经济特别是股市在20世纪60年代后半期逐渐走强，20世纪60年代后半期成为日本20世纪80年代虚拟经济大繁荣的起点。那么，为什么20世纪60年代后半期是日本虚拟经济繁荣的起点？我们总结了以下几点原因。

得益于实体经济的发展，资本市场的重要性日益提高

经过二战后10年的经济复兴，日本经济在1955年达到战后最好的水平，但是与经济复兴已经完成的感觉不同，很多人认为证券市场尚未恢复到二战前的水平（见图2-8）。尽管经历了一场划时代的大变革，资本市场的基础得到了扩大，但是与整个经济形势的发展相比，证券市场还有很大的差距，尤其是与企业的资金筹措有关的业务，在绝对强调间接金融优先的政策下，证券市场还只是个次要的、有限的资金筹措市场。

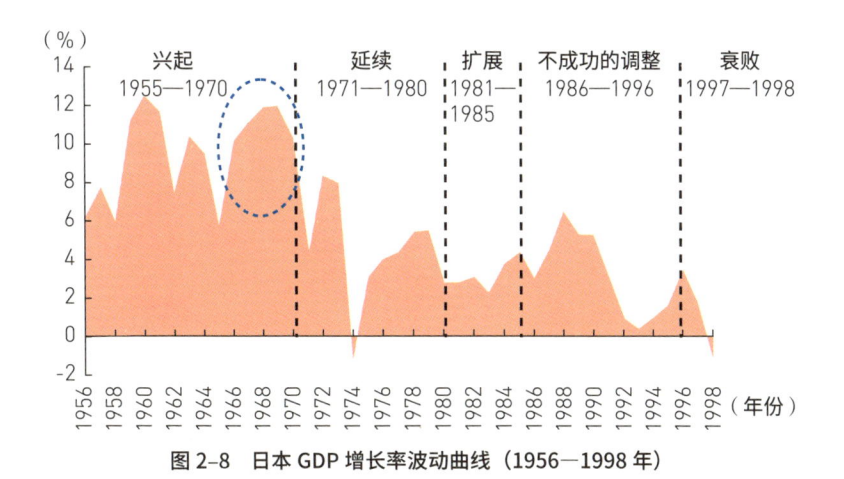

图2-8　日本GDP增长率波动曲线（1956—1998年）

数据来源：日本统计局，长江证券研究所。

1955—1965年，日本经济的第一波高增长，是由重化工业的设备投资带动的。而支撑这些设备投资的资金，主要是通过依靠日本银行贷款的民间金融机构的贷款来筹措的，但到1958年后，不足的资金便通过发行股票来筹措，且这一比重急剧增加（见表2-1）。而且，股票发行对象的范围也有所扩大，一直到1958年，日本股票发行的方法基本上还是沿袭二战前按票

面额向股东增配股的做法，但 1958 年后开始向一般民众公开售股集资。这充分说明，随着工业化的发展，实体经济对虚拟经济，特别是资本市场的需求度提高，资本市场的重要性日益提高。日本的资本市场由此获得了前所未有的发展良机，流通市场逐步建立，证券投资信托业显著发展，这些最终造成了日本 1961 年的第一次股市大繁荣（见图 2-9）。

表 2-1 产业资金供给状况（单位：亿日元）

年份	债券发行余额	股票市价总额	债券交易总额	股票交易总额
1945	1 633	——	——	——
1949	3 687	1 287	——	367
1954	9 866	7 822	——	1 837
1959	**22 404**	**39 289**	**63**	**37 081**
1964	61 187	76 943	143	34 297
1969	172 042	190 302	56 947	138 913
1974	360 455	374 690	326 617	123 903
1979	1 124 199	720 237	2 065 184	349 112
1984	2 097 815	1 674 957	7 267 585	679 740

注：股票市价总额针对全国，股票交易总额特指东京证券交易所，债券交易总额针对东京市场，包括东京证券交易所和东京的店头市场。
数据来源：伍柏麟，《中日证券市场及其比较研究》，上海财经大学出版社，2000 年。

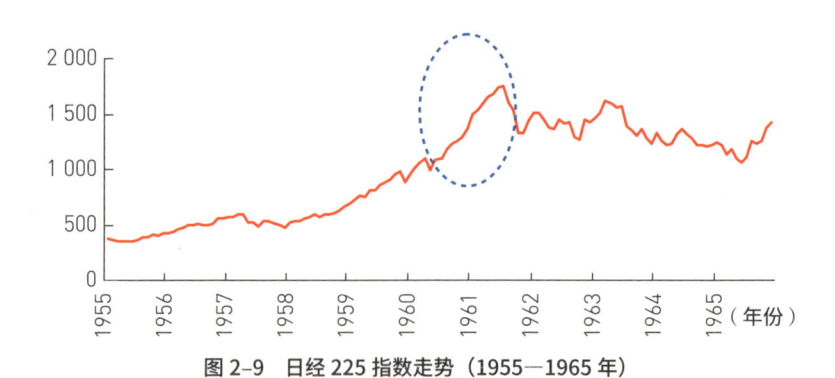

图 2-9 日经 225 指数走势（1955—1965 年）

数据来源：CEIC 数据库，长江证券研究所。

1961年的证券萧条迫使政府实施一系列救治措施

得益于流通市场的畅达性与证券投资信托业的显著发展，1961年日本股市出现了第一次大繁荣。但是，这种繁荣并没有持续多久，泡沫破灭后的证券萧条反而给资本市场的发展带来极大的不利影响，最终政府不得不出面，实施一系列整改、救治措施。

1961年7月后股价暴跌，导致企业股票的主要持有者——金融机构的经营状况恶化，金融机构的经营状况恶化又影响企业，特别是大企业的资金筹措。因为传统的做法是一种银行信用和证券市场的有机结合：企业先从银行获得贷款，进行设备投资；等投资产生效益后，再发行股票或债券以归还银行贷款。但是金融机构的经营状况恶化使其向企业融资变得困难，股价下跌和企业业绩变坏又使企业通过证券筹资难以进行，从而威胁银行信用和证券市场之间的配合机制作用的发挥。因此，在1964年1月兴长银（兴业银行、长期信用银行）、市银（城市银行）、四大证券公司联手建立了日本共同证券公司，大量购入股票，人为地保持了股价。但是股票市场依然很不景气，证券交易所在1964年10月停止接纳新公司上市。

1965年2月后，在大藏省的指导下，日本共同证券公司要求已上市的公司停止增资扩股。紧接着，作为新的股票过户机构，由证券从业者创设的"日本证券保有组合"在日本银行的信用支持下替代共同证券公司，接收了因股价下跌面临经营困难的投资信托公司和债券公司的股票。人们认为这样一来股价不会继续下跌，然而1965年5月下旬因山一证券的漏洞被揭露，股价又继续下跌。最终，政府当局担心这将会影响整个信用机构，不得不出面采取救治措施，动用《日本银行法》第25条维持信用秩序，决定对证券公司实行无担保、无限制的日本银行特别融资。

总的来说，1961年之后长达5年的证券萧条，迫使政府采取了一系列的救治措施，包括停止发行新股上市和增发配股，对证券公司实施流动性支持，成立托市基金，等等。这些措施的实施为证券市场重新走向更大的繁荣创造了机会。应该说，日本的资本市场在经历了20世纪60年代的证券萧条后迎来了重生的机会。

证券市场的制度建设为大繁荣提供了制度保障

虽然二战前，日本的证券市场已经发展了50年左右，但是当时日本的资本主义经济被家族式财阀垄断，因此早期的证券市场并不发达。特别是股票交易采取定期交易的方式，市场的投机性很强，妨碍了大众的参与，其发展受到很大限制，并且还因其形象不良给大众留下了不良的心理印象，从而阻碍了其之后的发展。

二战以后，美国占领日本后实施了解散财阀的经济民主化改革，对证券市场也实行了民主化改革，紧接着1948年日本制定了新的《证券交易法》，证券市场运作的基础变成了由美国制定的"市场三原则"，即：（1）交易按照时间优先的原则进行；（2）交易集中在交易所；（3）不进行期货交易。对证券市场实行民主化改革、制定新的交易法、实施"市场三原则"这三者拉开了二战后初期证券市场改革的帷幕。

当日本由战后复兴时期进入高速增长时期后，资本市场的发展满足不了实体经济的需求，政府开始加大对证券市场的改革（见表2-2）。1958年，资本市场开始向普通民众开放，并逐步形成一个流动性较强的市场。这是日本第一次股市大繁荣的主要原因之一。但是在随后长达5年的证券萧条中，政府又不得不对证券市场的基本制度进行修正，1965年日本通过了《证券交易法修正案》，并开始对一级市场的发行制度进行改革，从原来的按票面额增发、配股，改为按市价发行，并向由价格机制发挥作用的市场机制转变。

在20世纪60年代末，日本的资本市场逐步向国际开放。对外资购买股份限制的放宽（1967—1968年）、投资信托的自由化（1970年）、一般投资者购买外国证券的自由化（1971年）、在证券业方面实行第一类自由化的行业组成（1970年）、有关外国证券业者法律的颁布（1971年）、证券公司在海外的分支机构的增批（1968年），这些事件促进了日本证券市场逐步走向国际化。

随着资本市场的逐步扩大以及相关制度的完善，在市场逐步走强后，股份的投资标准也发生了很大的变化，不再采用传统的股利率标准，而是引进了市盈率、市净率等新标准，投资理念日趋成熟。可以肯定地说，日本在二战后初期进行的一系列证券市场制度变革,以及新投资标准和投资理念的建立,为日本 20 世纪 80 年代虚拟经济的大繁荣打下了坚实的基础。

表 2-2　日本证券市场的重大制度变革(1946—1975 年)

时期	年份	制度变革
战后复兴时期 (1946—1956 年)	1947	实行证券民主改革
	1948	制定新的《证券交易法》
	1949	盟军制定"市场三原则"
高速增长时期 (1957—1975 年)	1958	股票开始向一般民众公开出售,流通市场逐步形成
	1965	通过《证券交易法修正案》
	1965	发行市场从原来的按票面额增发、配股,改为按市价发行,定价向市场机制转变
	1967	放宽对外资购买股份的限制
	1969	设立了类似银行存款保险机构的委托证券补偿基金
	1970	投资信托的自由化
	1971	一般投资者购买外国证券的自由化

资料来源:长江证券研究所。

房地产的初期繁荣也为股市繁荣提供了支撑

日本的房地产泡沫相对于股市泡沫而言有过之而无不及,我们在表 2-3 中列出了日本在二战后伴随着产业结构的变化,房地产价格出现的几次暴涨现象,从中可以看出,在 20 世纪 60 年代初期,随着日本产业结构的高级化和重工业化,日本的房地产迎来第一次价格暴涨,其土地价格的上涨幅度甚至超过之后的几次房地产价格泡沫(如图 2-10 所示),这与日本的第一次股价暴涨可以说是相当一致的。我们认为,在虚拟经济繁荣的初期,股市和房地产的繁荣可以"相互促进、相互支撑",房地产逐步的繁荣会促进财富积累,使得更多的资金进入虚拟经济领域,这反过来也会刺激股市繁荣。当然到了后期,这种情况不一定会持续,可能存在"一山不容二虎"的现象,宾斯万格就认为日本股市泡沫不可持续的一个主要原因就是它和房地产泡沫交织在一起，他认为房地产泡沫是不可持续的，最终也会拖垮股市。但从日本的经济史来看，房地产的初期繁荣至少对股市繁荣有一定好处。

表 2-3 日本战后主要产业或产业结构的变化及其对房地产价格的影响

阶段	时间	主要产业或产业结构的变化	对房地产价格的影响
1	二战结束到20世纪50年代末	钢铁、煤炭、电力	战后地价首次上涨
2	20世纪60年代	产业结构高级化、重工业化、贸易和资本自由化	第一次房地产价格暴涨
3	20世纪70年代前期	知识密集型产业	第二次房地产价格暴涨
4	20世纪80年代	国际协调的产业协调政策，国际化、信息化、服务化	地价再次高涨

资料来源：长江证券研究所。

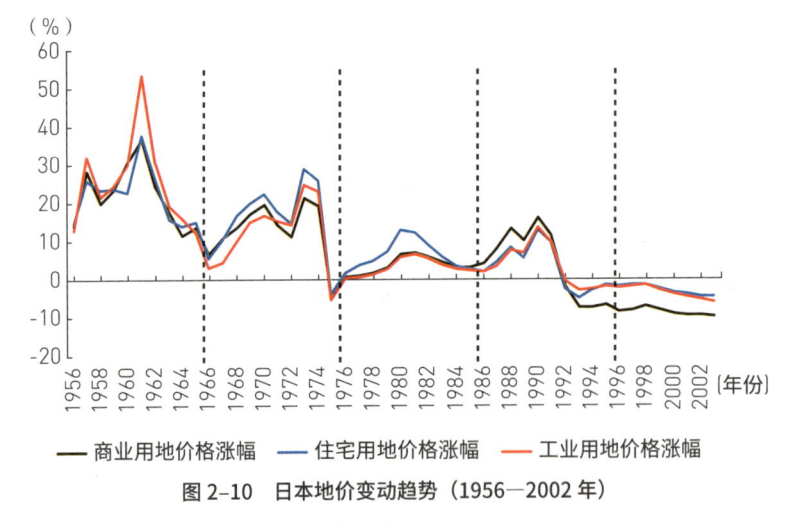

图 2-10 日本地价变动趋势（1956—2002年）

数据来源：日本统计局，长江证券研究所。

从上面的分析中，我们可以看出，证券市场走向繁荣需要具备一定条件，繁荣有内在的逻辑，如图 2-11 所示，工业化深化带动的实体经济发展以及随之衍生的证券市场制度建设和产品创新会共同导致证券市场逐步走向大繁荣。

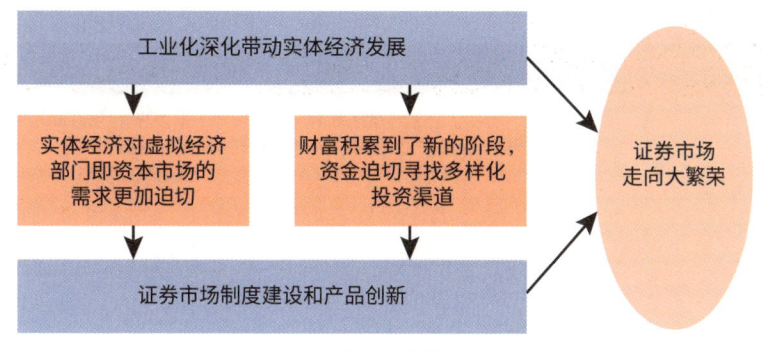

图 2-11 证券市场繁荣的内在逻辑

资料来源：长江证券研究所。

中国证券市场大繁荣的起点：2006 年？

中国的现实与日本 20 世纪 60 年代的状况具有极大的相似性

中国目前处于工业化中后期，社会和经济发展水平进入了新的阶段

从社会发展阶段看，目前中国的社会和经济发展水平和日本 20 世纪 60 年代的水平相当接近（可参考表 2-4）。2003 年我国人均 GDP 已经超过 1 000 美元，考虑到我国巨大的人口基数，能取得这个成绩已经很了不起了，足以证明中国的社会和经济发展水平已经上了新的台阶。

表 2-4 中日主要经济指标的比较

主要经济指标	中国	日本
平均寿命（岁）	71.4（2000 年）	71.5（1967 年）
第一产业占 GDP 比重（%）	15.2（2001 年）	14.9（1960 年）
城市恩格尔系数（%）	39.2（2001 年）	38.8（1965 年）

02 繁荣的起点 055

续表

主要经济指标	中国	日本
人均电力消费量（千瓦时）	1 158 (2001 年)	1 236 (1960 年)
人均 GDP（美元）	1 087 (2003 年)	1 000 (1966 年)

注：平均寿命为男女平均数。
数据来源：《中国统计摘要》（中国统计出版社）、《国际比较统计》（日本银行）、《日本百年》（日本国势社）、《人口动态统计》（日本厚生劳动省）、《2001 年人类发展报告》（联合国开发计划署）。

经过一段时间的经济高速增长后，中国的经济发展战略同样面临调整

从经济的发展战略看，两国都实行国际化和重工业化的战略。日本政府于 1960 年开始调整经济发展战略，吸引国外资金和先进技术，引领经济全面由内向型向外向型转变，推动产业发展由低级产业类型向高级产业类型升级，特别是通过持续大力度地对经济缺口部门投资，带动日本经济进入重工业化阶段。中国目前也正处于产业升级、结构调整阶段，国外直接投资和技术引进使得中国"全球制造业中心"的地位更加突出，中国正步入重工业化时代。

当前的中国和 20 世纪 60 年代日本在很多重大经济事件上，存在惊人的相似之处

我们不得不感叹的是，历史总是惊人地相似，我国正在发生或即将发生的一些重大经济事件，与 40 年前的日本非常类似。1964 年东海道新干线开始运营，1964 年举办东京奥运会，1970 年举办大阪世博会，在这个时期，日本的经济实力开始被世界认可，日本成为全球投资的热土；2005 年中国正在加紧推进京沪新干线和珠三角、长三角、环渤海高速铁路计划的实施，2008 年北京将举办奥运会，2010 年上海将举办世博会，中国的和平崛起已经得到世界关注，中国成为全球公认的投资热点地区之一。

当前的中国与 20 世纪 60 年代的日本既然如此相似，那么我们不得不思考当前的中国是否也到告别长久的证券萧条，迎接繁荣起点的时候了。要想得出有根据的结论，我们将根据前面得出的繁荣的内在逻辑，对中国证券市场走向繁荣的条件进行分析，以此判断从2006年开始中国是否能够逐步走向证券市场繁荣。

中国证券市场迈入繁荣起点的初始条件已经具备

值得欣幸的是，从工业化的进程来看，中国已经具备走向虚拟经济繁荣的初始条件。这主要体现在两个方面：一方面，伴随着工业化进程的加快，高速增长的实体经济迫切需要虚拟经济的支持，发展资本市场的重要性日益凸显；另一方面，工业化使得社会经济发展水平提高，人们的财富积累到了一定阶段，人们对金融资产的投资需求也日益增加。可以想象，只有一个大家都需要的市场才有走向繁荣的可能性。这两方面充分展示了发展资本市场的重要性，也为日后中国虚拟经济的大繁荣埋下伏笔。

伴随着工业化进程加快，发展资本市场的重要性日益凸显

资本市场需不需要发展，这已经是一个不需要争论的话题。在这里我们不想过多论述为什么伴随工业化进程的加快，发展资本市场的重要性会增大。事实上，大家都意识到了发展资本市场的重要性，中国要想走新兴工业化道路，就必须积极发展资本市场，开拓多渠道的融资方式，为工业化的发展提供充足的资金保障。问题的关键是，如何发展和壮大资本市场，根据中国人民银行的统计（参见表2-5），2005年前三季度我国非金融机构的直接融资比例仅为4.7%，比去年同期下降了0.1个百分点。这种现象的长期持续显然不利于中国资本市场的成熟和发展。

目前中国的经济情况与1961年后日本证券萧条时期的经济状况类似，虽然资本市场的重要性越来越强，但是资本市场却因为股价的持续下跌失去了发展的动力。这时候就特别需要对抑制证券市场发展的制度进行修正或重建，并加大证券市场上各种金融衍生产品的创新力度。

表 2-5　2005 年前三季度国内非金融机构部门融资情况简表

	融资量（亿元）		比重（%）	
	2005 年前三季度	2004 年前三季度	2005 年前三季度	2004 年前三季度
国内非金融机构部门融资总量	24 645	24 076	100.0	100.0
贷款	20 614	19 250	**83.6**	80.0
股票	1 159	1 149	**4.7**	4.8
国债	1 896	3 492	**7.7**	14.5
企业债	976	185	4.0	0.8

数据来源：中国人民银行，长江证券研究所。

财富的积累已经达到一定阶段，市场缺少的不是资金

经过十几年的工业化，中国国民的财富积累已经达到一个新的水平，从绝对量来看，2004 年中国的居民储蓄总额已经接近 12 万亿元，而同期股市的总市值只有 4 000 多亿元，这充分说明从国民财富的角度来看，人们对股票的购买能力较强，市场缺少的并不是资金，而是好的投资品种。

从图 2-12 和图 2-13 可以看出，随着经济的增长，中国的居民储蓄率居高不下，近两年占 GDP 比例一直保持在 80% 以上，但证券化率反而出现下滑趋势，2004 年只有 30% 左右。这两个数据之间的鲜明差距充分说明了证券市场发展的严重滞后性，加快发展资本市场成为当务之急。

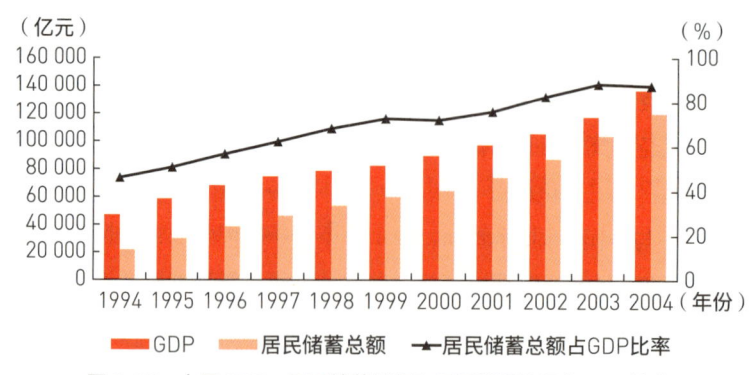

图 2-12　中国 GDP、居民储蓄总额与居民储蓄总额占 GDP 比率

数据来源：Wind 资讯，长江证券研究所。

图 2-13　中国 GDP、股市总市值及证券化率

数据来源：Wind 资讯，长江证券研究所。

证券市场的制度重建，为大繁荣的逐步出现提供了制度保障

　　从前面的分析中可以看出，中国与日本的相似之处甚多，日本在股市真正走向繁荣以前，进行了一系列制度建设和产品创新。中国要想繁荣虚拟经济，首先也要加强建设与完善证券市场的制度。中国的证券市场从成立至今，不出 20 年，各项制度存在需要革新之处，尤其是股权分置，不完善的制度制约了证券市场的长期发展。值得欣喜的是，在经历了与日本 20 世纪 60 年代上半期类似的证券萧条之后，我国已经对资本市场的各项制度进行了完善甚至重建。特别是，针对股权分置这一影响中国股市的顽疾，管理层正在平稳推进股权分置改革，可以预期如果这些制约证券市场发展的制度得以改进，而且之前诸多制约股票发行、限制股市规模的不利因素被消除，那么新的虚拟经济繁荣指日可待，就像 20 世纪 70 年代日本的情况一样。

　　应该说，在工业化过程中，日本的资本市场存在一个由不成熟走向成熟的过程，这与中国目前的情况很相似，也是我们选择日本作为比较基准的一个主要原因。初期证券市场的不成熟，造成了实体经济与虚拟经济的断裂，虚拟经济繁荣与实体经济不存在必然联系，完全受政策影响。而当市场成熟、证券化率提高以后，资本市场的发展与实体经济的联系越来越紧密，伴随着工业化进程的推进，资本市场的发展将有一个很大的飞跃。如表 2-6

所示，2005年我国对证券市场进行了一系列制度改革，这些制度变革会为繁荣的出现奠定基础。

表2-6　2005年中国证券市场的重大制度变革

发布时间	重大制度变革
2005年1月11日	《关于证券公司发行短期融资券相关问题的通知》
2005年2月20日	《商业银行设立基金管理公司试点管理办法》
2005年3月25日	证券投资基金信息披露编报规则第5号《货币市场基金信息披露特别规定》
2005年4月29日	《关于上市公司股权分置改革试点有关问题的通知》
2005年6月6日	《上市公司回购社会公众股份管理办法（试行）(征求意见稿)》
2005年6月16日	《关于上市公司控股股东在股权分置改革后增持社会公众股份有关问题的通知（征求意见稿）》
2005年6月16日	《上市公司回购社会公众股份管理办法（试行）》
2005年6月16日	《关于进一步完善证券投资基金募集申请审核程序有关问题的通知》
2005年6月17日	《国务院国资委关于国有控股上市公司股权分置改革的指导意见》
2005年7月11日	《上市公司与投资者关系工作指引》
2005年8月23日	《关于上市公司股权分置改革的指导意见》
2005年9月4日	《上市公司股权分置改革管理办法》
2005年10月25日	《证券投资基金管理公司监察稽核报告内容与格式指引（试行）》
2005年11月15日	《上市公司股权激励规范意见（试行)》

资料来源：长江证券研究所整理。

尚福林："十一五"期间资本市场制度建设五大任务

中国证监会主席尚福林在11月2日召开的"2005中国论坛"上表示，"十一五"期间我国将继续推进和完善资本市场的基础性制度建设，诸如集团诉讼制度等保护投资者利益的根本性制度有望得以建立。

他在介绍"十一五"期间资本市场基础性制度建设的五方面任务时说，不断加强市场基本性制度建设，是保证我国资本市场长期稳定发展的根本大计。尚福林说,"完善市场功能"实质上是恢复市场应有的作用,这是"十一五"期间资本市场改革发展的重要内容和目标。据介绍,"十一五"期间我国完善资本市场基础性制度建设的五方面任务:

一是完善资本市场相关法律体系,建立对投资者提供直接保护的基本制度。对《公司法》和《证券法》的修改已经完成,要认真贯彻实施两法,尽快出台《破产法》,为资本市场的改革和发展建立必要的制度保障。在建立投资者直接保护制度方面,以保护投资者合法权益为核心,明确投资者的直接诉讼权,建立集团诉讼制度和股东代表诉讼制度,明确上市公司董事及高级管理人员民事赔偿制度,明确将诚信义务作为发行人、上市公司、证券经营机构、其他证券服务机构等市场活动主体的主要义务,确立民事赔偿优先原则,建立专门的投资者保护机构。

二是完善上市公司规范运作的基础性制度。包括上市公司治理结构、上市公司高管层的激励与约束机制、独立董事制度、上市公司信息披露监管制度,上市公司诚信评价体系、上市公司并购重组法规体系和监管机制、上市公司退市机制等。

三是继续推进发行制度的市场化改革。建立发行规模和发行价格的市场制约机制,完善发行核准机制,推进发行制度的市场化进程,逐步创造条件由核准制向注册制过渡。

四是完善证券经营机构规范运作的基础性制度。完善以净资本为核心的证券公司风险控制制度,客户交易结算资金存管制度,证券经营机构公司治理结构,建立健全对高管人员的约束激励机制。继续完善分类监管制度,探索包括集团化建设、证券控股公司及合伙人制在内的各种组织形式,完善证券经营机构的兼并收购和退出机制,拓宽证券经营机构的融资渠道,积极推进符合上市条件的证券公司上市。

五是发展多元化机构投资力量,拓宽合规资金入市渠道。大力发展机构投资者,支持保险资金、全国社保基金、企业年金、合格境外机构投资者的投资等长期资金以多种方式投资资本市场,逐步建立合格机构投资者制度,形成多元化的、专业化程度高的、具有竞争性和互补性的合格机构投资者格局。

持续性的金融产品创新，为虚拟经济繁荣带来契机

我国证券的产品结构比较单一，一定程度上影响了市场的效率和活跃程度。完善的证券市场中应该有各种具有不同风险收益特征的金融产品。目前的政策环境已经开始倾向于促进产品创新，"国九条"推出后，证券市场的环境发生了很大变化，这对新产品的推出有极大的推动作用。目前已经上市的权证有5家，即将上市的还有多家（见表2-7）。这些新产品给市场带来了盈利效应，吸引了资金进入，如图2-14所示，自武钢权证上市以后，权证的交易总额有时比股票的交易总额还多。

产品创新带来的市场活跃性，或许就是资本市场繁荣初期的特征。我们不能总是期待市场单边上涨，单边暴涨往往导致不可持续的泡沫经济的出现，增强市场活跃性才是繁荣的基本特征。

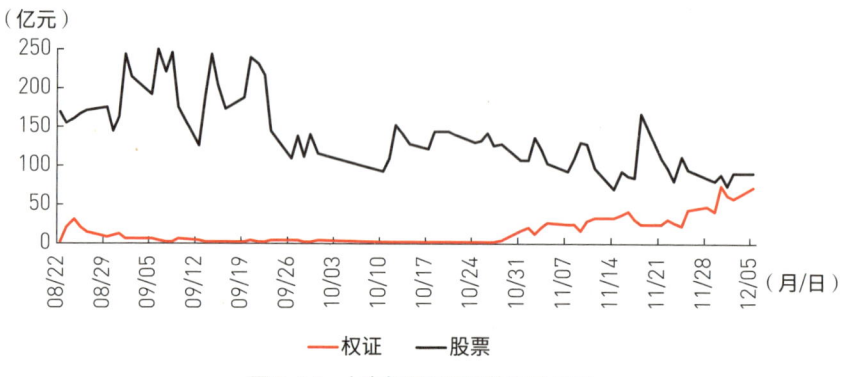

图2-14 上市权证与股票的交易总额

数据来源：Wind资讯，长江证券研究所。

表2-7 已经上市或即将上市的权证品种

权证名称	发行方	权证类型	行权价（元）	期限（年）	行权类型	结算方式
宝钢权证	宝钢股份非流通股东	备兑认购权证	4.5	1	欧式	备兑股票
长电权证	长江电力非流通股东	股本认购权证	5.5	1.5	欧式	增发股票

续表

权证名称	发行方	权证类型	行权价（元）	期限（年）	行权类型	结算方式
上证50ETF权证	国泰证券或者光大证券	备兑认购权证	不详	0.5	不详	不详
新钢钒权证	新钢钒非流通股东	认沽权证	4.85	1.5	欧式	股票
武钢权证	非流通股东	认购权证	2.9	1	欧式	股票
武钢权证	非流通股东	认沽权证	3.13	1	欧式	股票
武钢权证	13家创新券商	备兑认购权证	2.9	1	欧式	股票
武钢权证	13家创新券商	认沽权证	3.13	1	欧式	现金
万科A	万科A非流通股东	认沽权证	3.73	0.75	百慕大式	股票
鞍钢新轧	鞍山钢铁集团	认购权证	3.6	1	欧式	股票

注：ETF的含义为交易所交易基金。
资料来源：长江证券研究所。

本币升值作为催化剂，促使中国虚拟经济的繁荣更快到来

全球经济再失衡，中国提前进入了贸易摩擦和汇率冲突期

自20世纪90年代末以来，伴随着中国经济的崛起，世界经济的再失衡现象越来越严重，突出表现为美国的巨额贸易逆差和中国的巨额贸易顺差（参见图2-15、图2-16）。这种情景和20世纪70—80年代日本经济腾飞时美国和日本之间的失衡类似，但前者的失衡程度远远超过后者。而失衡的世界经济总是需要一方做出妥协，最终往往强势的一方占据博弈的优势。正如麦金龙所述，"从20世纪80年代至20世纪90年代，敲打日本的观点在美国非常流行，就像今天的敲打中国论一样"。我们在之前的汇率专题报告《升值的内生动力及行业影响》中已经详细论述了从长期来看人民币升值是不可避免的。也就是说，与日本20世纪60年代的情况不同的是，中国已经提前进入汇率冲突期。

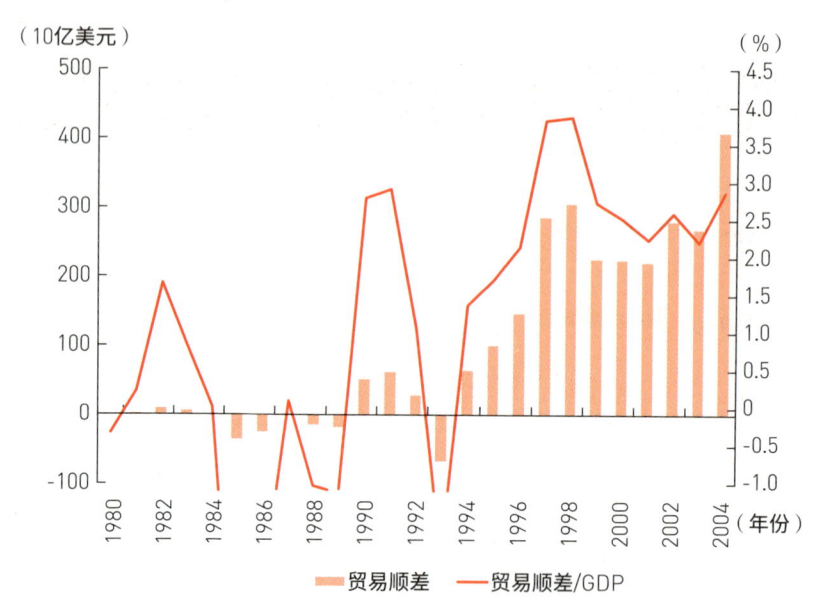

图 2-15　1980—2004 年中国的贸易顺差及其占 GDP 的比重

数据来源：CEIC 数据库，长江证券研究所。

图 2-16　1980—2004 年美国的贸易逆差及其占 GDP 的比重

数据来源：CEIC 数据库，长江证券研究所。

货币冲突下的货币政策选择往往引发资产价格泡沫，刺激虚拟经济繁荣

在外部与内部压力下，人民币汇率改革已经于 7 月 21 日展开，历史经验和这一形势已经说明，在失衡双方的经济结构不能在短期内得以调整的情况下，本次失衡将再次以汇率和金融体系的调整为突破口进行改善，在不到一年的时间里，为缓解人民币升值压力，中国已经出台多项金融政策，例如汇率浮动化、利率市场化、外汇流动自由度扩大等，这些政策或多或少显示了金融自由化的倾向。中国已经处于风口浪尖，下一步的汇率改革措施与货币政策选择可能会成为决定未来中国发展前景的关键。虽然我们很幸运地看到，中国政府已经意识到了这一点，并提出要坚决转变经济增长方式，但经济增长方式与经济结构的调整绝非可以立即无成本地完成。因此，如何将汇率改革、货币政策选择与经济增长方式转变的节奏完美而又有效地结合，对实现经济平滑增长、避免经济风险至关重要。

根据之前对货币政策选择对经济的影响所做的情景分析，我们对货币政策选择的观点已经很明确，在外部条件可能的情况下，我们建议争取渐进式升值，以谨慎的方式开展金融自由化和金融深化，并严格监管，实施适度宽松的财政政策进行结构调整和拉动内需，防止人民币升值过程中货币供应过剩的同时恶性放贷，只有这样才能为未来经济的平稳增长创造机会，并能较为有效地避免经济朝泡沫化方向发展。否则，中国可能进入泡沫与衰退之间的两难境地。

这种理性的政策选择会导致证券市场的活跃与繁荣。因为渐进的金融自由化与稳健的货币政策必然会带来货币市场和债券市场的双重低利率，而宽货币、紧信贷的货币政策也会增加企业的直接融资需求，同时，在经济增长方式逐步调整的过程中，扩大内需和控制投资也必然增加对虚拟资本的需求。如此，双重低利率、直接融资需求的增加以及虚拟资本需求的增加会共同导致证券市场在活跃中逐步走向繁荣（相关路径示意图参见图 2-17）。另外，需要强调的是，理性的政策选择可能只是中国人民银行一厢情愿的想法，汇率问题已经演变成一场政治博弈，博弈的不确定性意味着中国人民银

行的货币政策更多地受到汇率政策的牵制，最终这种平衡的政策思路可能无法被贯彻始终，相应的货币政策（包括汇率政策）的调整可能会给市场带来很大的震动。

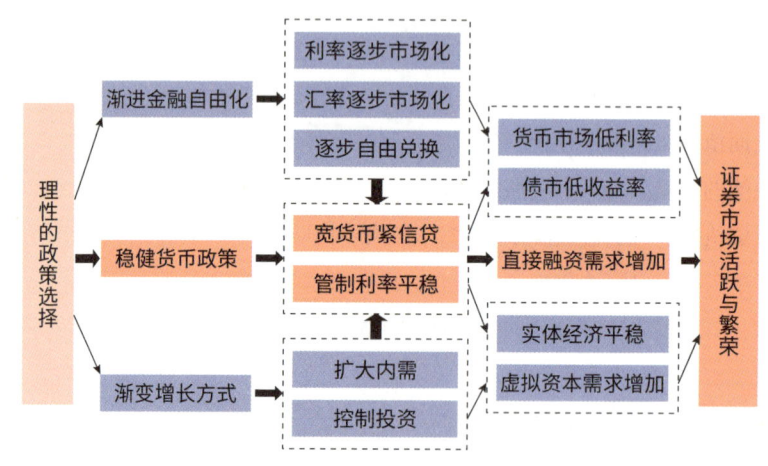

图 2-17　理性政策选择与证券市场繁荣

资料来源：长江证券研究所。

繁荣起点阶段的趋势及机会

前面的论述让我们确信中国虚拟经济繁荣的起点已经近在咫尺，下面需要思考的关键问题就是如何把握繁荣起点阶段的投资机会，这是我们进行2006年资本市场全景分析的主旋律。

繁荣起点阶段的趋势：衰退期的繁荣

实际上，2005年资产价格领域所出现的局部泡沫现象已经证明了我们的观点。2005年资源价格的变化，突出表现为石油、铁矿石、铜的价格暴涨，艺术品投资领域的价格暴涨以及房地产的价格暴涨，充分说明虚拟经济繁荣的景象已经逐步呈现。现在可以说唯独以股票为标的的证券市场没有出现繁荣迹象，这可能跟中国证券市场长期累积的制度缺陷等原因有关，但是我们坚持认为，经过一系列制度完善与产品创新，可以期待2006年出现初期繁荣。

当然需要特别强调的是，这一繁荣背后的实体经济基础可能并不坚实。毫无疑问，在经济转型与经济周期下滑的宏观经济背景下，证券市场的初期繁荣可能表现为经济衰退期的繁荣景象。我们对这种繁荣背后的机会把握，一方面依赖资本的反作用，从资本流向角度考察资本可能会流向哪些可能滋生泡沫的领域，另一方面从市场的制度完善和产品创新角度着手，挖掘背后的投资机会。

衰退期繁荣的特征之一：资本的反作用力增强

资本的反作用之一：继续青睐稀缺性资源相关行业

随着资本独立性的增强，资本对实体经济的反作用也日益凸显，对此我们在专题报告《中国虚拟经济的繁荣与泡沫——从资本需求角度看待2006年的投资机会》中已经做了详细的论述。在这里引用该报告的主要结论，为我们挖掘2006年证券市场的投资机会做一个铺垫。

资本的逐利性决定了资本总是流向容易滋生泡沫的地方，稀缺性资源具备滋生泡沫的前提条件，容易受到资本支持。2005年资源价格的普遍暴涨已经证明了我们的观点，我们认为在资源的稀缺性并没有被有效改善甚至更为严重的情况下，2006年资本对稀缺资源的青睐将延续。而这样的延续将会通过实体经济泡沫向股市投机泡沫的映射机制反映到资本市场中（见图2-18，详见专题报告）。根据这个映射机制，我们就可以分析实体经济的资产价格泡沫如何反映到相关行业的公司估值中，从而寻找资本反作用带来的第一类投资机会。

资本的反作用之二：资本转向创新和并购领域

转型期的企业行为将集中在创新和并购领域，因为在转型期内企业需要通过加大技术创新力度和实施并购重组来获得新的生存空间，培养新的竞争能力。而这种企业行为很大程度上需要借助资本的力量。资本转向技术创新与并购重组领域本身就是对经济转型和企业转型一种强有力的支持（相关示意图见图 2-19），从这个意义上讲，资本的转向正是资本对实体经济反作用的最好体现。在资本转向的过程中，新的投资机会也会凸显，这是我们需要重点挖掘的资本反作用带来的第二类投资机会的原因。

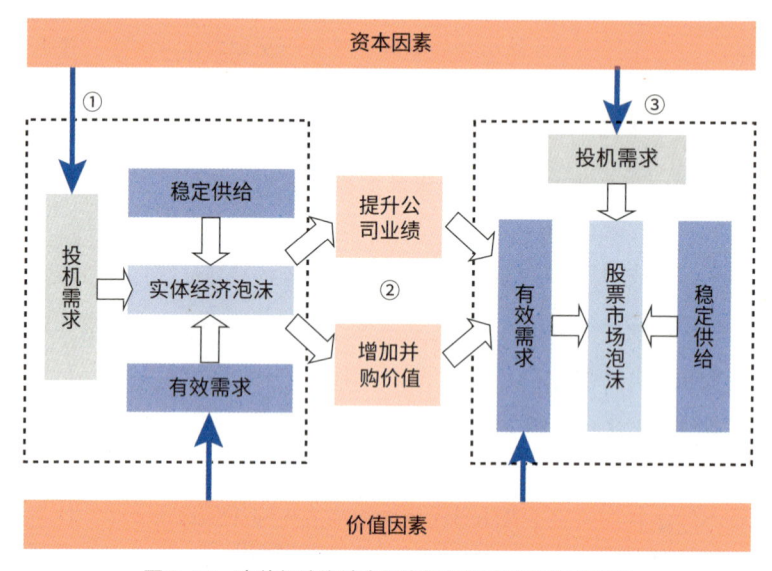

图 2-18　实体经济泡沫向股市投机泡沫映射的示意图

资料来源：长江证券研究所。

衰退期繁荣的特征之二：制度创新与产品创新的加剧

根据我们前面的分析，工业化的发展一方面给公众带来了巨大的财富积累，另一方面也强化了企业对资本市场直接融资的需求，因此中国虚拟经济繁荣的初始条件已经具备，剩下的关键问题就是如何吸引资金进入证券市场。我们认为市场制度建设以及证券产品创新将对吸引资金入市、刺激虚拟经济繁荣起到关键作用。后面我们将针对制度创新与产品创新挖掘相应的投资机会。

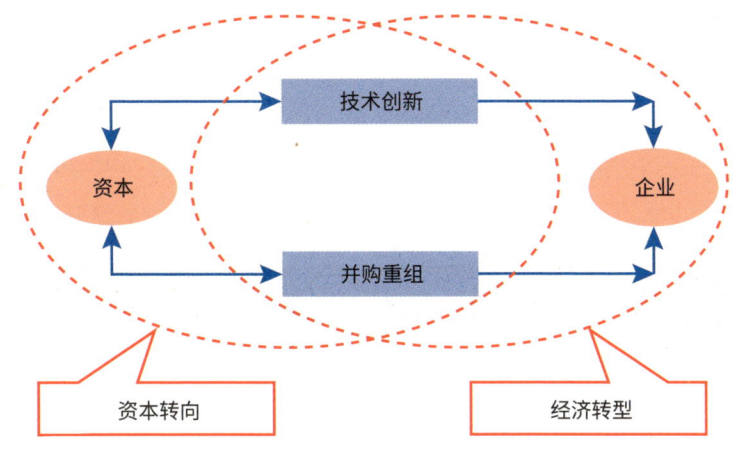

图 2-19 资本转向与经济转型示意图

资料来源：长江证券研究所。

资本反作用带来的两类投资机会

资本反作用带来的投资机会之一：稀缺性资源相关行业

根据映射机制及最新数据，我们对前期的结论做了一定修正，得出了一些目前表现良好的稀缺性资源相关行业及重点公司名单，见表 2-8。

表 2-8 稀缺性资源相关行业及重点公司

行业	整体判断	重点公司
石油开采	油价泡沫放大的可能性较小，同时资源型公司普遍面临后备资源不足的困境	辽河油田 中原油气
黄金开采	黄金需求的多样性，某种程度上决定了黄金价格泡沫的可持续性	中金黄金 山东黄金
房地产	拥有土地储备的上市公司终将享受土地增值收益，但是时机不确定	天房发展
酒店旅游	全流通预期下土地增值将通过并购效应体现到公司估值中	锦江酒店

资料来源：长江证券研究所。

02　繁荣的起点

资本反作用带来的投资机会之二：技术创新与并购重组

关于对技术创新和并购重组的具体机会的把握，详见我们的两篇专题报告《2006年行业基础配置和风格配置思路》和《全流通下的并购浪潮：机会把握与公司估值》。在此，我们给出了主要的结论，见表2-9、表2-10。

表2-9 创新相关行业配置表

行业	公司简称	公司代码	EPS（元） 2004	EPS（元） 2005E	EPS（元） 2006E	投资主题
信息技术	中兴通讯	000063	1.05	1.45	1.85	自主创新
信息技术	新大陆	000997	0.18	0.24	0.31	自主创新
建材	中材国际	600970	0.67	0.54	0.90	自主创新
医药	恒瑞医药	600276	0.48	0.63	0.75	自主创新
新材料	中科三环	000970	0.23	0.32	0.39	自主创新
新材料	厦门钨业	600549	0.46	0.62	0.80	自主创新
机械装备	卧龙科技	600580	0.35	0.35	0.48	自主创新
机械装备	天地科技	600582	0.39	0.40	0.52	自主创新
化工	星新材料	600299	0.38	0.80	1.05	自主创新
化工	兰太实业	600328	0.13	0.38	0.45	自主创新
化工	柳化股份	600423	0.36	0.50	0.66	自主创新
农业	登海种业	002041	0.97	1.07	1.23	自主创新
农业	丰原生化	000930	0.26	0.33	0.39	新能源
家用电器	海信电器	600060	0.12	0.16	0.21	自主创新
家用电器	佛山照明	000541	0.65	0.67	0.82	节能

注：EPS是每股收益的英文简称，意为普通股股东每持有一股股份所能享有的企业利润或需承担的企业亏损；"2005E"中的"E"为英文"Estimate"的简写，表示预测值，后同。
资料来源：长江证券研究所。

表2-10 可能发生并购的重点行业

行业	具体行业	并购的理由	并购类型
金属、非金属	钢铁、金属制品、玻璃、水泥	市净率低，提高产业集中度	横向并购
批发零售	——	规模效应和吸引外资	横向并购
金融	——	准入限制与对外开放	横向并购
医药生物	——	规模效应	横向并购

资料来源：长江证券研究所。

制度创新及产品创新带来的投资机会

制度创新蕴含的投资机会

股权分置改革：控制权市场活跃，部分企业的并购价值凸显

市场制度的改善，主要体现为股权分置改革，解决了遏制市场发展的一大顽疾，从长期来看，这可以带来上市公司治理结构的改善，提升公司的长期价值。但这并非一日之功，就短期而言，市场制度的改善蕴含的投资机会，可能主要体现在全流通预期下外部控制权市场的活跃，企业的并购价值凸显。

当前，股权分置改革正在如火如荼地进行，这一改革将结束我国股票市场建立以来一直阻碍其发展的最大因素——市场分割，可以说是一次触及市场根本的深刻制度变革。那么制度环境的改变又会对我国的上市公司并购市场产生什么影响？我们认为，可以从以下几个角度来看待其影响：首先，全流通的市场环境将改变并购市场参与主体的价值取向和行为动机，从而将极大地改善并购的效果，使并购的价值得以实现；其次，股权分置改革以非流通股东向流通股东送股的形式进行，使得市场的股权结构开始呈现分散化的趋势，从而为并购市场的发展创造条件；再次，市场分割的结束将使得"非流通股"成为历史，建立在过去市场环境下的主流并购形式将彻底发生改变；最后，全流通进一步降低了市场的估值水平，使公司并购的成本得以降低，从而促使并购市场更加活跃。

同时，股改后市盈率的降低为公司控制权市场的活跃创造了条件，美国20世纪80年代之所以兴起一轮并购浪潮，是因为股市低迷，如图2-20所示，20世纪80年代末美国股市平均市盈率已经降至6倍，不少公司跌破净资产。而与此同时通货膨胀则持续加速，使得在价值普遍被低估的市场上购买企业的成本远低于新建一个同等企业。中国目前也陷入了同样的境地，股权分置改革的进行，一方面带来了外部控制权市场的完善，另一方面进一步降低了市场整体的平均市盈率。这些无疑将大大降低要约收购的成本，从而

推动我国并购市场发展。

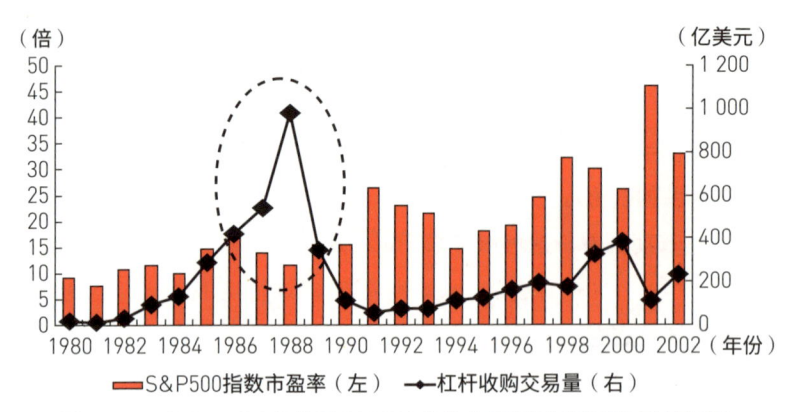

图 2-20　1980—2002 年美国 S&P500 指数市盈率与杠杆收购交易量对比

数据来源：CEIC 数据库，长江证券研究所。

引入 QFII（合格的境外机构投资者）：带来的不仅是市场增量资金，还有新的投资理念

日本在 20 世纪 80 年代国际化步伐明显加快。首先，由于固定汇率制转变为浮动汇率制，为避免汇率风险或以赚取汇率波动利益为目的，对证券投资的需求增加。其次，随着日本成为世界第二经济大国，以及 20 世纪 60 年代下半期以来国际收支持续顺差，要求日本开放资本市场的呼声越来越强烈。最后，日本于 1980 年修改了《外汇管理法》，向国外投资者开放国内资本市场，外国投资者开始涌入日本股票市场，1979 年外国法人持有的股票量占全部股票的 2.4%，1982 年就上升到 5%。

与日本一样，目前中国也面临资本市场对外开放的问题，而且中国可能会更快面临这一问题，QFII 对市场的影响力是不容忽视的。根据最新的统计（见表 2-11），中国 QFII 的总额度已经达到 54.95 亿美元，涉及 30 家境外机构投资者。随着 QFII 额度的增加，市场的活跃度将更强，各种投资理念和投资标准的引入也有利于市场发展。资本市场的对外开放，为外资股票配置提供了一种新的渠道，一旦国外机构投资者将中国市场纳入其全球市场配置中，中国资本市场受到的推动作用将非常明显。

表 2–11 QFII 额度统计表（截至 2005 年 11 月）

排名	QFII 名称	累计投资额度（亿美元）	占 QFII 额度（%）
1	瑞士银行有限公司（UBS AG）	8	14.56
2	德意志银行（Deutsche Bank AG）	4	7.28
3	花旗环球金融有限公司（Citigroup Global Markets Limited）	4	7.28
4	摩根士丹利国际股份有限公司（Morgan Stanley & Co., International Limited）	4	7.28
5	香港上海汇丰银行有限公司（The Hong Kong and Shanghai Banking Corporation Limited）	4	7.28
6	富通银行（Fortis Bank）	4	7.28
7	瑞士信贷（香港）有限公司[Credit Suisse (Hong Kong) Limited]	3	5.46
8	美林国际（Merrill Lynch International）	3	5.46
9	日兴资产管理公司（Nikko Asset Management Co., Ltd）	2.5	4.55
10	高盛国际资产管理公司	2	3.64
11	高盛集团（Goldman Sachs & Co.）	1.5	2.73
12	花旗环球金融有限公司	1.5	2.73
13	马丁可利投资管理有限公司	1.2	2.18
14	比尔及梅琳达·盖茨基金会（Bill & Melinda Gates Foundation）	1	1.82
15	荷兰商业银行（ING Bank N.V.）	1	1.82
16	恒生银行有限公司（Hang Sang Bank Limited）	1	1.82
17	新加坡政府投资有限公司	1	1.82
18	巴克莱银行（Barclays Bank PLC）	0.75	1.36
19	法国巴黎银行（BNP Parisbas）	0.75	1.36
20	德国德累斯顿银行股份公司（Dresdner Bank Aktiengesellschaft）	0.75	1.36
21	新东方汇理银行（CALYON S.A.）	0.75	1.36

续表

排名	QFII 名称	累计投资额度（亿美元）	占QFII额度（%）
22	荷兰银行有限公司（ABN AMRO Bank N.V.）	0.75	1.36
23	雷曼兄弟国际公司（欧洲）[Lehman Brothers International（Europe）]	0.75	1.36
24	渣打银行（香港）有限公司（Standard Chartered Bank Hong Kong）	0.75	1.36
25	大和证券 SMBC 株式会社（Daiwa Securities SMBC Co.，Ltd）	0.5	0.91
26	法国兴业银行（Societe Generale）	0.5	0.91
27	加拿大鲍尔公司（Power Corporation of Canada）	0.5	0.91
28	景顺资产管理公司（INVESCO Asset Management Limited）	0.5	0.91
29	摩根大通银行（JP Morgan Chase Bank）	0.5	0.91
30	野村证券株式会社（Nomura Securities Co.，Ltd）	0.5	0.91
	合计	54.95	100.00

资料来源：国家外汇管理局，长江证券研究所。

证券产品创新带来新的市场投资热点

中小企业板：为数不多的亮点之一

中小板率先完成股改，并很快推出独立指数，更多地体现了管理层对中小企业的支持，中小企业尤其需要借助资本市场突破资金瓶颈。我们认为这属于产品创新的范畴。根据我们对日本工业化史的研究，在经济转型过程中，中小企业将肩负起维持经济增长的重任，中村秀一郎教授更是将中小企业逐步发展成为"中坚企业"的过程看作"真正的工业社会即群众社会化现象的集中表现"。事实上1961年日本也在东京股票市场开设了第二市场，为发展中的中等规模企业筹集资本开辟了公开途径。从表2–12可以看出在第二市场上市的主要是增长快速的中等企业。

表 2-12　日本股市不同增长率的企业数分布（单位：%）

销售额增长率（1960年9月/1956年9月）	0~0.9倍	1.0~1.4倍	1.5~2.4倍	2.5~4.9倍	5倍以上
股票上市公司（247家）	2.4	26.3	48.6	22.3	0.4
按规模排行业前1/4的公司（61家）	0	39.4	44.2	16.4	0
按规模排行业后1/4的公司（61家）	3.3	19.7	52.4	23.0	1.6
门市企业（151家）	4.0	14.6	43.0	33.8	4.6

注：门市企业，后为第二市场股票上市公司，不包括31家计量不明的企业。
资料来源：（日）香西泰著，彭晋璋译，《高速增长的时代》，贵州人民出版社，1987年。

中小企业板的投资机会体现在以下两个方面：一是上市公司的基本面不错，平均业绩明显高于主板；二是不少上市公司由于成长能力较强，具备成为目标公司的潜力，并购价值较高，表现在市场估值上会有溢价。

衍生产品：活跃市场的作用更为突出

之前我们已经论述了产品创新将是中国资本市场的一大主题，除了中小板可以被视作一项重要的产品创新，以股票为标的的证券衍生产品，比如权证、股指期货以及以ETF为标的的衍生产品，将成为主流创新产品。但由于投资对象的限制，证券创新产品未必能给机构投资者带来太多的盈利空间。

但我们也应该意识到，创新收获的不仅仅是资金，还有信心，由于创新产品的不断推出，资本市场的活跃度增强，股票价格的波动性也会增强，而股价波动就意味着机会的来临。此外，交易方法的创新，如引入卖空机制、"T+0"交易制度等对活跃证券市场、促进证券市场的初期繁荣也有好处。

2006年资本市场的投资机会

2006年繁荣起点期的特征：局部泡沫与市场活跃

根据对国际工业化史的研究，我们认为2006年是中国证券市场繁荣的起点，其主要特征体现为局部出现泡沫的同时市场活跃程度不断提高。虽然中国正处于特定的经济转型期，经济衰退是不可避免的，这无疑将大大抑制股市的繁荣程度，但作为中国虚拟经济繁荣的起点，我们认为市场的活跃是可以期待的。

这种市场的活跃，原因有两方面：一方面，虽然经济中周期面临回落，但是仍然有部分行业可能已经率先到达周期的底端，部分领域（比如新能源、新技术）因创新而存在投资机会；另一方面，随着资本市场体系的完善，市场出现新的投资热点，活跃性也必然增强。

2006年繁荣起点阶段的投资机会

我们认为2006年中国证券市场的投资机会将集中在两大领域：一是资本的反作用可能导致局部泡沫的领域，我们相对看好稀缺性资源相关行业以及技术创新与并购重组领域；二是制度创新与产品创新导致市场活跃的热点区域，例如中小企业板等（详见表2-13）。

表2-13 2006年繁荣起点阶段的投资机会

挖掘投资机会的着眼点	资本反作用		制度创新与产品创新
	资本对稀缺资源的青睐	资本转向创新与并购重组领域		
		技术创新的热点区域	并购目标的热点区域	
重点行业或板块	资源稀缺性相关行业	技术创新的热点区域	并购目标的热点区域	产品创新热点区域
子行业或细分板块	石油开采、黄金开采、房地产、酒店旅游	信息技术、建材、医药、生物医药、新材料、机械装备、化工、农业、家用电器	非金属材料、批发零售、金融、医药生物	中小企业板

资料来源：长江证券研究所。

03

房地产价格周期是增长型而非古典型

▪ 2006 年 9 月 12 日

  关于房地产，有太多的神话和谎话。我们或许不能完美地解释这些神话并揭示这些谎话，但我们可以尽可能真实地认识房地产业发展的客观规律。中国的房地产业似乎处在一个十字路口，看多者往往以人民币升值的故事为例，并将中国房地产业的表现和当年日韩等国本币升值期间房地产业的表现对比；看空者却使用宏观调控和日本房地产泡沫破灭的事实进行反击。我们无意看空或看多，只是试图更加客观地认识房地产业的发展规律，在对规律进行客观分析和认识之后，相信看空或看多的判断会自然明了。

房地产价格长期趋于上升是常态

房地产价格长期趋于上升

  布兰查德和费雪（1998）认为如果某种资产可以满足下列条件之一，那么这种资产的价格不可能长期过分偏离其成本或其基本价值。这些条件包括：（1）具有无限供给弹性，即在一定的价格条件下，该资产可以以无限弹性的供给获得替代，即使替代价格可能比较高，比如石油或者太阳能；（2）基本价值显然确定的资产；（3）在未来某个时刻存在终端价格约束的资产，如永久债券以外的其他债券。

与上述特征进行比较可以发现，房地产作为一种资产或普通商品，其性质与上述条件完全相反。（1）长期内，房地产缺乏供给弹性和替代弹性。土地存量的长期不变性和稀缺性决定了房地产长期供给曲线会日益缺乏弹性。同时，房地产又不存在替代品，工商业活动和居住均离不开房地产。由于房地产具有明显的区位特征，即使在同一区域的房地产的可替代性也很差。（2）房地产能够产生的现金流量受多种因素影响，房地产的基本价值绝对不是简单地由历史成本或者重置成本决定。（3）历史经验显示，房地产价格不存在终端价格约束。

总之，房地产的以上性质决定了房地产长期供给曲线趋于上升而且越来越陡峭，在这种情况下，只要长期内需求趋于上升，房地产的价格就会长期一直趋于上升。

根据我们的理解，稀缺品（如土地）的长期供给曲线不同于一般商品（典型的例子是信息技术产品），其特殊性就在于长期供给曲线趋于上升，而且在没有替代品的情况下，可能会越来越陡峭。这种状况决定了房地产价格的长期上升态势（见图3-1）。

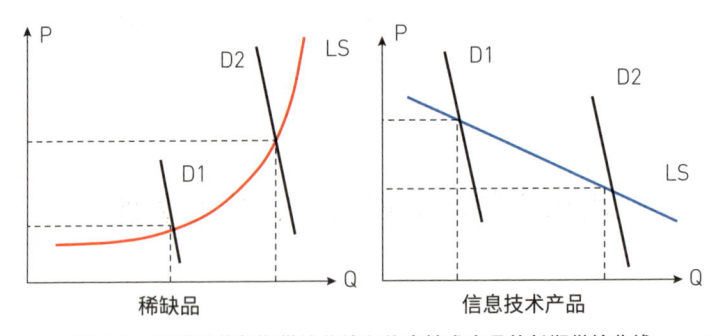

图3-1 稀缺品的长期供给曲线和信息技术产品的长期供给曲线

资料来源：长江证券研究所。

这种理解得到了一定程度上的证实。我们得到的尽可能长期限的历史数据显示，美国、英国、韩国等国家在正常经济成长过程中，其房地产价格都呈现长期上升趋势（见图3-2、图3-3、图3-4）。

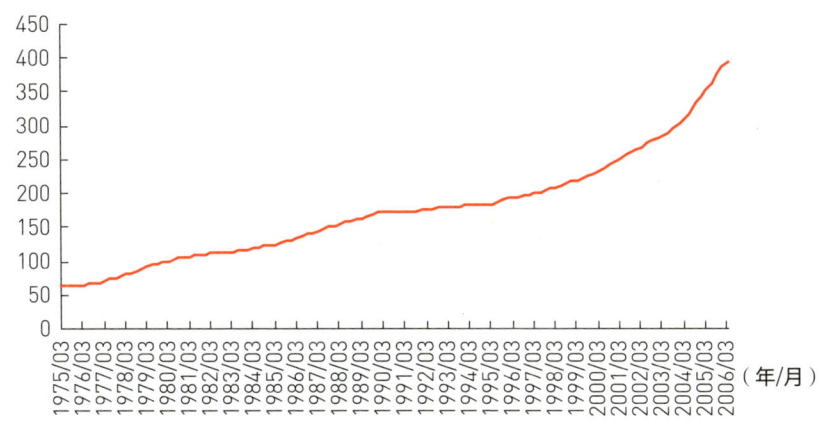

图3-2 美国房屋价格指数

数据来源：彭博，长江证券研究所。

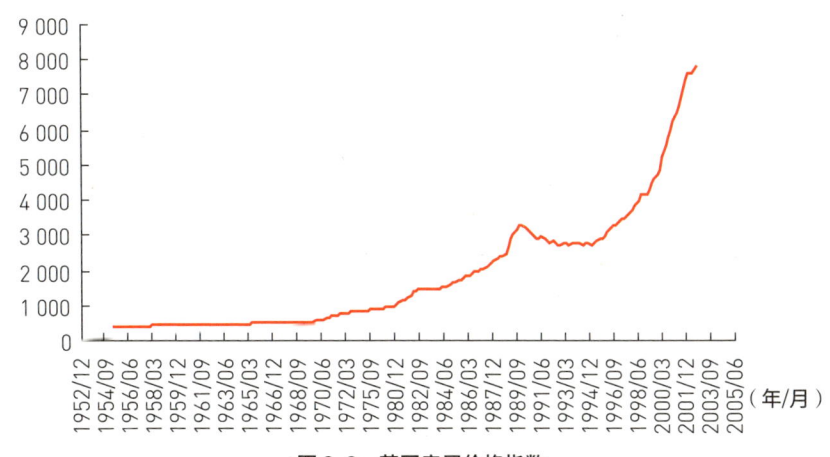

图3-3 英国房屋价格指数

数据来源：彭博，长江证券研究所。

03 房地产价格周期是增长型而非古典型

图 3-4 韩国房地产价格指数

数据来源：彭博，长江证券研究所。

我们所说的"正常经济成长"是指不出现类似 20 世纪 90 年代日本出现的某种非正常经济周期波动或者经济危机、自然灾害等不可预期的非惯常性、非周期性情景。图 3-5 显示了日本土地价格走势。

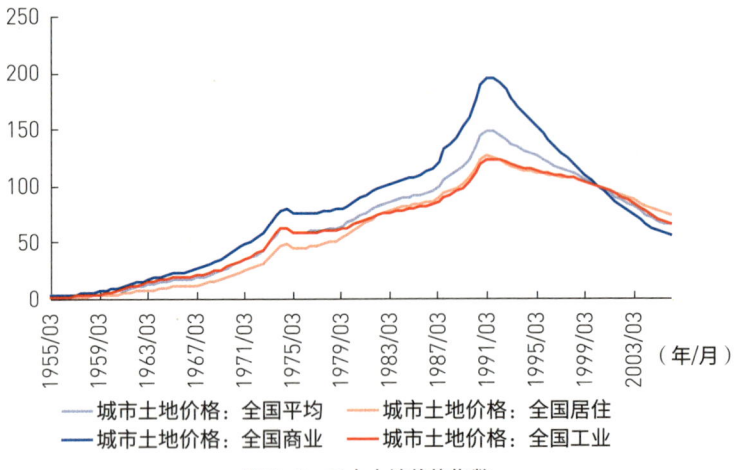

图 3-5 日本土地价格指数

数据来源：彭博，长江证券研究所。

房地产支柱地位长期趋于上升

我们还可以从房地产业在国民经济中的地位来认识房地产的长期发展趋势。因为某一产业在 GDP 中的比重反映了该产业在整体国民经济中的地位及其变化规律，所以我们就以此指标为例进行说明。在我们的印象中，房地产业在一国城市化和工业化过程中，其支柱地位肯定是趋于上升的，当城市化和工业化完成之后，其地位应该趋于下降。但日本、韩国、美国等国的统计数据显示，即使在工业化和城市化完成之后，房地产业的地位仍然趋于上升。当然，在工业化过程中，房地产业地位的上升最为迅速和明显。因此，关于房地产作为国民经济支柱产业的特征，我们还不能简单地从工业化和城市化这一特定阶段来认识，事实上，伴随着一国经济的发展，其支柱地位或许持续趋于上升，这可能是由房地产作为一种最基本生产要素的地位决定的。

从发展水平看，大多数发达国家和地区的房地产业占 GDP 的比重都在 10% 以上（以韩国、日本、美国为例，见图 3-6、图 3-7、图 3-8），而目前中国为 4% 左右，即使考虑到统计口径的差别，也远远低于国际水平，而考虑到工业化和城市化过程中房地产业快速发展的规律，我们认为，中国房地产业作为支柱产业的地位仍将持续存在并且继续呈现上升势头。

图 3-6　韩国房地产业占 GDP 的比重

数据来源：CEIC 数据库，长江证券研究所。

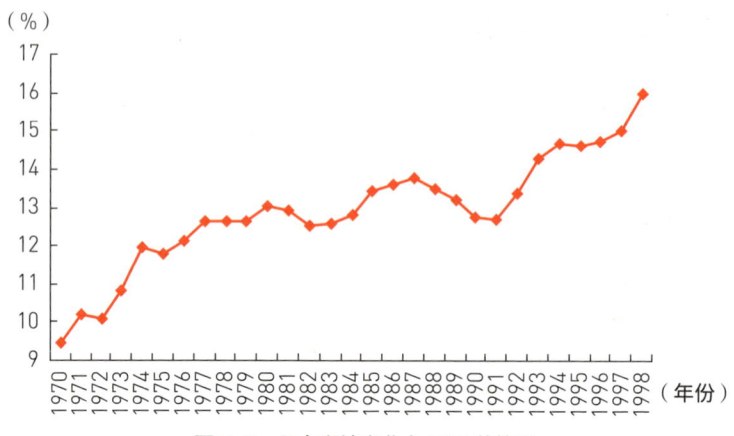

图 3-7　日本房地产业占 GDP 的比重

数据来源：国家统计局，长江证券研究所。

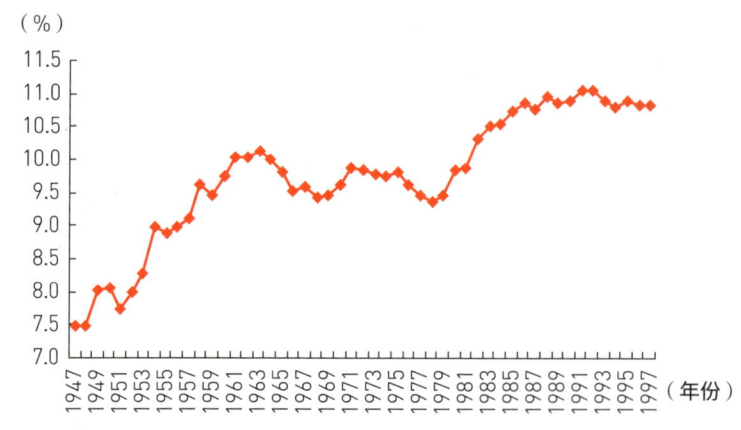

图 3-8　美国房地产业占 GDP 的比重

数据来源：CEIC 数据库，长江证券研究所。

我们更倾向于认为，在一国经济发展过程中，房地产业的支柱地位会不断上升，而工业化和城市化时期是其上升最快和最突出的时期。房地产支柱地位的持续上升说明：其一，在一国经济发展的大多时间中，房地产业以快于总体国民经济增速的速度增长；其二，房产的需求和价格可能受到某些因素的长期支撑而趋于上升，即使在我们所熟知的工业化和城市化完成之后。

这里，所谓的"某些因素"事实上主要是从工业需求、民用需求到商业及投资需求的依次转变，这些因素解释了房地产需求和价格的长期上升态势，同时也揭示了房地产结构的变化规律。

房地产需求和价格上升具有明显的结构转变规律

我们通常认为，工业化和城市化期间的刚性需求以及人口增长是支撑房地产价格持续上升的因素。引起我们兴趣的是，韩国的数据显示，20世纪80年代之后，韩国居民住房消费支出在其总体消费支出中的比重趋于下降（见图3-9），住房结构变动率变为负数（见表3-1）；而日本从20世纪60年代末开始，婚龄人口显著下降（见图3-10）。20世纪70年代初日本城市化率已达到70%。但20世纪80年代后的韩国和20世纪70年代后的日本的房地产价格均保持持续上升态势。

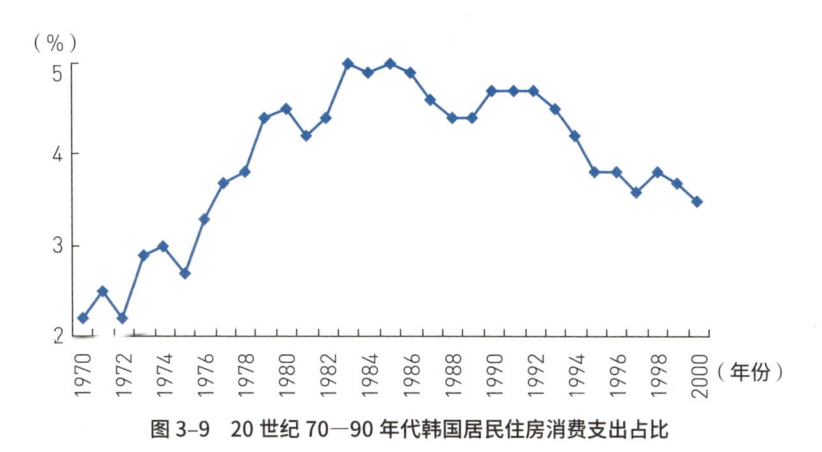

图3-9　20世纪70—90年代韩国居民住房消费支出占比

数据来源：CEIC数据库，长江证券研究所。

表 3-1　20 世纪 70—90 年代韩国的恩格尔系数和住房结构变动率

年份	1970—1983	1984—1992	1993—2000
恩格尔系数	0.3~0.4	0.2~0.3	0.15~0.2
住房结构变动率（%）	127.3	-4.1	-22.2

数据来源：CEIC 数据库，长江证券研究所。

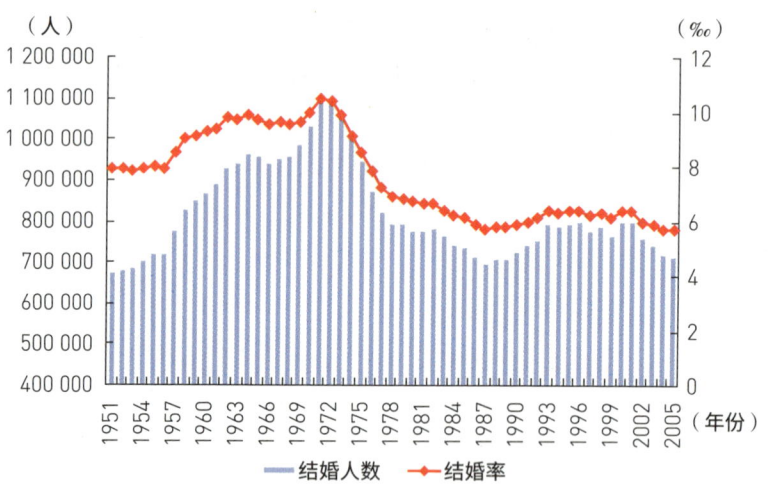

图 3-10　日本结婚人数和结婚率

数据来源：彭博，长江证券研究所。

也就是说，在城市化完成后，房地产价格并没有降低，房地产业的支柱地位并没有消失，而是继续上升，这在韩国、日本和美国的数据中都有显示。也就是说，在房地产长期供给曲线已定的情况下，房地产业支柱地位和房地产价格的长期上升趋势说明长期需求在持续上升。那么什么因素支撑了房地产业在国民经济中的比重的持续上升和房地产价格的上涨呢？工业化和城市化阶段的情况正如上述数据所证明的，易于理解，那么工业化和城市化完成之后呢？我们不妨以日本为例解剖一只麻雀。

我们根据第二次世界大战后日本土地价格波动的周期将其划分为四个阶段进行统计分析，发现价格增长幅度发生有规律的变化（详见表 3-2）。在 1955—1965 年，工业用地价格的上涨幅度最大；在 1965—1975 年和

1975—1985 年两个周期中，民用土地价格的上涨幅度最大；在 1985—1990 年，商业用地价格的上涨幅度最大。

表 3-2　日本不同阶段不同类型的土地价格涨幅情况统计（单位：%）

类别	1955—1965 年 累计增长	1955—1965 年 最大年涨幅	1965—1975 年 累计增长	1965—1975 年 最大年涨幅	1975—1985 年 累计增长	1975—1985 年 最大年涨幅	1985—1990 年 累计增长	1985—1990 年 最大年涨幅
工业土地	**827.2**	**53.0 (1961)**	197.7	32.7 (1973)	38.7	7.1 (1980)	45.8	15.0 (1990)
民用土地	622.9	38.8 (1962)	**311.4**	**37.8 (1973)**	85.4	**13.8 (1980)**	45.8	15.3 (1990)
商业土地	623.1	36.6 (1961)	220.1	26.8 (1973)	45.1	7.4 (1980)	**72.4**	**18.0 (1990)**

数据来源：CEIC 数据库，长江证券研究所。

考察日本经济史发现，日本在 20 世纪 60 年代以后快速发展，经济实力迅速增强。在此背景下，日本政府提出了"国民收入倍增计划"，该计划的实施带动了工业的快速发展，继而带动了日本战后以工业用地为主的第一次土地价格高涨，工业用地涨价幅度最高的年份同比增长达 53%。与此同时，在战后日本经济恢复的过程中，住宅紧缺成为全国性的严重社会问题。1973 年，著名的"日本列岛改造论"被提出，住宅用地需求带动了土地价格的上升，住宅用地涨幅最高达到 37.8%。1975 年后，日本的汽车工业和钢铁工业取得国际竞争力，城市化率达到 70% 以上，这标志着工业化、城市化基本完成，经济陷入低增长阶段。1978—1980 年，日本 GDP 平均增速不足 5%，土地价格增长速度也放慢至 5.5% 左右，远低于 1955—1966 年的 20.9% 和 1966—1976 年的 11.2%。但 20 世纪 80 年代之后，日本第三产业的快速发展成为地价以更快的速度上升的原因之一，日本房地产价格又开始了一轮迅速上升。当然这里有日元升值所导致的投机，但不同时期不同类别房地产的价格增长情况和经济结构的对比分析说明的结果仍值得我们思考（可参考图 3-11、图 3-12）。

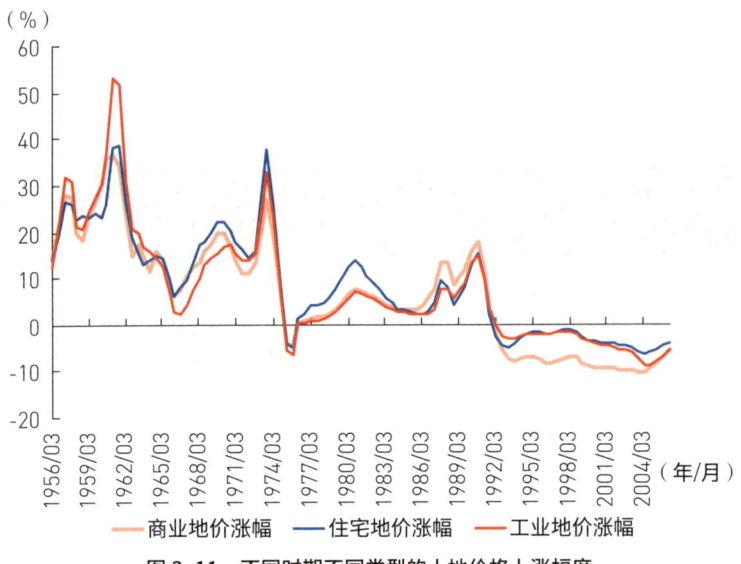

图 3-11 不同时期不同类型的土地价格上涨幅度

数据来源：彭博，长江证券研究所。

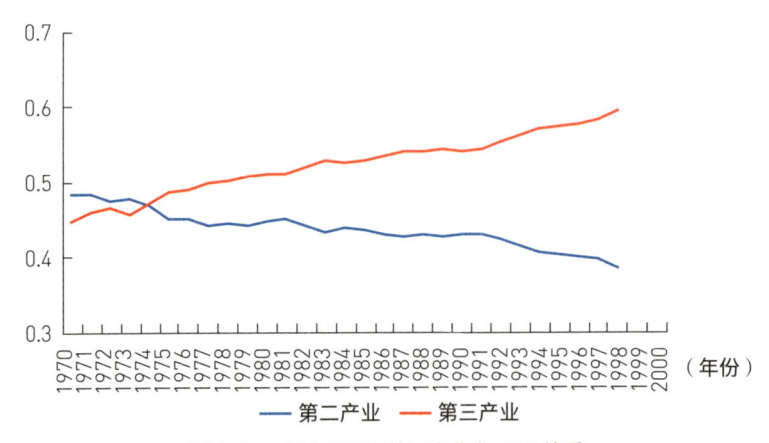

图 3-12 日本第二和第三产业占 GDP 比重

数据来源：彭博，长江证券研究所。

也就是说，在工业化、城市化和经济软化过程中，工业用地、居住用地和商业用地需求以及投资需求依次成为拉动房地产需求的最基本动力，从而维持房地产业的支柱地位，促进房地产价格的持续上涨（见图 3-13）。

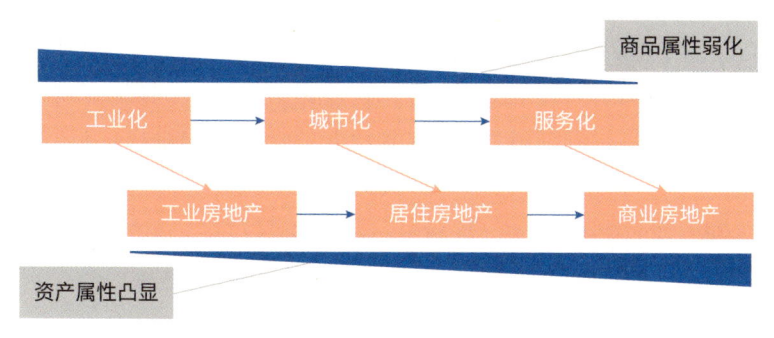

图 3-13 房地产业增长动力的转化

资料来源：长江证券研究所。

日本房地产价格的波动给我们如下启示：

（1）房地产的价格上涨是有周期的，但在工业化和城市化过程中的周期波动是增长型周期，而不是古典型周期，也就是说，绝对价格水平始终趋于上升。

（2）不同阶段推动房地产价格上升的原因不同，依次由工业、民用、商业和投资需求推动，反映了经济发展阶段的规律。

（3）房地产价格涨幅最大、上涨速度最快的时期是 20 世纪 70 年代以前，当时日元尚未开始升值，后来的汇率升值起到了推波助澜的作用。

（4）在工业化和城市化完成后，一国经济虚拟化程度的提高和房地产资产属性的凸显往往会增加房地产价格增速剧烈波动的可能性。

虽然由于种种问题，日本房地产泡沫最终在 1990 年破灭，房地产的价格甚至重新返回 1980 年的水平，但在第二次世界大战结束至 1990 年的 40 多年里，日本房地产的价格先后在工业化、城市化带动的工业用地、居住用地需求增长及其后第三产业发展带动的商业用地需求增长等因素的带动下，出现了持续的上升，这一现象对正处于快速工业化、城市化时期和产业结构面临转型的中国来说，是值得深思的。

关注商业地产和全国性住宅地产

上述的分析说明：工业用地需求、居住用地需求、商业用地需求和投资需求在一个国家经济发展过程中，依次成为支撑房地产业发展及其价格总体呈现上升趋势的原因，从本质上说，这是由经济发展不同阶段的特征和房地产作为最基本的生产和生活要素的地位决定的，这是其他产业所不具备的特点。

房地产业的支柱地位是长期趋于上升的，这不仅仅是由政府政策导向决定的，还是由该产业的关联关系及其作为最基本的生产要素的特征决定的（可参考表3-3、表3-4）。在城市化和工业化过程中，这种支柱地位会越来越明显。从长期看，伴随着一个国家经济规模的增长，需求的永久性上升和房地产供应的日益稀缺决定房地产价格会不断上升。当然，随着经济结构的变化，譬如从工业化到城市化，再到经济软化，刺激房地产需求的力量特征也会发生相应的结构性转变。

表 3-3 我国房地产业对主要关联产业的带动效应

产业名称	带动效应	产业名称	带动效应
金融保险业	0.145	农业	0.048
商业	0.145	电器机械及器材制造业	0.045
建筑业	0.094	行政机关及其他行业	0.041
非金属矿物制造业	0.093	纺织业	0.040
化学工业	0.090	金属制品业	0.039
社会服务业	0.087	食品制造及烟草加工业	0.038
金属冶炼及压延加工业	0.054	电子及通信设备制造业	0.038
机械工业	0.049	造纸印刷及文教用品制造业	0.037
对40个产业的总效应			1.416

注：原数据根据《1997年中国投入产出表》计算。
数据来源：梁荣，《中国房地产业发展规模与国民经济总量关系研究》，经济科学出版社，2005年。

表 3-4　OECD（经合组织）成员国房地产业对其主要关联产业的带动效应的平均值

产业	美国	日本	英国	澳大利亚
食品饮料烟草业	0.05	0.05	0.10	0.03
造纸业	0.05	0.05	0.10	—
化工工业	0.03	0.05	0.07	—
建筑业	0.12	0.16	0.15	0.09
批发零售业	0.14	0.17	0.20	0.13
运输及仓储业	0.04	0.06	0.10	0.06
金融保险业	0.09	0.09	0.17	0.09
房地产业	0.24	0.15	0.30	0.13
社会服务业	0.14	0.11	0.11	0.21
总效应	1.33	1.56	1.83	1.03

注：美国为1977—1990年数据；日本为1970—1990年数据；英国为1968—1990年数据；澳大利亚为1968—1989年数据。原数据分别根据相关国家相关年份的投入产出表计算。
数据来源：梁荣，《中国房地产业发展规模与国民经济总量关系研究》，经济科学出版社，2005年。

从投资策略的角度看，这种房地产需求特征的转变规律给我们的启示是：可以更关注房地产业中的商业地产企业和全国性的住宅地产企业。除了上述的原因，正如郭金兴在《房地产的虚拟性及其波动研究》一书中所描述的，"不同类型的房地产周期波动的方式有所不同"，"住宅房地产具有反周期的特征"（以美国为例，参见图3-14）。原因在于住房消费的收入弹性较小，当经济周期剧烈波动时，住房支出变化较小使得住房消费在总支出中的比重变化呈现反周期特征。而"办公楼和商业零售房地产，其波动周期与宏观经济相比显得更长，与经济波动也没有直接的联系，这些房地产的周期波动被认为主要是内生性的"，而有些房地产，譬如工业房地产，"其波动与宏观经济的联系非常密切，被认为主要是经济波动导致了需求变化"。

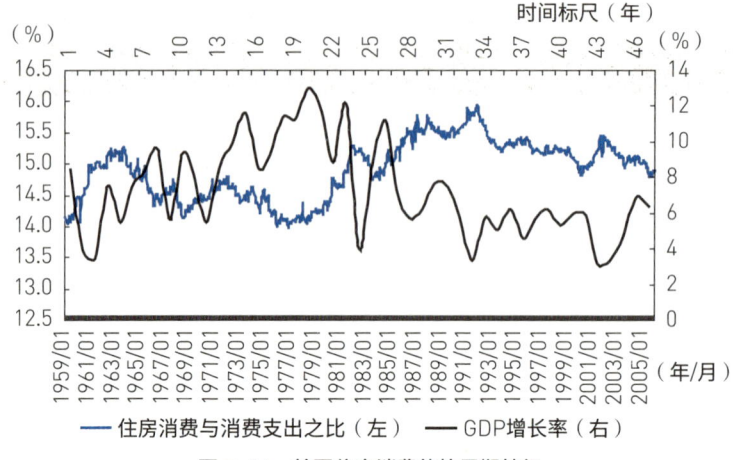

图 3-14　美国住宅消费的抗周期特征

数据来源：彭博，长江证券研究所。

房地产价格周期是增长型而非古典型

房地产价格周期是增长型周期

经济史表明，在房地产业的长期成长趋势中，会不断地出现周期性波动。譬如，从 18 世纪到 20 世纪，美国房地产业呈现 18 年左右的周期波动规律。而日本、中国香港、中国台湾等国家或地区的数据资料也表明其房地产业同样具有周期波动规律。虽然中国房地产业的历史比较短，但过去的数据说明其同样有周期波动。

但我们发现，房地产价格周期是增长型周期而非古典型周期。也就是说，房地产价格周期在很大意义上是其增长率的波动周期，而非绝对价格水平本身的周期。

我们对日本土地价格涨幅等数据的分析表明（相关数据参见图 3-15 至图 3-18），在 1955—1990 年，其增速呈现明显的周期性特征，每个周期的平均长度大约为 10 年，上升期 5~7 年，下降期 3~5 年。而且，上升期往往由两个波段组成。也就是说，至少在 1955—1990 年，日本房地产价格的周期波动基本上为增长型周期，而非古典型周期。房地产价格的绝对水平总体趋于上升。尤其是在 1955—1970 年，日本的城市化率从 40% 提高到 70%，房地产价格没有下跌。这一周期性特征在 1990 年日本房地产泡沫破裂前都十分明显。

图 3-15 日本土地价格涨幅

数据来源：彭博，长江证券研究所。

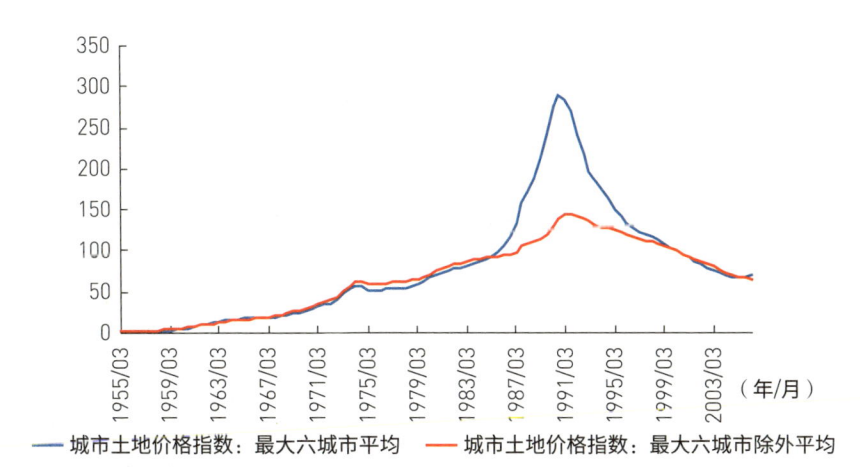

图 3-16 日本土地价格指数（最大六城市平均和最大六城市除外平均）

数据来源：彭博，长江证券研究所。

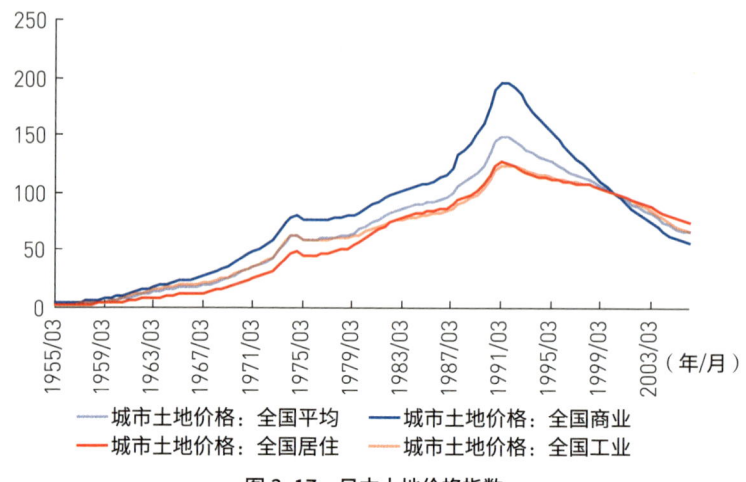

图 3-17　日本土地价格指数

数据来源：彭博，长江证券研究所。

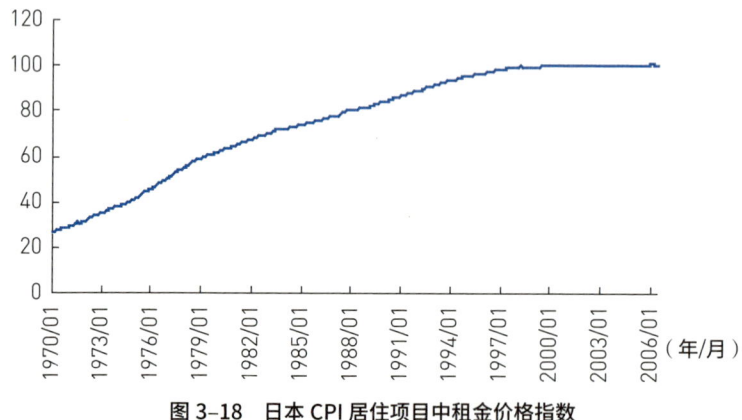

图 3-18　日本 CPI 居住项目中租金价格指数

数据来源：彭博，长江证券研究所。

日本在城市化过程中房地产价格的波动呈现出增长型周期的特征引起了我们思考，我们进一步对美国、韩国、德国等国考察发现，在城市化和工业化期间，这些国家的房地产周期同样具有增长型周期的特征。以美国为例，1900—1929 年，城市化率从 40% 提高到 60% 左右，房地产价格没有下跌。

而且，即使在工业化和城市化完成后，我们发现房地产价格周期同样具有明显的增长型周期特征（以美国、英国、澳大利亚为例，见图 3-19、图 3-20、图 3-21）。

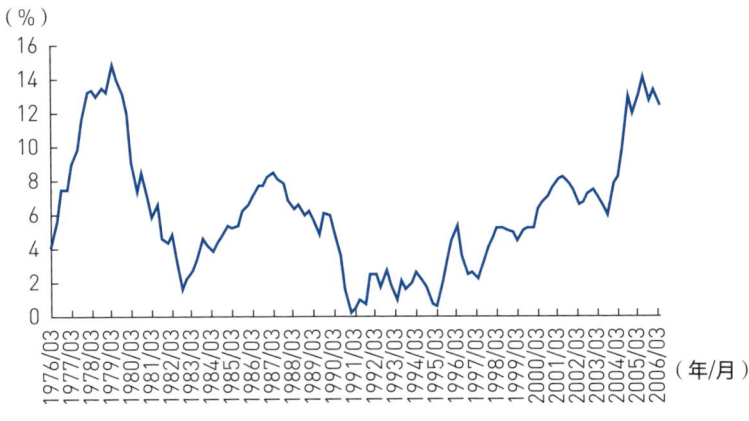

图 3-19　美国房屋价格指数涨幅

数据来源：彭博，长江证券研究所。

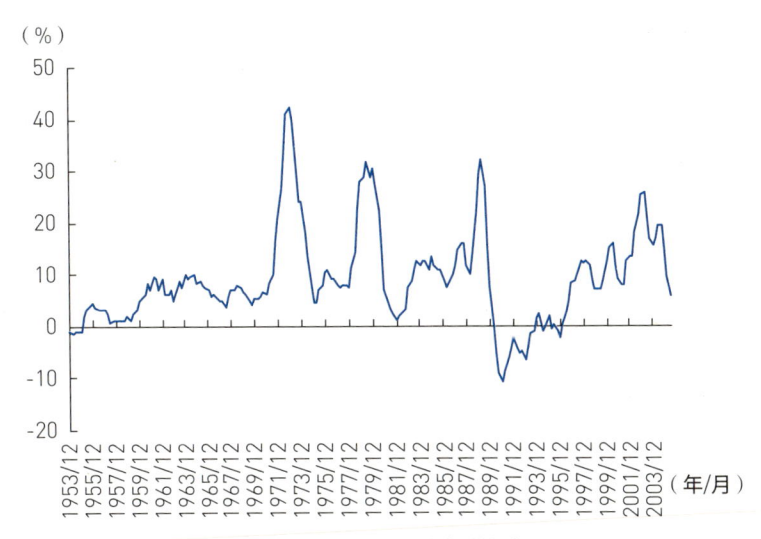

图 3-20　英国房价指数增长率

数据来源：彭博，长江证券研究所。

03　房地产价格周期是增长型而非古典型

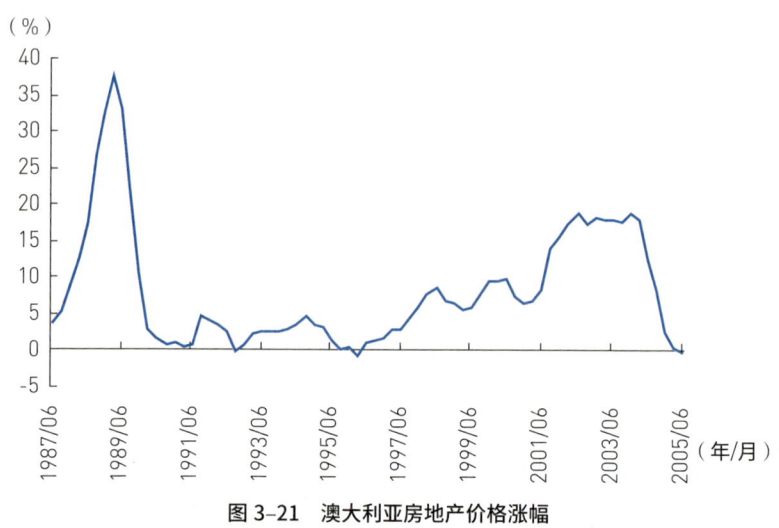

图 3-21　澳大利亚房地产价格涨幅

数据来源：彭博，长江证券研究所。

作为比较，我们观察了同为稀缺品的金属资源的价格和房地产价格的波动规律，发现资源价格随经济增长周期而出现涨跌波动（相关例子参见图 3-22 至图 3-25），但房地产价格的涨幅随经济周期波动，而其价格水平长期趋于上升是常态。也就是说，金属资源价格周期是古典性周期，而房地产价格周期是增长型周期。依据前文提到的布兰查德和费雪的理论，我们认为，金属资源价格周期之所以是古典型而非增长型，是因为金属资源具有替代性。

房地产价格增长型周期的特征说明，从经济周期的角度看，在大多数的情况下，房地产的供给比需求具有更大的价格弹性。因此，当价格的增长放缓或下跌预期在市场上产生时，供给增速的放缓或供给量的减小比需求增速的放缓或需求量的减小更快，这样就避免了在正常经济波动情况下，房地产价格下跌。

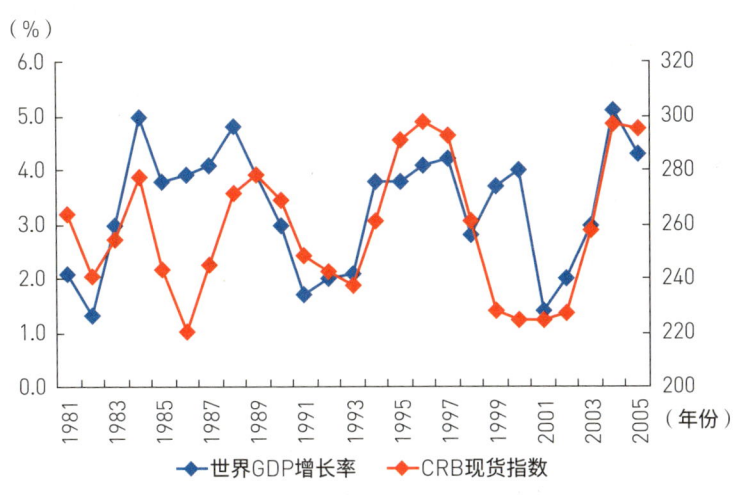

图 3-22 CRB 现货指数[1]和世界 GDP 增长率

数据来源：世界银行，彭博，长江证券研究所。

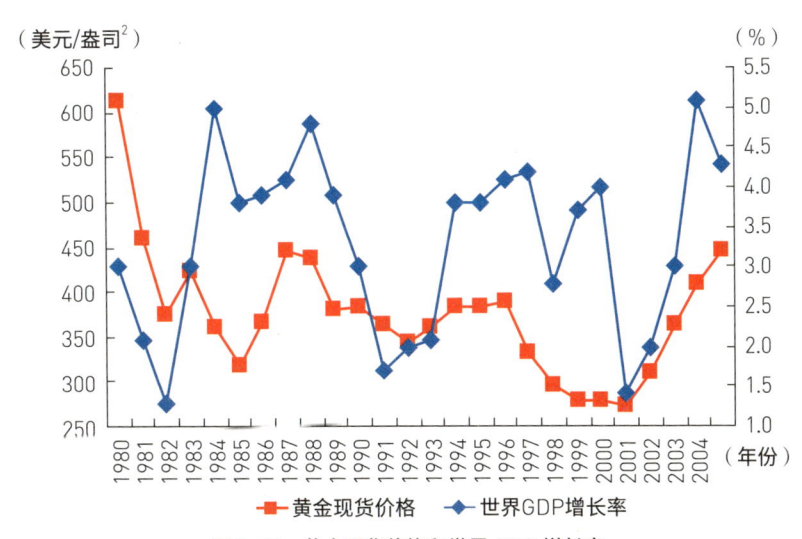

图 3-23 黄金现货价格和世界 GDP 增长率

数据来源：世界银行，彭博，长江证券研究所。

1　CRB 指数是美国商品调查局推出的用以反映国际大宗商品市场结构和行为趋势的价格指数，该指数包括现货指数和期货指数。
2　1 盎司 ≈28.35 克。——编者注

03　房地产价格周期是增长型而非古典型

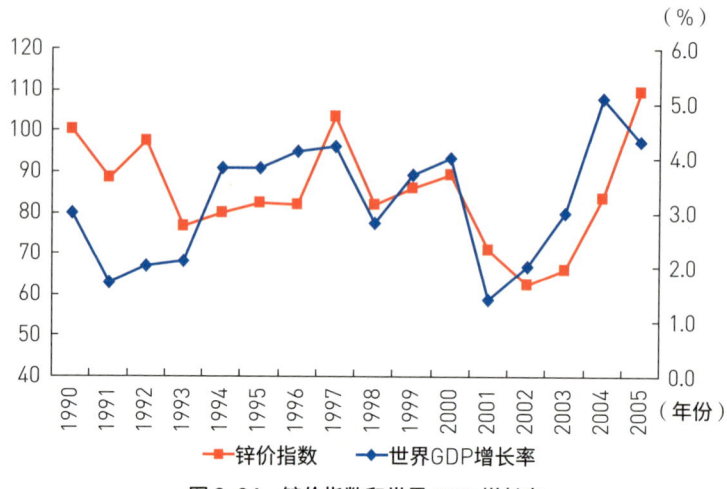

图 3-24 锌价指数和世界 GDP 增长率

数据来源：世界银行，彭博，长江证券研究所。

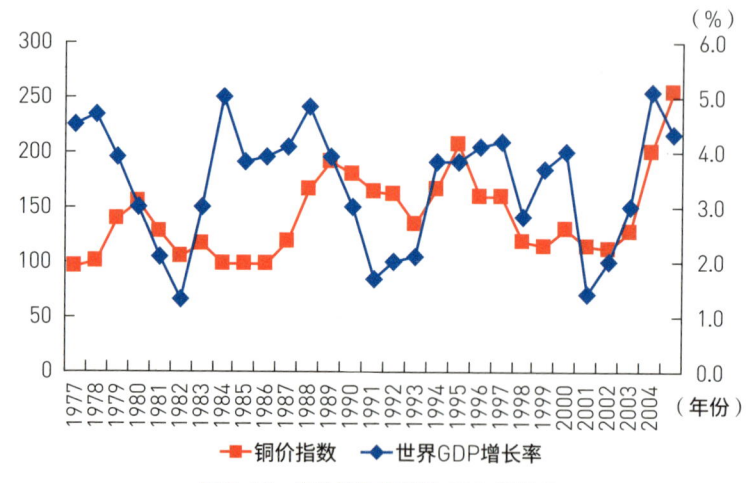

图 3-25 铜价指数和世界 GDP 增长率

数据来源：世界银行，彭博，长江证券研究所。

房地产价格下跌是非惯常性和非周期性现象

在正常的经济增长和经济周期波动情况下，房地产价格周期是增长型周期。我们并非否认历史上多次房地产价格下跌的现象，我们只是想说明房地产价格的下跌虽然在历史上时有发生，但并不是惯常性和周期性现象。历史经验显示，不考虑自然灾害等事件，仅从经济角度考虑，房地产价格的下跌往往是在增量需求突然增加而后突然消失的情况下产生的特殊情况。增量需求突然增加或消失导致房价暴涨或暴跌的原因一般有以下几个方面：

（1）外资突然进出造成的冲击；
（2）疾病、自然灾害、金融危机等导致经济突然明显衰退；
（3）人口增长突然放缓或者人口结构突然改变；
（4）投机因素突然增加或消失；
（5）产业转移。

讲述房地产价格泡沫及其破裂的资料多如牛毛，比较流行的观点认为，东南亚国家的房地产泡沫破灭与国际游资的冲击密不可分，日本房地产泡沫的破灭与日元过度升值所导致的日本产业转移以及日本政府错位的货币政策有关。

我们无意说明处于城市化和工业化阶段的中国的房地产价格也像经济史显示的那样只涨不跌，也无意拿中国和日本、美国等国进行机械的比较，但这些发达国家在工业化和城市化过程中显示的共同特征至少值得我们思考。我们也并不否认历史上多次出现的房地产泡沫及其破裂的经验事实，只是想说明，在正常经济增长和经济周期波动的情况下，房地产价格周期是增长型周期，而房地产价格的下跌是非惯常性和非周期性现象。

房地产价格的大幅波动往往发生在城市化和经济虚拟化之后

上文分析的结论是，工业化和城市化过程中的消费需求是支撑房地产市场的原动力，工业化和城市化过程中的刚性需求支撑了房地产业的快速成长，在工业化和城市化完成后，房地产业持续发展的关键在于需求特征的改变。但在工业化和城市化完成后，一国经济的软化和虚拟化往往会促使房地产虚拟资产的特征大大凸显，此时房地产价格易于大幅波动。

美国、韩国、日本等国的数据均显示，房地产价格的大幅波动往往出现在工业化、城市化完成，经济的虚拟化程度大大提高后。1873—1929年，美国的城市化率从30%提高到65%，没有出现房地产价格下跌。1945—1970年，日本的城市化率从30%提高到70%，没有出现房地产价格下跌（可参考图3-26至图3-29）。我们认为，这与在工业化和城市化过程中人口增长和结构变迁影响下形成的刚性需求有关。

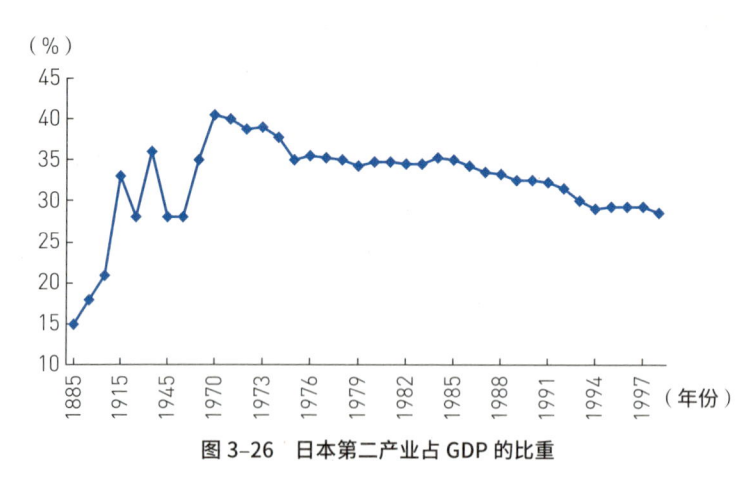

图3-26 日本第二产业占GDP的比重

数据来源：彭博，长江证券研究所。

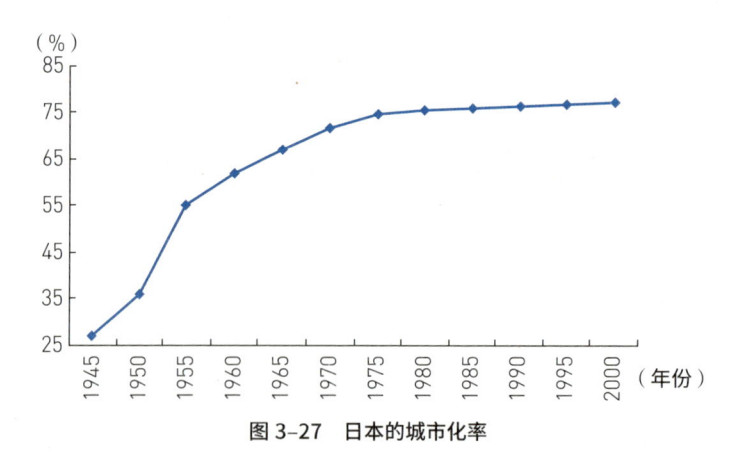

图3-27 日本的城市化率

数据来源：彭博，长江证券研究所。

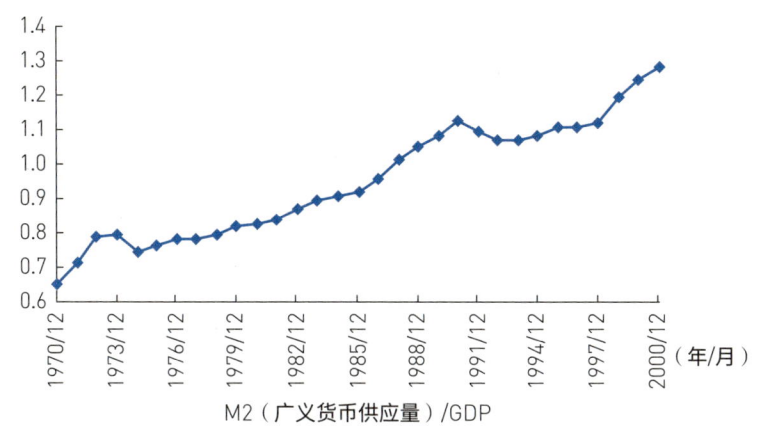

图 3-28 日本的虚拟化程度

数据来源：彭博，长江证券研究所。

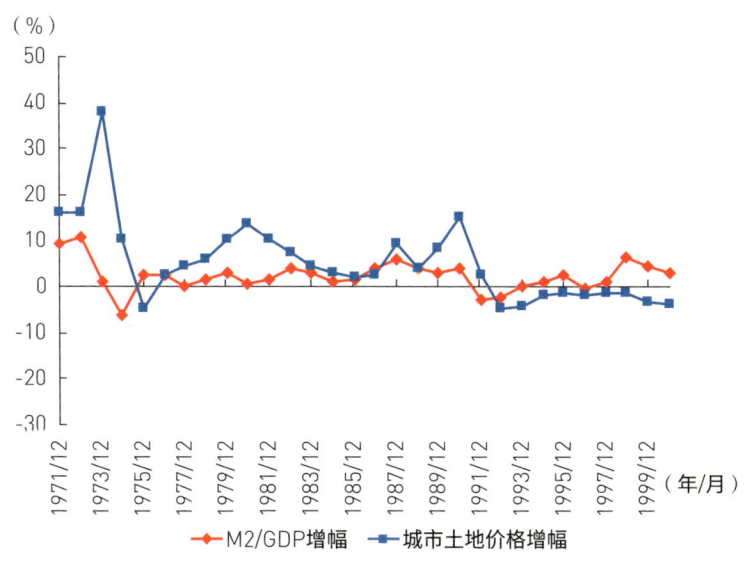

图 3-29 日本 M2/GDP 增幅和城市土地价格增幅

数据来源：彭博，长江证券研究所。

03 房地产价格周期是增长型而非古典型

随着城市化和工业化的完成，居民收入的大大提高导致了金融资产的增加，经济虚拟化程度提高，人口因素和产业转移等因素导致刚性需求大大弱化，此时房地产的商品属性大大减弱，资产属性和虚拟特征大大凸显，从而使房地产价格的波动性大大增加。也就是说，房地产并非天然就是一种虚拟资产，它的虚拟资产特征是随着经济的发展尤其是经济虚拟化程度的提高而逐步产生的。只有在经济发展到一定阶段，多数家庭的收入在扣除必要的开支以后，仍有相当数量的收入用于储蓄，从而使理财行为成为一种重要的经济活动时，对金融证券和房地产的投资才具有普遍意义。同时，经济发展程度与经济虚拟化程度对房地产的虚拟性有重要的影响，随着经济发展水平的提高和金融制度与金融工具的创新，房地产以及以房地产为基础发行的证券成为资产市场的重要组成部分，房地产的虚拟特征会更明显。

按照我们的理解，中国经济虚拟化程度的逐步提高是必然的，但中国尚未达到上述虚拟化阶段，房地产在很大程度上仍然是商品，这意味着房地产价格的波动性短期内不会太大。有数据为证，相关数据和资料参见图3-30、图3-31、表3-5。

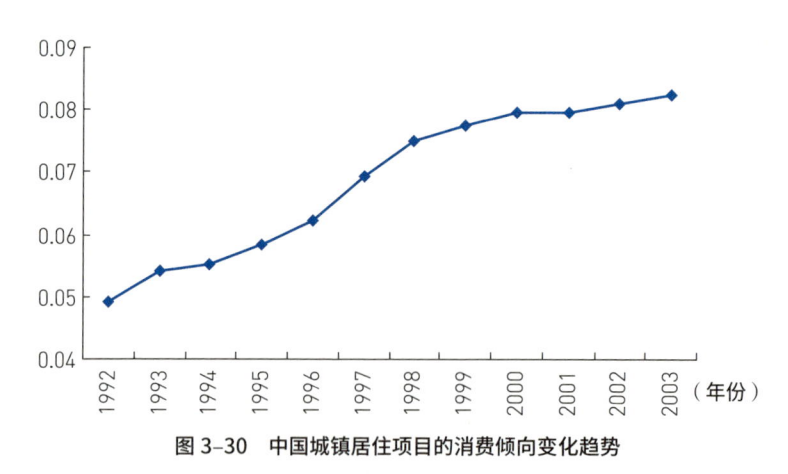

图3-30 中国城镇居住项目的消费倾向变化趋势

数据来源：彭博，长江证券研究所。

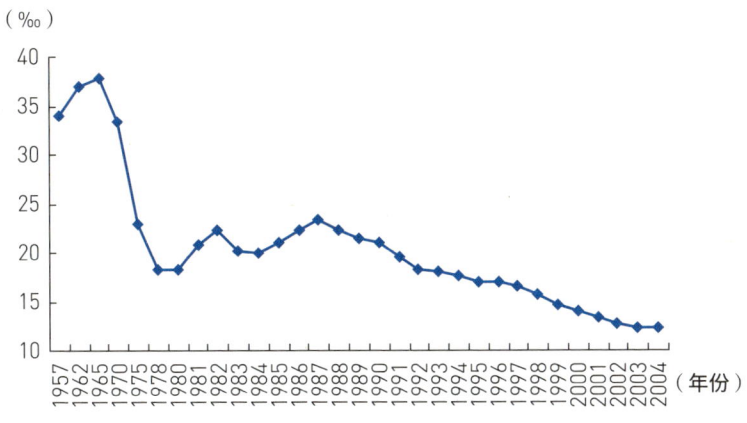

图 3-31 中国人口出生率

数据来源：国家统计局，长江证券研究所。

表 3-5　房地产业发展状况与国民经济发展速度的关系

国民经济发展速度	房地产业发展状况
小于 4%	萎缩
4%~5%	停滞
5%~8%	稳定发展
大于 8%	高速发展
10%~15%	飞速发展

资料来源：梁荣，《中国房地产业发展规模与国民经济总量关系研究》，经济科学出版社，2005 年。

首先，20 世纪 90 年代以来，中国居民住房消费在消费结构中的升级现象十分明显。根据韩国消费结构升级的经验，恩格尔系数从 0.4 降至 0.3 期间，是消费升级最快的阶段，其中房地产升级现象位居前列，而我国城镇居民恩格尔系数为 0.37，根据中国恩格尔系数的变化速率估计，未来 7~8 年仍然是房地产消费升级最快的阶段。这说明我国当前的房地产价格上升主要靠居民消费升级拉动。

其次，从人口因素角度考虑，虽然 20 世纪 60 年代后中国人口出生率出现回落，但 20 世纪 70 年代末至 80 年代末，中国人口出生率又出现明显回升，按此推断，在 2015 年之前，中国潜在的购房人数仍然具有相当大的刚性。

以超越景气思维的方式关注房地产

正如前文所论述的，我们并非否认历史上多次的房地产价格下跌现象，但我们想说明的是，房地产价格的下跌绝对不是周期性和惯常性现象，大多数房地产价格的下跌往往是在增量需求突然增加而后突然消失的情况下发生的特殊事件，这一情况出现的原因包括人口因素、产业转移、自然灾害、游资袭击等。

历史地看，在正常的经济成长和经济波动前提下，房地产价格确实会长期持续上升，美国、英国、韩国等国的数据说明了这一点。从理论上说，这与房地产长期供给曲线的上升和越来越陡峭有关。而房地产需求随着一国经济规模的持续增加会持续增长，并呈有规律的结构转变，依次由工业、民用、商业和投资需求推动，这决定了对房地产的长期、可持续需求和房地产价格的上升，同时反映了房地产需求和价格的上升在不同阶段的结构性特征。

如大多数人所理解的，房地产的价格波动确实是有周期的。但我们发现，房地产价格周期是增长型周期而非古典型周期。也就是说，房地产价格周期在很大意义上是其增长率的波动周期，而不是其绝对价格水平本身的周期。这一点与同为稀缺品的金属资源的价格周期形成鲜明对比，金属资源价格周期是古典型而非增长型。我们认为这种区别的关键原因是金属具有明显替代性，而房地产则是经济发展所需的、无可替代的最基本生产生活要素。

另外，日本、韩国、美国等国的统计数据显示，伴随着一国经济的发展，房地产的支柱地位长期趋于上升，不仅仅是在工业化和城市化过程中。这说明：其一，在一国经济发展的大多数时间中，房地产业以快于总体国民经济增速的速度增长；其二，房地产的需求从而其价格可能受到某些因素的长期支撑而趋于上升,即使在我们所熟知的工业化和城市化完成后。实际上,所谓的"某种因素"应该是工业化和城市化完成后的商业需求以及房地产的投资需求。

当然,一国经济虚拟化程度的提高和房地产资产属性的凸显往往会增加房地产价格增速剧烈波动的可能性,这往往在工业化和城市化完成之后出现。另外,日本房地产价格涨幅最大、上涨速度最快的时期是在20世纪70年代以前,但这时日元尚未开始升值,后来的汇率升值反映了国内生产要素重估对房地产等非贸易品价格的影响,当然投机因素也起到了推波助澜的作用。

以超越景气思维的方式看待房地产

根据上文的分析,我们认为,应该以超越景气思维的方式看待房地产业的投资机会。在经济周期进入减速阶段后,周期性行业的复苏势头必然会面临压力,尽管在上市公司业绩的体现上会有所滞后,但复苏趋势难以改变。尤其值得一提的是,与大多数人的看法不同,我们并不认为诸如食品、饮料这样的消费品真正具有多大意义上的防御功能,消费随经济周期的波动性不亚于投资。正如我们在另一篇策略报告中指出的,食品、饮料曾经受到的青睐表面上源于消费升级的故事,实则源于经济周期景气的支撑,食品、饮料消费本不是消费升级的指向。既然如此,当经济周期景气回落,其风险便会日渐显现。

那么,在经济周期回落阶段,或许唯一的选择是超越经济周期景气式投资思维,与其在周期与防御的僵化思维下轮换,不如基于中国经济特定发展阶段下的内在经济结构变化,去寻找能够超脱经济景气变化的领域。

正如研究所表明的那样,住房消费的收入弹性较小,当经济周期剧烈波动时,住房支出变化较小使得住房消费在总支出中的比重呈现反周期特征。而商业房地产,"其波动周期与宏观经济相比显得更长,与经济波动也没有直接的联系,这些房地产的周期波动被认为主要是内生性的"。当然,工业房地产,"其波动与宏观经济联系非常密切,被认为主要是经济波动导致了需求变化"。这对我们实施投资策略的启示是，我们或许更应该关注商业地产和全国性的住宅地产，更应该以超越景气思维的方式看待房地产业的投资机会，如此，房地产恰恰应该是一种战略性选择品种。

关注后续房地产系列报告

本章只是从某个角度发现和总结了房地产价格的波动现象和规律，我们还会继续思考房地产这一特殊商品的价格规律。譬如，汇率升值与资产价格之间的关系及其对房地产的影响可能并不像我们平时所理解的那样简单，对这方面的一些认识，后续我们会介绍。

04

增长的收敛
繁荣后期的经济景象

▪ 2007 年 3 月 22 日

前言

> 这种产出、价格、利率和就业的升降运动构成了经济周期。这成为最近两个世纪中经济的特征，甚至还可以推远一点，从错综复杂、相互依赖的货币经济开始取代自给自足的前商业化社会以来就是这样。
>
> ——萨缪尔森

我们观察到的大部分经济问题在很大程度上都是经济周期问题，实际上，经济周期不仅仅是经济波动那么简单，就证券市场的投资策略而言，更为关键的是解析周期每一个阶段的特征。

研究 2007 年中国经济的特征，如果仅仅观察经济生活中延续的现象，显然并不能看清经济演变的方向，因为当中国经济进入中周期繁荣的后期阶段以后，经济中的现象将充满迷惑性。而我们的研究方法是，我们坚信所有市场经济中周期运行的阶段性特征都具有类似性，所以，如果依据经济理论和经济史看待经济的运行方式就更有穿透性。

因为处于经济起飞阶段的经济体的经济运行方式与成熟经济体存在较大的差异，所以，研究处于工业化起飞阶段的经济体在中周期繁荣后期的特征对中国有强烈的借鉴意义。这里，我们还是选取了日本的类似阶段，根据我们对日本经济工业化的理解，我们选取日本工业化起飞期第一中周期（即1955—1964年）中的繁荣后期阶段，也就是1962年至1964年进行比较研究，确实发现了中国与日本惊人的相似之处，而这确实能够给我们带来更加宽广的视野，帮助我们更好地解析中国经济2007年的演绎方式。

同时，我们还不能忽视对成熟经济体在每一个中周期繁荣后期基本特征的解析，这一研究虽然对现阶段的中国有些借鉴意义，但更多的是为了描述中国在进入2007年以后将要面临的外部经济环境。

衰退前的状况——日本的经验

关于日本经济起飞的增长机制，"总的来说，这个时期高速度增长的特点是，在以引进美国技术所支撑的重化学工业为基轴的设备投资主导下，投资引致投资的效果，即产业关联效果，同收入水平提高所引起的大众消费加快相结合，促使政府实行了收入倍增政策和进口自由化政策，促使三年有余的大型繁荣得以实现"（《日本通商产业政策史》第8卷）。这实际上就是我们所说的城市化、工业化和消费升级。

而1962年的《经济白皮书》称日本进入经济转型期，其问题的核心是，日本经济存在设备投资过热倾向，如果产能扩张过于严重，则不可避免地会带来增长模式的调整，所以，日本期望将增长的支撑力量转到消费和财政政策上来。这实际上就是2004年以来中国实施控制固定资产投资政策和紧缩性货币政策的原因。

但是这种政策调整和紧缩并没有给1962年的日本带来明显的经济衰退，日本反而在1963年出现景气恢复。原因在于：其一，在欧美经济景气上升的情况下，日本的出口猛增；其二，大部分投资属于中期性质的投资，并没有立即转换为产能从而引起产能过剩；其三，内需的坚实基础，实际上，这些因素或多或少也是中国 2006 年以来经济繁荣的基本支撑因素，比如出口对产能的消化和内需的强劲增长。

而在随后的经济增长中，也就是我们将要重点研究的阶段即 1963—1964 年，当时的经济增长特征可以总结为三个：其一，设备投资的恢复力弱；其二，消费物价的上涨明显；其三，外部环境、欧美经济的影响日益重要。

实际上，投资疲软和生产率差异的通货膨胀可能是经济繁荣后期的重要特征，这一点已经为发达国家的周期历史证明（以日本为例，见图 4-1、图 4-2），而中国在进入本轮经济繁荣的后期后，实际上也开始或正具有工业化起飞繁荣后期的特征，而我们正好是从投资、消费、价格以及外部环境等几个方面来找寻未来经济增长方式的线索。

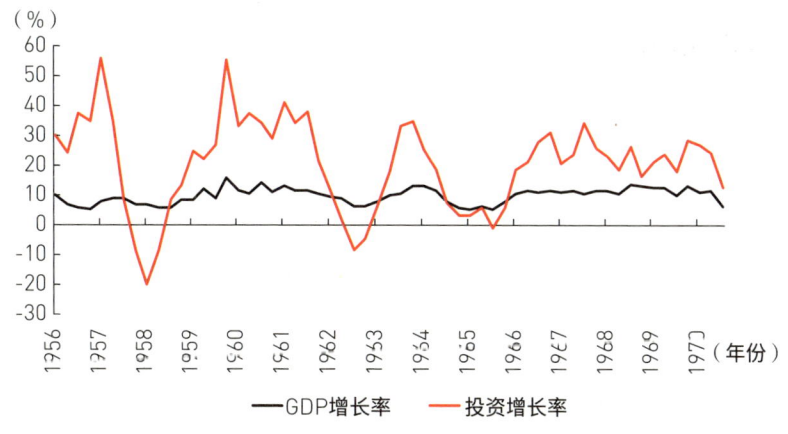

图 4-1　日本的 GDP 增长率和投资增长率

数据来源：CEIC 数据库，长江证券研究所。

图 4-2　日本起飞时期通货膨胀的增长率

数据来源：（日）阿部武司编著，王红军等译，《日本通商产业政策史》，中国青年出版社，1995年；长江证券研究所。

投资的波动周期及其收敛的内在机制

投资的波动周期

一切经济周期研究的逻辑起点都是固定资产投资，凯恩斯认为资本边际效率的周期性变动是经济周期波动的主要原因。因此，资本边际效用的下降导致的固定资产投资波动是经济周期研究的入手点，也是我们这篇文章的逻辑起点。

按照陈磊的研究（《中国经济周期波动的测定和理论研究》），中国的固定资产投资内在具有衰减型周期波动的特征，其基本特征为：其一，周期的长度在 8～9 年；其二，内在的传导机制可以决定固定资产投资波动的 64%，而外在冲击影响 1/3；其三，周期波动的振幅在第二年将减少 45%，第四年将衰减为原来的 30% 左右。这表明在没有外生冲击的情况下，投资会以比较快的速度趋于平衡，我们根据上述结论对中国的固定资产投资进行了仔细的分析和研究，从中可以得出几个结论。

根据周期长度的经验值，按中国固定资产投资内在衰减期为 8 到 9 年计算，中国的固定资产投资本轮周期从 1999 年第四季度低点起算，2006 年以后开始进入收敛过程，2007年以后可能产生低点。实际上，根据我们对前几个周期波动特征的观察，我们认为收敛过程就是一个波动减弱并趋近均衡值的过程，所以，固定资产投资在2007年的走势基本上应该处于窄幅波动的状况，而根据现在的状况，收敛的均值应当在20%附近。而本轮周期固定资产投资的低点最可能出现在2008年。

我们根据历史数据对2007年的固定资产投资状况进行了估算（见表4-1），整个2007年的固定资产投资增速基本会稳定在20%附近，这种估算除了数字的意义，还有一个意义是解释2007年固定资产投资的波动过程，虽然总的来说波动或许会收窄，但是2007年固定资产投资应该会回落，直到2007年末出现小幅反弹。这种波动过程肯定会影响2007年全年资本市场的走势。

表4-1　中国固定资产投资及其增速

年份	第一季度固定资产投资（万元）	上年第四季度固定资产投资（万元）	增速（%）
1995	1 117.85	4 602.24	75.7
1996	1 298.71	13 127.43	90.1
1997	1 478.17	14 704.58	89.9
1998	1 618.16	16 236.44	90.0
1999	2 022.83	17 542.56	88.5
2000	2 235.36	18 090.54	87.6
2001	2 560.19	19 447.25	86.8
2002	3 263.69	21 294.05	84.7
2003	4 478.58	23 711.78	81.1
2004	7 058.48	29 054.03	75.7

数据来源：CEIC数据库，长江证券研究所。

投资波动的内在机制及其趋于收敛的依据

固定资产投资波动的周期规律可以得到投资波动机制的印证。在本轮经济周期起步时期，居民消费结构变迁引起的需求结构变化，主要表现为汽车和房地产消费需求的大幅增长，经济系统中既定的供给结构遭受了需求结构变迁的冲击，表现为供需结构性失衡和物价上升，促使企业利润回升并导致投资扩张，而投资扩张又通过产业关联关系引致新的投资，从而导致经济周期性繁荣。2004年之前经济运行的特征大体如此。

但是，消费结构变迁所引起的供需结构矛盾可能正在趋于平衡，这意味着投资扩张过程将面临终结而趋于收敛。从需求角度看，尽管居民消费结构变迁的剧烈程度可能趋于收敛，但是截至2006年底的数据仍显示，房屋销售面积和民间汽车拥有量增速仍然保持在过去几年的平均水平之上（见图4-3、图4-4）。我们也并不怀疑中国消费升级的可持续性，但这不能成为否认固定资产投资增长将趋于收敛的依据。因为从供给角度看，2004年和2006年的两轮固定资产投资高峰意味着整个经济体系的产能已经大幅扩张（可参考图4-5），在当前的情况下，我们认为居民消费结构剧烈的变化引起固定资产投资再次大幅度扩张的机会已经基本消失，并不是说固定资产投资会迅速衰减，但固定资产投资增长趋于收敛的可能性越来越大。

图4-3　房屋销售面积月底累计同比增速

数据来源：CEIC数据库，长江证券研究所。

图 4-4　民间汽车拥有量增速

数据来源：CEIC 数据库，长江证券研究所。

图 4-5　固定资产投资月度累计增速

数据来源：长江证券研究所。

这种判断在一些具体的经济指标上已经有所体现。2006 年居民消费增速持续反弹，尤其是汽车消费和房地产销售仍旧保持本轮周期以来的高速增长状态，同时出口仍在迅速增长，但我们并未发现价格出现系统性上涨。相反，以 GDP 缩减指数为例（见图 4-6），物价不但没有在 2006 年出现系统性上升，GDP 缩减指数在 2005 年见顶后反而出现了显著回落。这意味着消费结构变迁所导致的投资和供给结构系统性修复可能已近尾声，否则在消费

04　增长的收敛　　111

增速不断创出新高的情况下，一定会在 2006 年出现一轮新的物价上升。根据过去的经验，在物价出现回落的情况下，大体可以认定供需失衡状况的系统性修复过程基本完成，投资扩张的动能将趋于减弱。事实上，工业品出厂价格指数的走势同样可以说明这个道理，不再赘述。

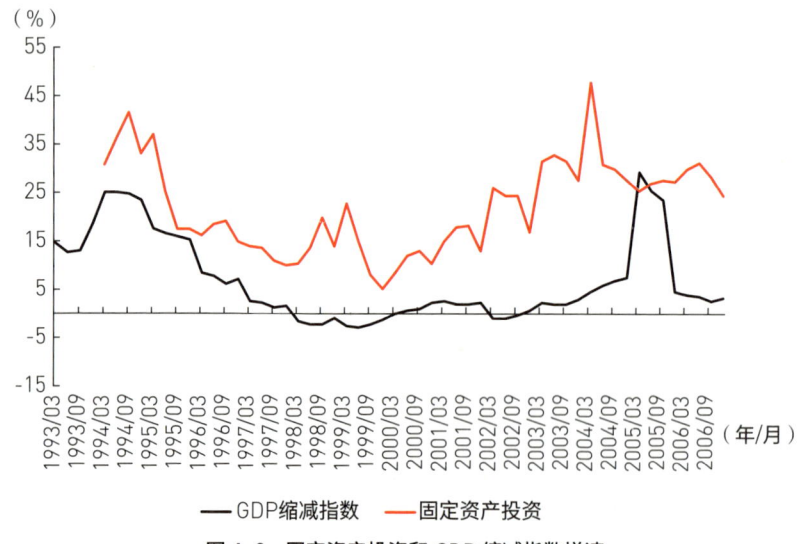

图 4-6　固定资产投资和 GDP 缩减指数增速

数据来源：CEIC 数据库，长江证券研究所。

另外一个使固定资产投资趋于收敛的原因是政府控制。按照上面的分析，在供需失衡的修复接近尾声时，投资的再度扩张只能孕育未来的产能过剩甚至通货紧缩，所以，对投资进行控制是政府政策的必然取向。从固定资产投资增长的先行指标看（见图 4-7），2007 年 1—2 月在建项目和新开工项目计划投资增速分别为 9.2% 和 -35.8%，维持了 2006 年来持续回落的走势，尤其是新开工项目计划投资出现了本轮经济增长以来的最大跌幅，这可能同样意味着投资扩张的动能将趋于减弱。

图4-7 固定资产投资增长的先行指标的变动

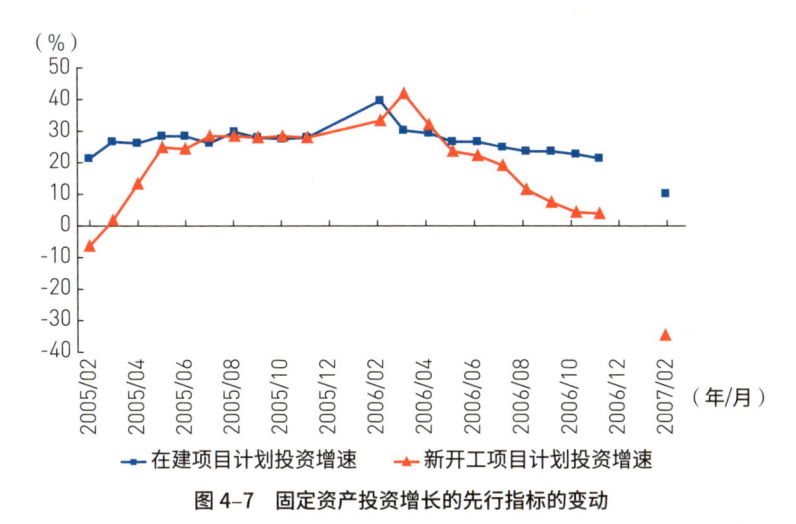

注：2006年12月数据缺失。
数据来源：长江证券研究所。

中国作为投资拉动型经济体，从经济周期的角度说，消费的成长仍然取决于投资，当投资增速持续减缓进而工业生产增速开始明显放缓的时候，对劳动力的需求和劳动力价格的周期性上升可能将告一段落，2006年下半年以来投资增速的持续回落可能意味着经济体内部正在积聚周期性风险。所以，从上述的逻辑所代表的行业特征看，我们或许可以说，当消费类品种（如酒类）的价格还能提升时，经济和市场繁荣的机制仍然没有消失，而当投资类品种（如钢铁）的价格开始下跌的时候，经济繁荣结束的先行信号可能已经发出。

经济波动趋同的风险

经济波动异步延长经济周期

既然我们知道，固定资产投资增速要趋于收敛，而且，在供需失衡的系统修复已经取得较大进展的情况下，政府未来对固定资产投资的态度一定是控制而不是放松，因为，这个时期控制投资可能成为延长经济周期的手段，而试图通过扩张投资和投资引致投资的方式来避免经济进入明显衰退的手段只会造成产能过剩和经济减速发展。

我们认为，这一阶段已经到来，2006年下半年以来的投资控制和减速就是实例。但在投资增速明显放缓的情况下，2006年宏观经济和微观效益仍能保持较好态势的原因是什么？如图4-8所示，我们看到，2006年下半年出口增速明显比上半年高出一个台阶，而投资增速却明显比上半年出现下滑。直观地理解，出口在消化国内产能和稳定经济增长方面的作用应该是十分显著的。我们认为这种状况的出现主要是由于中国和外部经济周期不同步导致的出口增长。

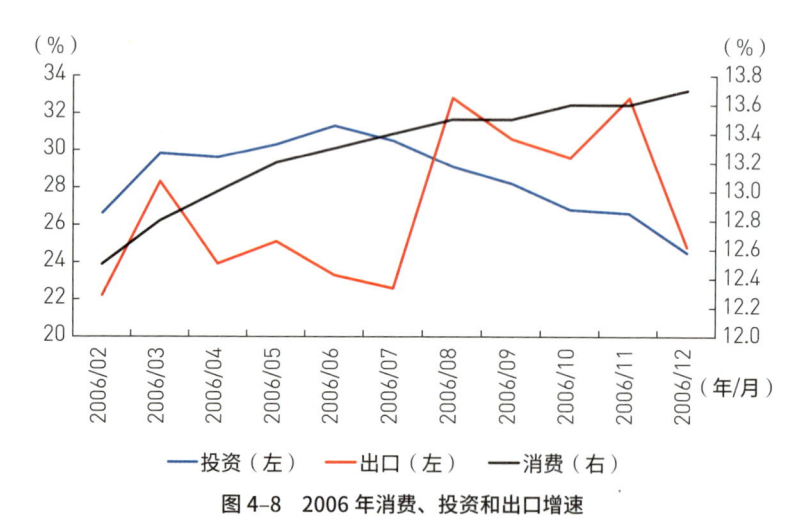

图 4-8　2006 年消费、投资和出口增速

数据来源：长江证券研究所。

从图 4-9 中可以看出，2006 年下半年 OECD 工业国的工业生产处于明显的景气回升阶段，相反，中国国内投资和经济增长却在下半年出现回落。也就是说，2006 年下半年以来，国际经济和中国经济波动的不同步导致出口上升，并稳定了国内经济的增长水平和物价水平，否则，国内产能相比于

需求可能会比现在我们看到的更过剩，而国内经济和物价水平可能也不如现在良好。

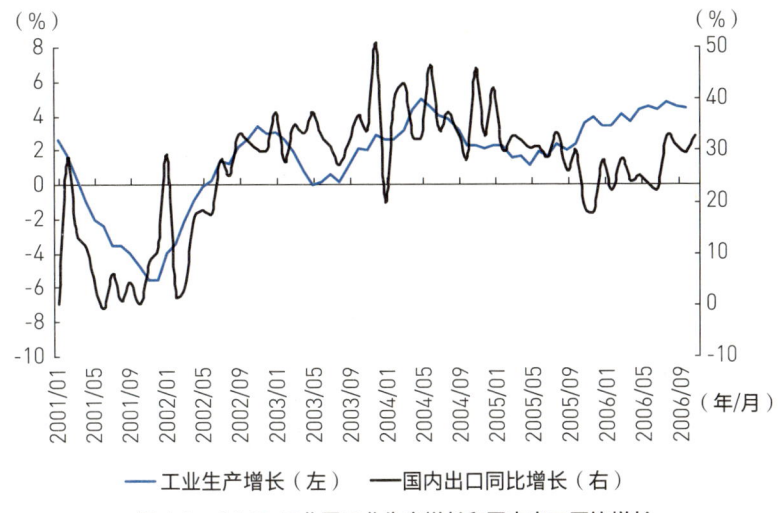

图 4-9 OECD 工业国工业生产增长和国内出口同比增长

数据来源：中国经济信息网，长江证券研究所。

关注下半年中外经济波动趋同的风险

经济繁荣导致失业率降低和劳动力紧张并推动劳动力价格上升，而劳动力价格上升最终会产生两个结果：一是劳动力价格上升推动消费增长；二是要么劳动力价格上升和劳动生产率增速下滑导致通货膨胀，要么劳动力价格上升压缩企业的边际利润。这是经济繁荣阶段后期的主要经济特征。

这种特征事实上在 2006 年以来的美国经济中已经表现得十分明显。劳动力价格上涨为消费增长创造条件，因此经济增速彻底回落从而进入经济衰退往往是一段时期之后的事情，这一时期会持续 1~2 年。在 20 世纪 90 年代的美国经济中周期中，这一过程持续了 1.5 年左右。这也正是 2006 年以来美国经济在房地产市场逐步疲软的过程中不至于迅速进入衰退状态的原因。进一步观察美国消费者信心指数和失业率（见图 4-10），在失业率仍处于低位的情况下，劳动力的紧张和劳动力价格的上升过程可能没有结束，从

04 增长的收敛 115

而消费增长仍可以延续。

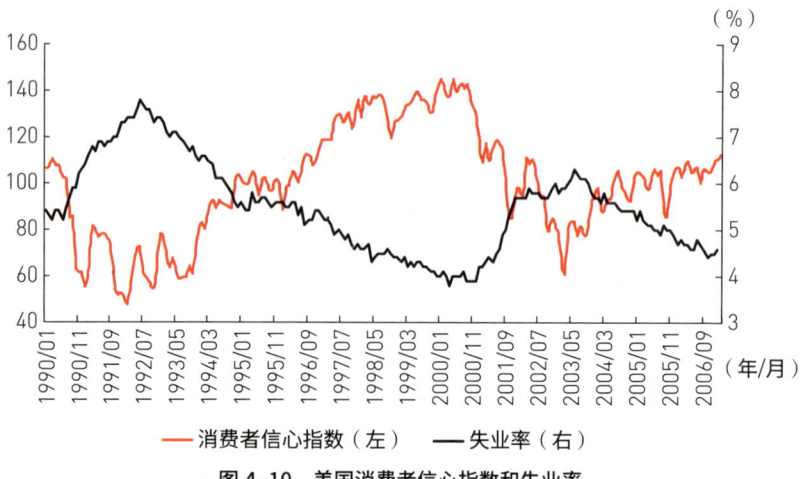

图 4-10　美国消费者信心指数和失业率

数据来源：彭博，长江证券研究所。

但是，上述特征也孕育了经济走向减速甚至衰退的机制，当劳动力成本上升推动物价上升和货币政策再度紧缩导致企业利润增长结束时，经济繁荣就会停滞。此时，企业生产和投资都将放缓，最终导致失业率开始掉头向上，全球经济面临周期性风险。

值得关注的是，我们观察到美国的零售额和工业生产增长速度自 2006 年下半年以来持续回落（见图 4-11），工业生产的回落可能是劳动力市场开始松动的表现，工业生产增速放缓并可能负增长有可能导致失业率的逆转并加重消费的回落，甚至带来经济的衰退，而工业生产的趋势可能又会受到房地产和建筑业的深刻影响。

这种推理和担忧得到了数据的证明。为了观察工业生产和失业率之间的关系，我们将美国工业生产增速和失业率增速做了对比分析。从图 4-12 中可以看出，工业生产增速和失业率增速之间具有典型的负相关关系，这说明工业生产是失业率的先行指标。工业生产增速的持续放缓，可能预示着失业率在不久后会触底反弹，而一旦失业率反弹，消费者信心和消费增长将回落，经济增长会进一步放缓。与此同时，劳动力价格刚性支撑的通胀压力可能还不会使美联储将货币政策的空间腾出来用于抵制经济增长的放缓。

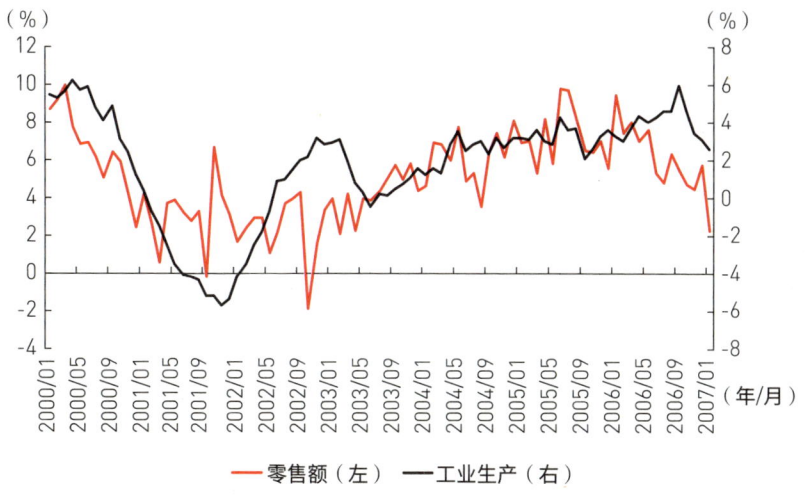

图 4-11 美国零售额和工业生产增速

数据来源：彭博，长江证券研究所。

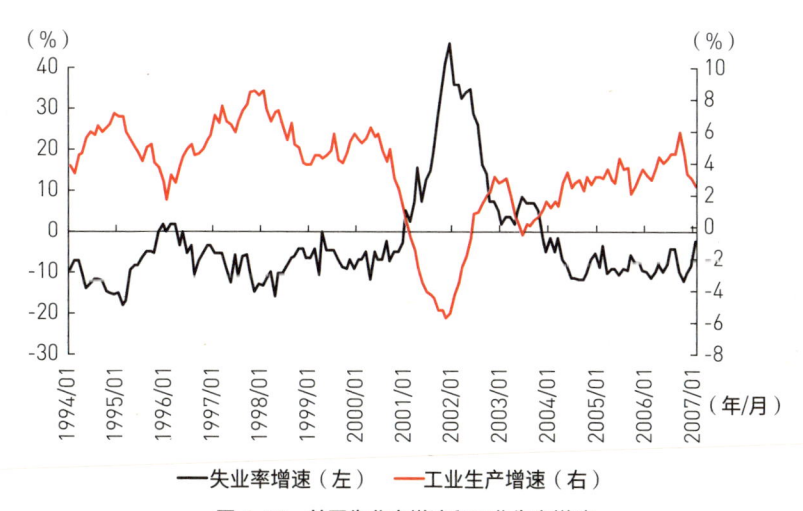

图 4-12 美国失业率增速和工业生产增速

数据来源：彭博，长江证券研究所。

04 增长的收敛

上述的分析逻辑同样也适合OECD工业国，我们看到OECD工业国的先行指标已经出现明显回落（见图4-13），这意味着OECD工业国的经济增长在今年下半年出现明显放缓，从而使中国的出口受到影响，我们判断如果投资增长趋势是收敛的，那么，2007年下半年中国经济周期可能和国际经济增长波动周期趋于同步回落，中国经济增长的情况可能没有现在预期的高，而物价的上升程度可能也没有现在预期的严重。

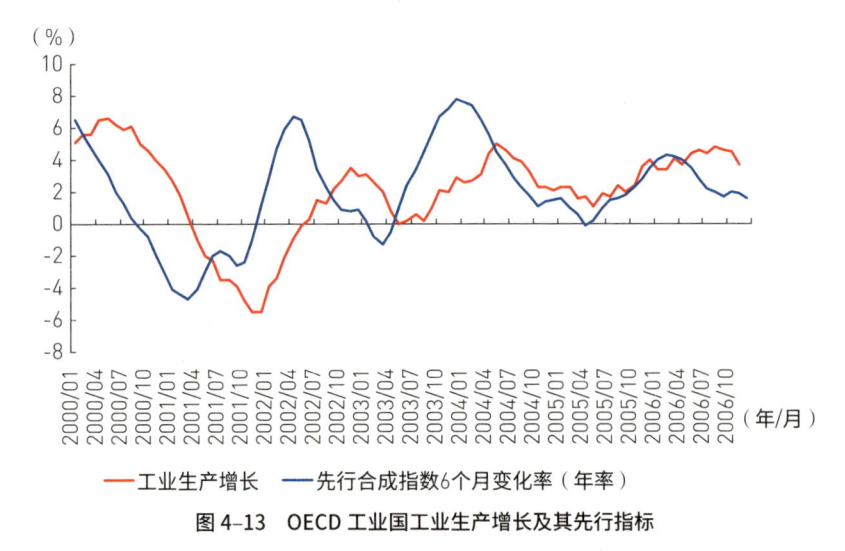

图4-13　OECD工业国工业生产增长及其先行指标

数据来源：中国经济信息网，长江证券研究所。

根据上述分析，在经济供需结构的失衡出现系统性修复之后的投资收敛过程中，影响经济增长的最大因素是最终需求，尤其是出口需求，因为试图通过投资引致投资的方式来解决产能过剩的潜在压力，只会导致更严重的产能过剩和经济衰退。这种状况符合日本当年的经济波动规律，在日本经济高速增长时代，日美贸易摩擦的加剧和石油危机的爆发，导致了支撑日本经济高速增长的国际机制被破坏，日本高速的经济增长内含的矛盾暴露无遗。而通过对OECD经济体工业生产趋势的判断，我们认为2007年下半年，中国经济周期和国际经济周期趋于同步，外部经济回落对中国出口和经济增长的影响在第二季度后可能会比较明显。

生产率差异的通货膨胀

在经济繁荣的后期，通货膨胀压力的上升往往是经济变局时期的重要特征，而且，通货膨胀导致的紧缩往往也是经济走向衰退的重要原因，但是，正如我们之前所言，消费结构变迁引起的供需结构矛盾可能正在趋于平衡，供需结构造成的通货膨胀压力并不明显，那么，在每一次繁荣的末期又为何会出现通货膨胀呢？其中的关键是经济繁荣后期出现的成本推动的通货膨胀机制，而这一点不仅对我们理解通货膨胀的总体发展趋势有意义，更重要的是，这一机制揭示了价格体系内部的结构性变动，这事关我们从价格的角度寻找系统变化中的投资机会。

关于这种成本推动的通货膨胀机制，我们观察到的现象是，中国的通货膨胀更多地缘于食品领域价格的上涨，除了季节性因素和气候因素所导致的收成丰歉因素，我们在日本经济起飞过程中也发现了类似的现象（可参考图4-14），而日本的经济学家将其解释为"生产率差异的通货膨胀"（高须贺义博，1962）。

"生产率差异的通货膨胀"是指：一方面，在大企业形成垄断的领域，在生产效率提高的同时，原来的价格不变；另一方面，当生产率提高、劳动力要素价格上涨后，在那些未能提高生产率，或生产率提高缓慢的领域，如中小企业领域，则产生了劳动力成本上升推动的通货膨胀。

我们的结论是，这种通货膨胀缘于日本劳动力的价格重估下不同部门生产率提高程度的差异，工资的上涨是产生通货膨胀的主要原因（见图4-15）。而从结构来看，生产率提高较慢的行业显然是价格上涨最快的行业，所以，农业等生产率不能显著提高的行业、产品具有手工特征因而不适合规模化生产的行业、服务性行业将是价格上涨的主要行业，而带有一定垄断特征的行业也将因垄断的形成而产生价格上涨。

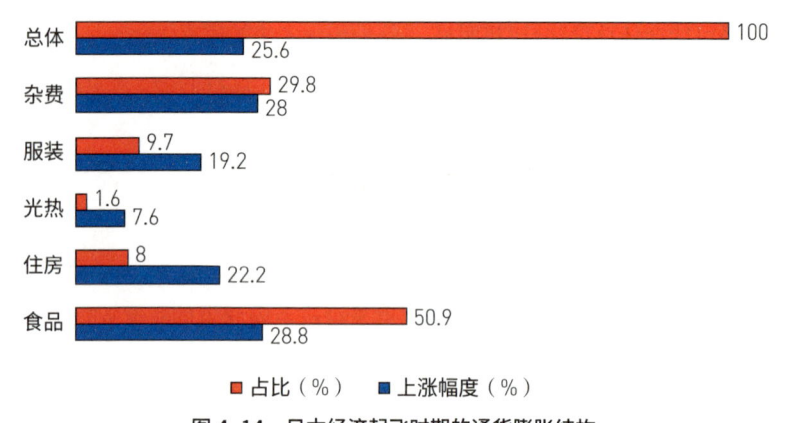

图 4-14 日本经济起飞时期的通货膨胀结构

数据来源：日本经济企划厅，《昭和四十年经济白皮书》。

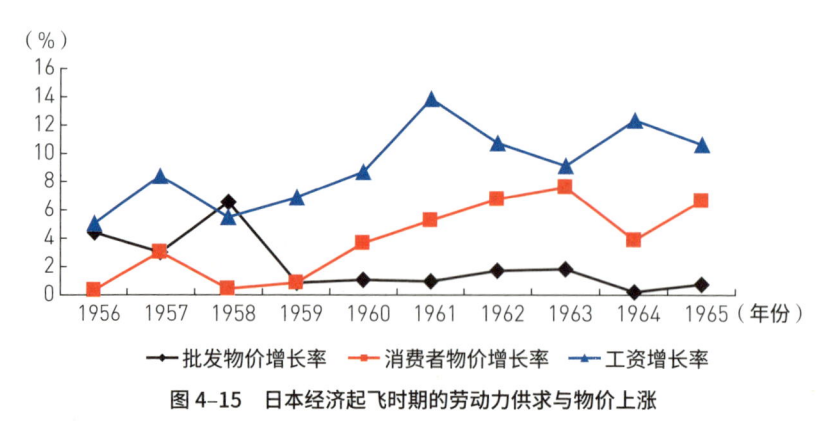

图 4-15 日本经济起飞时期的劳动力供求与物价上涨

数据来源：（日）香西泰著，彭晋璋译，《高速增长的时代》，贵州人民出版社，1987 年。

我们的理解是这种生产率差异的通货膨胀机制虽然存在于每一个经济中周期的繁荣后期，但是这种现象更多地存在于起飞阶段，因为在工业化起飞进入第一个中周期的后期，生产率的迅速提高引发的劳动力价格迅速重估改变了各种要素的价格，生产率低下领域的工资上涨推升了成本，从而推升了产品的价格。在繁荣后期大众消费时代到来的背景下，生产率低下的消费品的价格重估，带来了阶段性通货膨胀的结构性变化。所以，生产率差异的通货膨胀更多地表现了一个国家经济起飞过程中价格体系调整的过程，而这种价格体系可能会从总量和结构两个角度影响中国未来的通货膨胀水平。

对中国而言，这种结构性的价格推动特征已经比较明显，中国自2000年以来的工资增长率已经超过GDP增长率5个百分点以上（见图4-16），已经具备成本推动的通货膨胀的基础，而且，随着经济增长带来的生产率差异的扩大，我们发现适合规模生产的、劳动生产率迅速提高的领域的商品价格不能明显上升，而生产效率低且偏向劳动密集型产业的价格已经存在上涨的趋势，这种上涨的趋势在2006年第四季度基本表现为食品价格的上涨。

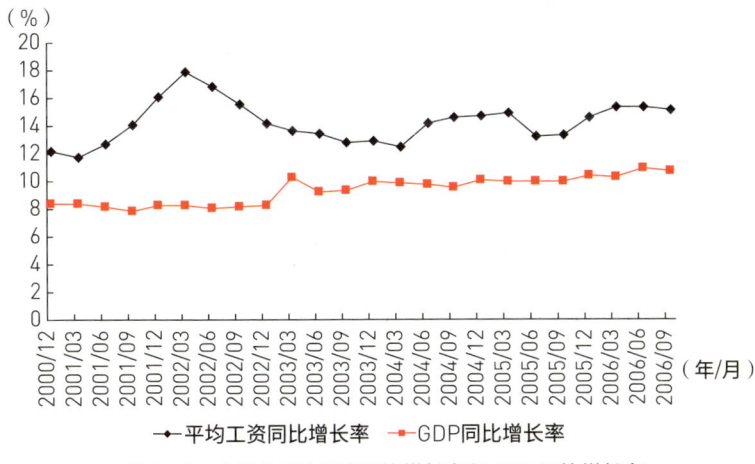

图4-16 中国的平均工资同比增长率和GDP同比增长率

数据来源：长江证券研究所。

实际上，看待中国当前的价格问题应该更多关注价格体系的调整，也就是价格涨跌的结构性差异，这一点是价格问题的本质，而机会可能也在于此。

总量：CPI结构性温和通货膨胀

从总量的角度看，基于供求不平衡的通货膨胀机制既然已经不能带来明显的通货膨胀压力，如果排除突发因素造成的原材料价格的大幅波动，那么在每一次繁荣的后期，PPI没有进一步上升的压力。而在这一过程中，由于生产率差异的通货膨胀，CPI的通货膨胀压力应当大于PPI（以美国、韩国

04 增长的收敛 121

的历史经验为例，见图4-17、图4-18），这样一来通货膨胀的整体推动力是结构性的，所以不必担心系统性的通货膨胀产生，温和的通货膨胀将是一种趋势。

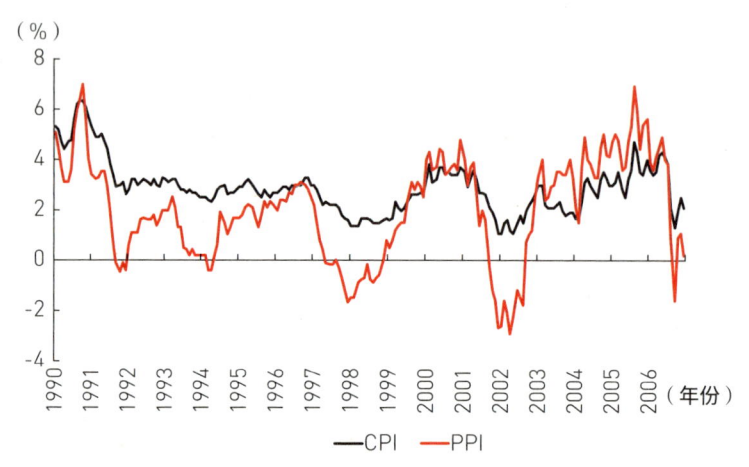

图4-17 典型美国中周期的CPI同比增速和PPI同比增速

数据来源：长江证券研究所。

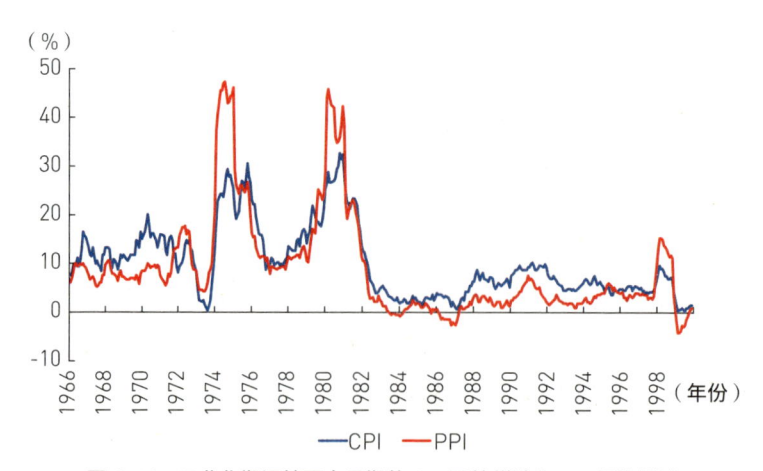

图4-18 工业化期间韩国中周期的CPI同比增速和PPI同比增速

数据来源：长江证券研究所。

生产率差异的通货膨胀的机会

我们应该从中国价格结构调整的角度来认识价格变动包含的机会。生产率差异的通货膨胀带来的价格上升基本上会影响几类部门，这样的部门应该有几个特征：(1) 是不能采取规模化和提升技术的方法来提高劳动生产率的部门；(2) 是资源约束型产业，这导致其劳动生产率不能大幅提高，当然，这种资源约束主要指自然资源是其基本生产要素，并不包括可以规模化地开采的资源；(3) 带有服务性特征，不可交易和转移。

这样特征的产业，我们觉得基本存在于两个领域：一个是种植和养殖类行业，这里以农产品和林业为代表；另一个是服务业中的资源类行业，主要是旅游业、公用事业中的水和煤气业，以及医疗保健和个人护理业。在中国经济维持繁荣、消费没有明显回落前，农产品和林业产品价格的上涨将成为"生产率差异的通货膨胀"期间的常态。而旅游业和公用事业中的水和煤气业虽然会受到价格管制，但仍然存在着成本不断推升的压力，其价格的上涨是必然的。

价格上涨与相关行业利润之间的关系可能是我们在投资时最关心的问题。实际上，我们指出的这种结构性通货膨胀中的价格上涨，更多带有劳动力成本推动和资源约束的特征，劳动力成本上升显然会挤压价格，而土地和自然生长的规律可能才是提升这种行业业绩的根本原因，当然这种价格上涨应该建立在需求持续旺盛的基础之上，而这些条件可能在繁荣后期表现得最为淋漓尽致，这就是上述行业应当被重新评估的理由。

增长的收敛以及牛市

增长的收敛

上述对繁荣后期三个景象，即投资收敛、生产率差异导致的结构性通货膨胀和外生冲击的描述实际上无非说明了在经济繁荣的后期，经济的增长将出现一个收敛的过程，所谓的收敛就是经济增长逐渐趋向平衡状态，而在达到平衡状态之后，经济的波动性也将收窄，而随后的经济减速何时展开、如何展开，则更多取决于外部经济的冲击。

实际上，外部经济同样会在2007年出现收敛，工业生产增长的回落是失业率上升的前兆，继而会出现消费者信心指数的下降和消费增长的放缓，我们认为这些现象正在或者即将在欧美发达经济体中发生，从先行指标判断，2007年下半年外部经济出现明显回落的可能性是不能被排除的。而使这种状况更加复杂的是，劳动力价格的刚性和劳动生产率放缓导致的成本推动型通货膨胀压力或许还不能使美联储等央行把手腾出来应付经济增长的收敛趋势。

2007年下半年中外经济波动的同步收敛或许会使中国经济的减速趋势更加明朗，虽然并不一定会表现为GDP数据的显著回落，但经济增长的内在质量会下降，这表现为企业利润增速可能出现拐点，整个经济体的投资效率降低，整个经济体越发脆弱，这些现象在2007年第二季度后可能会凸显。

经济增长的收敛与牛市的繁荣机制

那么这种状态对我们分析的牛市的繁荣机制有什么影响呢？我们在《牛市的繁荣机制仍然存在》中，已经完整地描述了本轮中国实体经济繁荣进而传导到虚拟经济繁荣的机制。

我们多次指出，2006年下半年以来资本市场的上涨既有企业业绩的支撑又有流动性的支撑，事实上两者存在密切的关联。过剩的流动性源于贸易顺差的大幅增长，反映了中国国民收入远大于国民支出，而且这一差额当前仍在持续不断增长。关于流动性的泛滥在2006年演化成证券市场的大幅上涨的因果链条，其中的一环在于固定资产投资的不断回落，这实际上是繁荣后期实体经济动态无效的体现。由于中国的流动性主要是通过贸易顺差而不是资本流动与国际联系的，所以当实体经济领域缺少投资机会或被政策控制时，流动性的出路只有两个，要么进入虚拟经济即股票市场，要么转化为通货膨胀,流动性进入股票等资产市场是毫无疑问的。

另一个环节便是流动性转化为消费支出和通货膨胀,其中间环节是劳动力价格提高后收入的增加提升了消费需求;与此同时,劳动力价格的提高提升了成本及消费品的价格,这些作用共同带来了通货膨胀率的回升。而劳动力价格上涨推动消费增速的反弹,以及大宗商品价格回落缓解成本压力又保证了整体工业利润增速反弹,从而使市场的上涨并不缺乏业绩支撑,而这些都已经在2006年下半年变成现实。更乐观的一种情景是,如果中国劳动力的工资真的能够像20世纪60年代中期之后的日本那样,支撑消费增长成为可持续现象,那么上述机制可能会持续更久(可参考图4-19)。

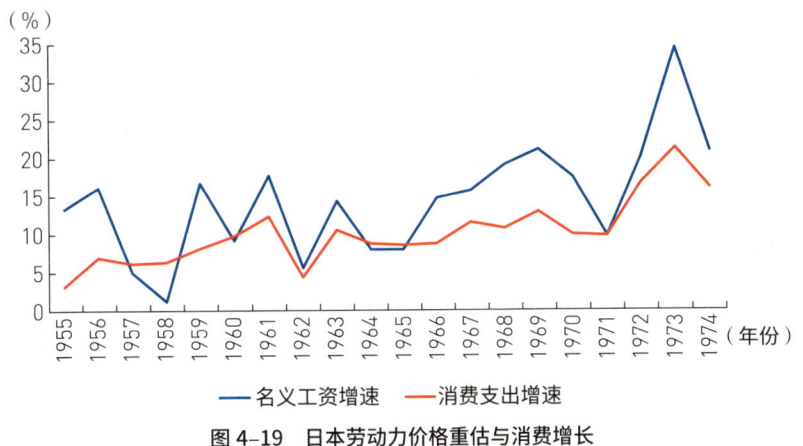

图4-19 日本劳动力价格重估与消费增长

数据来源:《日本通商产业政策史》,长江证券研究所。

我们同样在《牛市的繁荣机制仍然存在》一文中指出,上述机制不可能无限期地发挥作用,一种机制在其产生的时候就会自掘坟墓。牛市机制的动摇源于机制自身的发展。我们分析的繁荣后期的三个特征中的通货膨胀,现在看来对中国并不是大问题。而固定资产投资收敛和外生冲击本质上是一回事儿,是一个经济周期自身反作用机制中产能过剩引发价格反方向调整的过程。所以这种机制动摇的来源就是固定资产投资的回落,如果外生冲击带来出口减速,则其影响会更加严重。

我们必须肯定实体经济的动态无效将在 2006 年和 2007 年继续推动流动性进入虚拟经济领域，但这不是繁荣的充分条件。虽然固定资产投资的持续收敛并不一定会在 2007 年导致真正的经济衰退，但如果投资回落对公众的经济增长预期产生影响，就可能对虚拟经济的发展趋势产生影响。不过按照我们的研究，2007 年后可能出现经济增长回落后的反弹，所以整个 2007 年的经济走势可能是柳暗花明，虽然这种经济反弹只不过是中周期衰退的回光返照，但经济反弹仍会带来 2007 年末以后发展的机会。

我们并非看空 2007 年的整体经济走势，而只是试图描述当前经济增长的性质及其中期的发展方向，特别是描述 2007 年整体经济的波动过程走势，相信这是决定 2007 年虚拟经济市场走势的关键。而我们描述虚拟经济 2007 年可能的发展过程，实际上是为了说明，在经济没有真正衰退之前，牛市的繁荣机制仍然存在，但这个繁荣机制已经开始聚集风险，所以，繁荣机制的运行也就更有曲折性。

05 美国经济与中国牛市繁荣机制
工业化转型期的投资全景

- 2007 年 4 月 25 日

> 正如天体一经投入它们的轨道就会无限地围绕着轨道运转一样，社会生产一经投入这个膨胀和收缩的交替，也会由于机制的必然性不断重复这一运动。
>
> ——马克思《资本论（第一卷）》

外部经济与牛市的繁荣机制

在我们的逻辑框架下，企业利润的增长和流动性是支撑市场上升趋势的两个宏观因素，我们在策略报告《不是经济过热就是货币过剩》及其他报告中多次指出，2006 年下半年以来的资本市场上涨，是既有利润的增长又有流动性支撑的真正牛市，这两个因素发生重要变化的时候应该是我们关注资本市场风险的时候。而至少从 2006 年下半年以来，外部经济的增长无论是对中国工业利润的增长还是对国内的流动性都起到了至关重要的作用。

我们首先来看利润增长。如图 5-1、图 5-2 所示，在过去二三十年里，中国的工业、企业利润增速都和固定资产投资增速成正比，2004 年来的情况也大体如此，在 2004 年 2 月份投资增速见顶回落两个月后，利润增长开始回落。2005 年 2 月投资增速触底反弹三个月后，利润增速开始反弹。然而这种状况自 2006 年下半年以来出现了变化，在 2006 年下半年投资增速持续回落的情况下，工业利润增速持续反弹直到 2007 年 2 月达到 40% 以上。

从图 5-3 中可知，从 2006 年下半年至 2007 年 2 月，中国出口增速明显要比 2006 年上半年高 10 个百分点左右，我们认为增长的出口消化了国内大量产能，支撑了微观企业的利润增长，而这种状况的原因在于 2006 年下半年以来中外经济波动的不同步，国内经济增长在投资增速回落的作用下趋于回落，而外部经济体的工业生产却在反弹（可参考图 5-4）。所以，我们判断未来中国工业利润增速显然在很大程度上要倚重于出口增长以及外部经济增长。

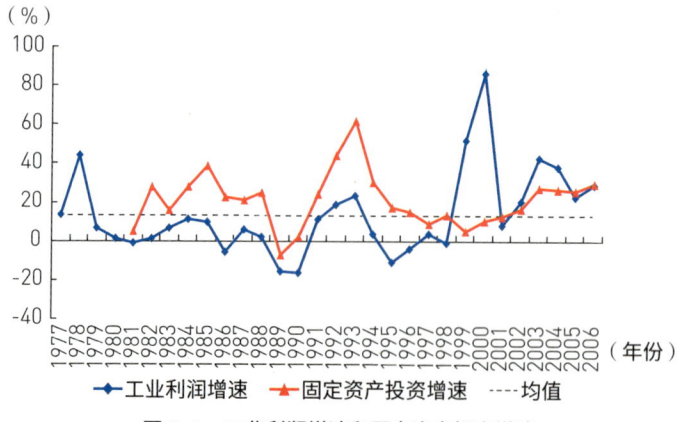

图 5-1 工业利润增速和固定资产投资增速

数据来源：国家统计局，长江证券研究所。

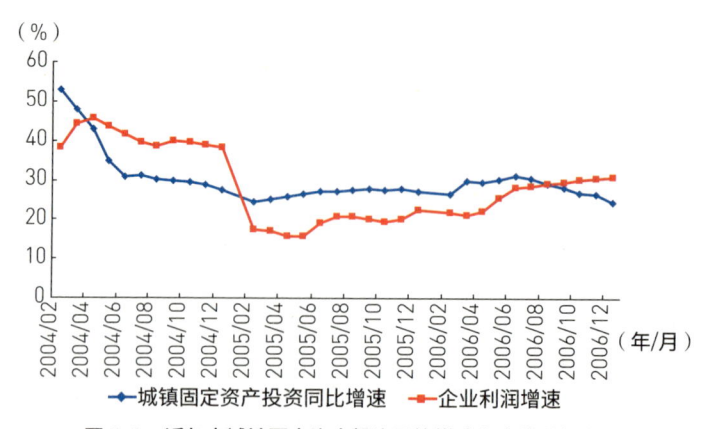

图 5-2 近年来城镇固定资产投资同比增速和企业利润增速

数据来源：Wind 资讯，长江证券研究所。

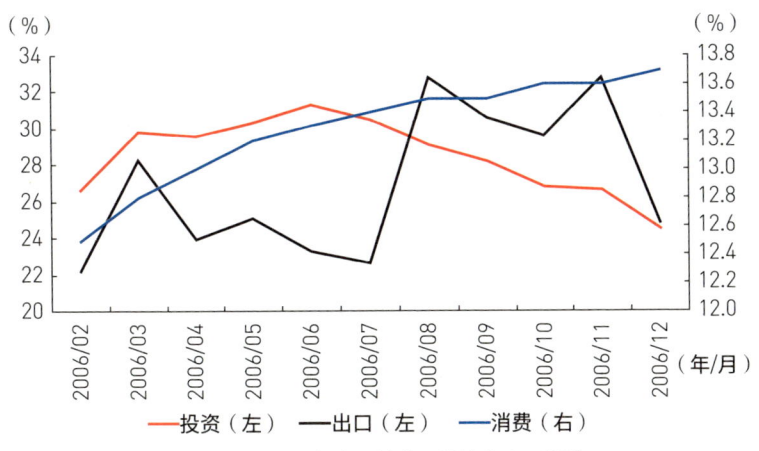

图 5-3　2006 年中国消费、投资和出口增速

数据来源：长江证券研究所。

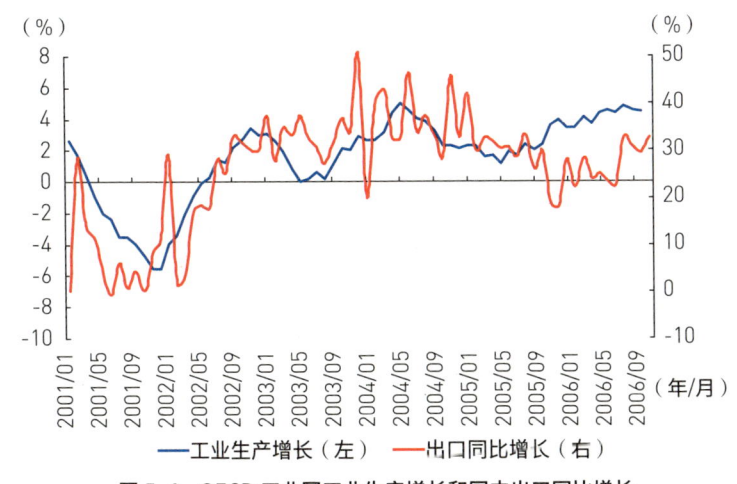

图 5-4　OECD 工业国工业生产增长和国内出口同比增长

数据来源：中国经济信息网，长江证券研究所。

我们再来看决定资本市场上涨的另一个宏观因素，即流动性过剩，而流动性过剩的产生是由于贸易顺差。在主流经济学教科书中，储蓄减去投资等于净出口，也就是说，贸易顺差事实上构成一个国家的净储蓄，净储蓄必须以某种资产的形式持有，所以只要贸易顺差持续增长，那么对资产的需求就会持续增长。从 2006 年下半年以来的数据看（见图 5-5），投资增速和贸易顺差之间存在明显的负相关关系，这并不难理解，政府压缩固定资产投资便增加了国内净储蓄。同时，内需减弱导致进口放缓，而外部经济增长却在反弹，从而体现为国内贸易顺差大幅增长。也就是说，外部经济增长的状况同样是决定国内贸易顺差及其流动性和资产需求的重要因素。

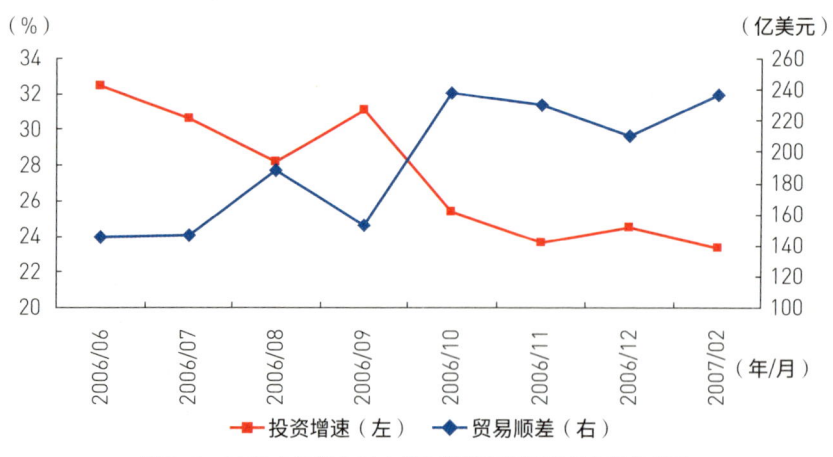

图 5-5　2006 年下半年以来投资增速和贸易顺差之间的关系

数据来源：Wind 资讯，长江证券研究所。

我们正是基于以上逻辑来认识外部经济对国内资本市场的影响的，也正是基于以上逻辑来分析外部经济增长的趋势及其可能对未来中国资本市场的影响的。事实上，我们在《增长的收敛——繁荣后期的经济景象》中，对结论已有大体的判断：外部经济增长很可能在 2007 年第二季度后出现较为明显的放缓，中国工业利润增速因此有可能在 2007 年第二季度见顶后回落，而外部经济增长的回落对国内贸易顺差及其流动性的影响仍需观察，但总体上可能不会有太大问题，因为我们判断投资增速将在 2007 年下半年收敛，所以贸易顺差或许不会受到外部经济增长回落的影响而出现大幅缩减，但 2007 年 3 月出口增速的显著回落和顺差的大幅度缩减是否意味着趋势的开始,仍是需要关注的。

新经济下美国经济周期波动特征

判断美国经济的趋势问题,最关键的是不纠缠于敏感的数字,我们的理解是,看待当前的美国经济,需要使用一个更远的视野和更加清晰的逻辑。虽然经济周期是判断经济趋势的基本方法,但这些问题的核心不是周期是如何波动的,而是对美国而言,这些波动的基本原因是什么。从动态的角度看,实际上每个周期的波动都有相似性,我们显然一方面要研究每个经济周期的相似性,另一方面要研究每个经济周期的延续性,这对于判断美国经济的走势显然相当重要。

为此,我们追溯了美国经济自1945年以来三个经济周期的经济增长状况(可参考表5-1、图5-6、图5-7),通过研究新经济出现以来美国经济周期波动内在因素的变化,在美国实体经济与虚拟经济复杂的关系中厘清影响美国经济发展趋势波动的真正因素,从而提供一个判断美国经济未来走势的真正框架。

表5-1 第二次世界大战后美国历次周期波动GDP年增长率变动情况

年份	1945—1949	1949—1954	1954—1958	1958—1961	1961—1970	1970—1975	1975—1980	1980—1982	1982—1991	1991—2001
最高点(%)	4.3	8.7	7.1	7.2	6.6	5.8	5.6	2.5	7.3	4.4
最低点(%)	-0.6	-0.7	-1.0	2.3	0.2	-0.6	-0.2	-2.0	-0.5	0.3
停止及衰退长度(季度)	4	4	5	4	4	5	4	5	4	3

数据来源:(美)罗伯特·布伦纳著,王东升译,《繁荣与泡沫》,经济科学出版社,2003年;长江证券研究所。

技术进步、股市泡沫是上一个中周期繁荣的根本

对已经进入成熟经济体的美国经济而言，经济增长的主要动力已经不再是工业化期间的投资，而是消费，20世纪90年代这段历史上最长的增长期则出现于美国工业经济向知识经济转变、新经济迅速发展的阶段。以信息技术革命为基础的知识经济的发展则为美国经济的增长提供了新的基础，投入知识化、生产柔性化和产品创新化正在改变美国经济的运行机制，知识要素对物质要素的替代和增效作用使其成为"唯一不遵守收益递减规律的生产工具"，美国经济从而具有了一种内在的稳定增长机制，可以保持相对适度、稳定的增长，这也是我们自1990年以来看到美国经济波动性减弱的原因。

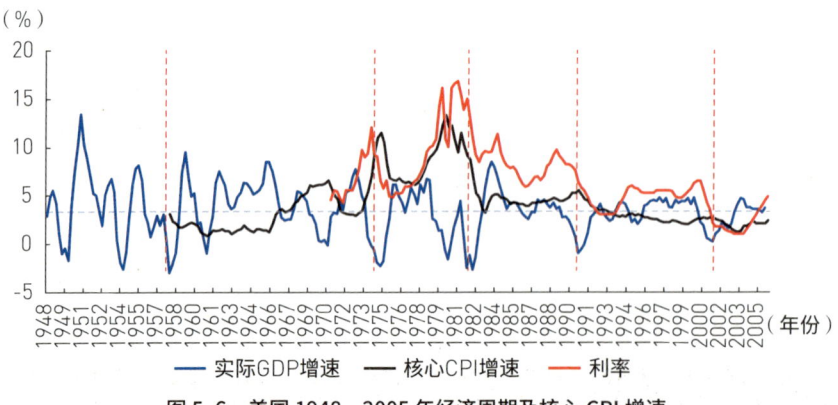

图 5-6 美国 1948—2005 年经济周期及核心 CPI 增速

数据来源：彭博，长江证券研究所。

恰恰是在20世纪90年代后期，信息技术革命的成功造就了以科技股为主的纳斯达克指数的空前上涨，资产价格的膨胀甚至泡沫使投资者对未来收入有超前的乐观预期，信用贷款制度的完善极大地刺激了消费需求，因此20世纪90年代信息技术革命的成功导致了知识对物质资本的替代，也可以说经济增长中消费需求对投资贡献的替代。消费需求相对于投资具有更强的稳定性，这使得美国经济在20世纪90年代中后期一直维持4%左右

的GDP同比增速。但是正当所有人都在感慨美国经济从此将避免周期性波动的"旋涡"时，信息技术泡沫的破灭，使资产价格膨胀刺激消费需求的良性循环被逆转，美国经济在2000年第四季度开始步入衰退，这也意味着1991—2000年一个完整经济周期的结束。

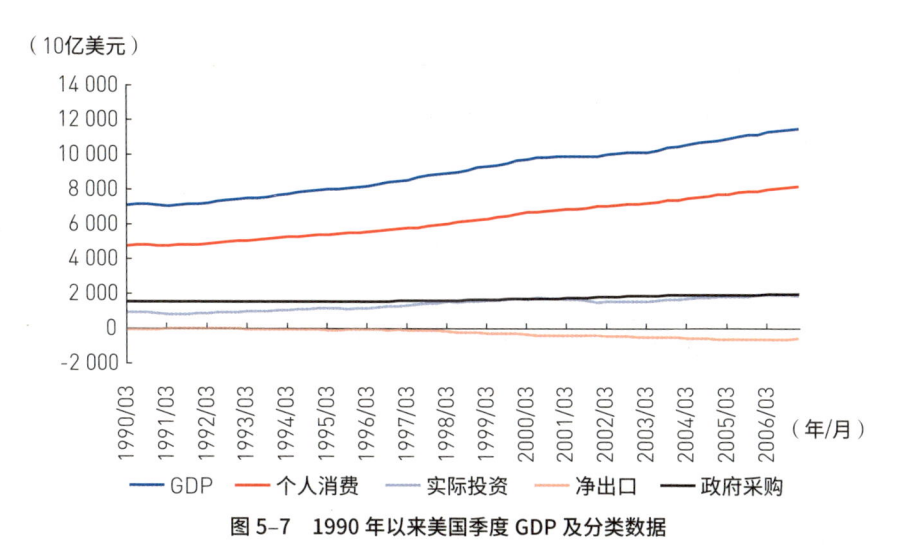

图5-7 1990年以来美国季度GDP及分类数据

数据来源：彭博，长江证券研究所。

制造业、资产泡沫与周期性波动

究其原因，虽然消费需求并不存在投资边际收益递减导致的波动性，但是消费的增长在很大程度上来源于工业生产，也就是投资引导的生产规模扩大而形成的收入提升，这就决定了其依然存在与投资相类似的周期波动性，只是这种周期性是一种间接传导过程的结果。

20世纪90年代美国经济繁荣的长期性则源于资产价格膨胀导致的消费需求在实体经济尤其是制造业增长放缓的背景下与波动的周期呈现背离，但是虚拟经济繁荣的泡沫并不会永久地偏离实体经济的弱势，财富效应的逆转使得经济并不能长期远离衰退，这表明消费需求的增长尽管在一定程度上可以削弱投资导致的经济增长波动，但这种短暂的削弱并不能改变经济长期的周期波动性。

小结：虚拟经济的发展趋势成为研究美国经济波动拐点的基本判别指标

上述分析表明，探寻当前美国经济波动的内在原因虽然应该从消费出发，但美国的工业生产仍间接主导消费的波动性。而在另一个波动因素中，股市和房地产的资产价格对消费以及经济增长的影响甚为重要，这是经济体成熟化后经济虚拟化的必然选择，因此，虚拟经济的发展趋势成为研究美国经济波动拐点的基本判别指标。

1990—2000 年的经济周期波动机制

从 1990 年开始，证券市场、房地产市场价格的交替攀升导致美国的经济增长几乎始终处于一个较为稳定的水平，1990—2000 年美国经济经历了一个从复苏、繁荣、衰退直至萧条的完整经济周期，了解上一个经济周期的演变规律更有利于我们对当前的经济状况做出判断。

从上一个中周期开始，投资相对于消费需求的更高增长，引导了美国经济在很长一段时间内维持在较高的增长水平；而消费水平的提高一方面是由于工业产值的逐步提升，另一方面则是由于股市虚拟经济繁荣的泡沫提升了消费者对未来收入的预期，消费需求的增长在一定程度上延后了传统制造业回落可能导致的经济增长放缓，这就是资产价格膨胀推动经济增长的良性循环效应，只是这种脱离实体经济的良性循环现在看来也并不具备持久性。

股市泡沫延缓制造业利润下降

在 1985 年签订著名的《广场协议》之后，美元的直线贬值使美国制造业得到了复苏，并带动了美国经济逐步走出衰退。但是在 1995 年以后，角色发生了转换，"反广场协议"的签订收到了立竿见影的效果，抬高美元币值的过程几乎立刻导致了美国制造业利润率长期上升过程的终结（见图5-8、图5-9）。

图5-8　1971年以来美元兑日元走势

数据来源：彭博，长江证券研究所。

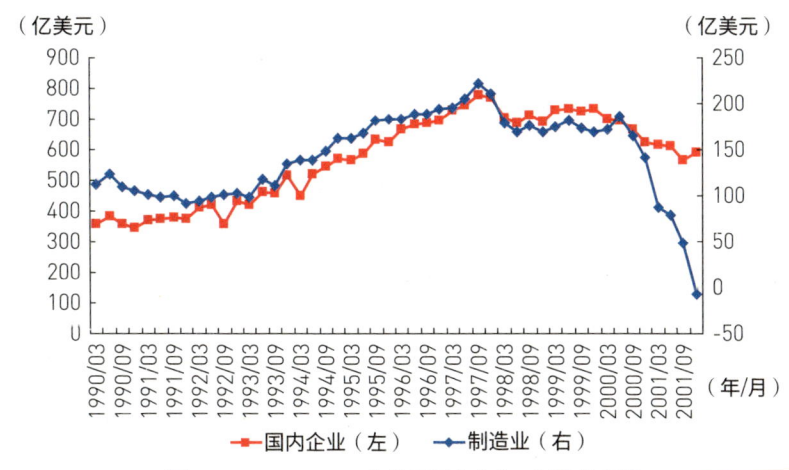

图5-9　1990—2001年美国国内企业、制造业利润

数据来源：彭博，长江证券研究所。

从美国PPI、出口价格指数的波动中可以发现（见图5-10），在1995

05　美国经济与中国牛市繁荣机制　　135

年后，美元的升值使得两者之间的差距迅速扩大，这也意味着出口面向型制造业的利润增长空间受到了极大的限制，但实际上美国制造业的整体利润并没有萎缩，反而出现了一定回暖的迹象，这主要是由于技术进步带动的劳动生产率上升以及股市繁荣泡沫推动的投资、消费衍生的需求扩张。

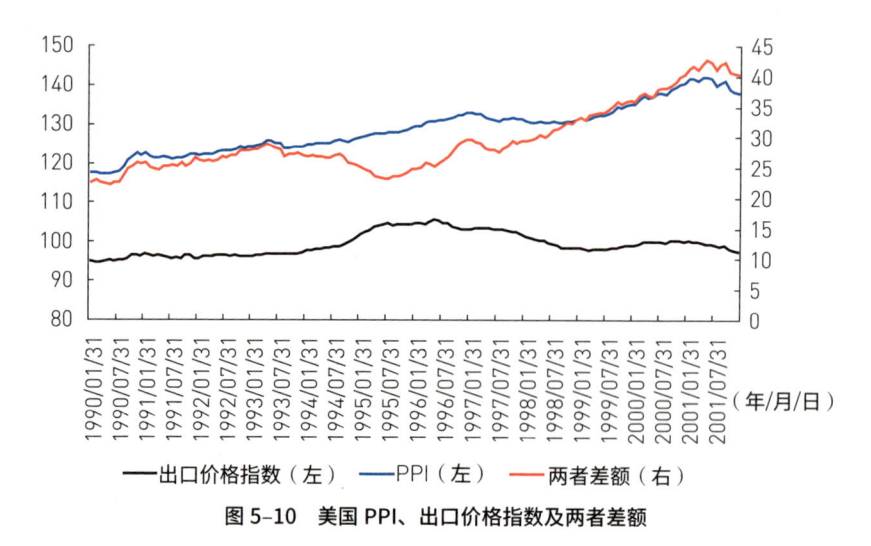

图 5-10 美国 PPI、出口价格指数及两者差额

数据来源：彭博，长江证券研究所。

从 1995 年开始，不断膨胀的股市泡沫很快就推动了美国经济的加速增长（见图 5-11），家庭部门将其持有的大量股票卖给了非金融公司，前者的购买力水平因资本收益的增加而显著提高，与此同时，股票价格上涨导致的资产溢价使家庭部门拥有的财富急剧增加，这一方面使家庭部门空前地削减储蓄，另一方面也极大地提高了家庭部门的贷款规模，而这两方面又共同促进了消费支出的进一步提高，伴随着非金融公司在股市狂热中贷款融资能力的不断上升，整个美国经济的繁荣程度不可避免地不断提升，资产价格膨胀推动经济增长的良性循环得到了最好的印证。

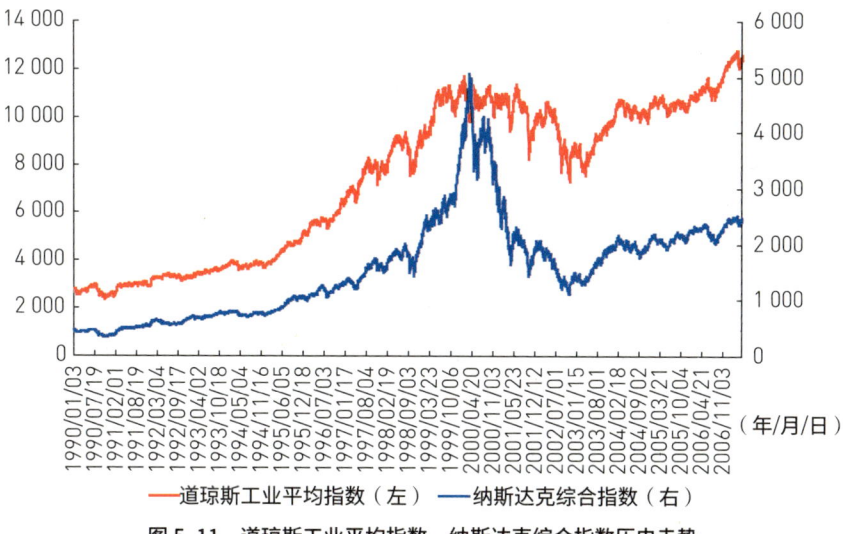

图 5-11　道琼斯工业平均指数、纳斯达克综合指数历史走势

数据来源：彭博，长江证券研究所。

资产价格膨胀的泡沫并不具备持久性

正当投资者普遍地认为股票价格的上涨似乎是经济良性运行的标志时，内在的虚拟经济与实体经济的背离表明证券市场资产价格的膨胀正在逐步向泡沫化、非理性化转变，这从根本上决定了资产价格膨胀推动的消费、投资增长导致的经济扩张并不具备持久性。

在1997年后半年，美国经济在这个中周期中复苏和繁荣的初始源泉——制造业部门受制于不断改变的出口状况，盈利水平开始迅速枯竭，美元的再次升值尽管推动美国股市的泡沫不断进一步地膨胀，从而通过财富效应刺激消费和投资规模的扩张，但它同时削弱了制造业部门的盈利能力，抑制了以出口为主导的制造业的进一步发展，虚拟经济的持续繁荣和实体经济的回落导致两者之间的缝隙不断扩大。

实际上，众所周知早在1995—1996年，无论是新经济还是传统经济的股票价格都已经大大脱离了公司实际利润水平的限制，当股市泡沫在1998年、1999年达到狂热的顶点时，非金融公司的利润率水平不仅落后于股票价格的上升速度，还在经历大幅度下降，到了 2000 年第一季度，高科技和互联网泡沫达到顶峰，纳斯达克股票的本益比高达 400∶1，此时，虚拟经济与实体经济之间的差距终于不能被忽视了，伴随着 2000 年春天电子商务公司的接连破产、倒闭，证券市场资产价格膨胀推动消费、投资增长的良性循环被逆转。

由此可见，实体经济与虚拟经济之间的密切联系决定了资产的价格并不会过度以及长时间地偏离其真实价值，这同时意味着，在当前消费需求依然是美国经济未来发展的主导因素的前提下，资产价格膨胀的周期性虽然在一定程度上能够通过刺激消费需求延后制造业回落导致的经济衰退出现的时间，但这只是延后，美国经济在未来依然需要面对通过经济衰退来消耗制造业的过度投资带来的过剩产能而形成的经济周期。

小结：基于美元币值的制衡机制在催生泡沫的同时削弱了制造业的盈利能力

从 1990 年到 2000 年周期的特征可以看出，制造业的周期运动仍是美国经济繁荣的源泉。虽然资产泡沫会在一定程度上延缓制造业的衰减速度，但是，基于美元币值的制衡机制在催生泡沫的同时削弱了制造业的盈利能力，从而使得虚拟经济的繁荣与实体经济的衰退之间的缝隙不断扩大，虚拟经济繁荣的终结直接导致了整个经济体系衰退的到来。

周期拐点的判别在于资产价格膨胀推动经济增长循环机制的终结

通过比较上一个经济周期的演绎规律，我们可以发现正是以证券市场为代表的资产价格膨胀在一定程度上延后了本该早点儿到来的经济衰退，而流动性的过剩使得资产价格膨胀的过程依然在延续，只是更多地由股票市场传导到了另一种投资资产市场——房地产市场，房地产价格的攀升迅速地促进美国经济在 2002 年开始进入复苏，但是也导致了原本已经产能过剩的制造业并没有经历太长时间的淘汰落后产能的衰退过程。

那么，当现阶段美国企业利润增速又一次伴随着固定资产投资增速的回落出现放缓时，投资扩张衍生的周期波动必然性将使美国经济未来无法避免衰退，只会发挥类似于上一个经济周期中消费需求对于经济衰退的延缓作用，对经济周期拐点的判断将依赖于对以资产价格膨胀循环的机制为代表的最后一个经济增长点终结时点的判断。

宽松经济政策和房地产市场繁荣促进美国经济复苏

2001 年股市繁荣破灭引发的财富效应逆转，使美国经济经历了一场温和的衰退，但与众多经济学家及国际组织的预期不同的是，"9·11"事件没有进一步加重美国经济的衰退程度，2001 年第四季度经济的增长，反而在 2001 年前三个季度负增长的基础上开始回升，增长率达到 2.7%。从当时美国国内生产总值要素贡献同比变化率中可以发现（详见表 5-2），个人消费支出一直是经济增长的主要推动力量，即使在 2001 年经济衰退阶段，它仍然使经济保持了 1.67% 的正增长。

表 5-2　美国国内生产总值要素贡献同比变化率（1999 年至 2002 年第三季度）（单位：%）

时间	1999 年	2000 年	2001 年	2002 年第一季度	2002 年第二季度	2002 年第三季度
国内生产总值	4.1	3.8	0.3	5.0	1.3	3.1
个人消费支出	3.3	2.94	1.67	2.22	1.22	2.95
国内私人投资	1.15	1.08	-1.90	2.53	1.16	-0.04
净出口	-1.01	-0.75	-0.18	-0.75	-1.4	-0.13
政府支出	0.68	0.49	0.65	1.04	0.27	0.35

数据来源：美国商务部经济分析局，长江证券研究所。

个人消费支出的增长得益于个人可支配收入的提高，而这种可支配收入的提高主要有两方面原因：

其一，美国政府的减税以及相应的降息政策。2001 年美国经济的衰退与此前经济的衰退相比，不仅衰退周期短暂，而且受益于 1995 年以来的信息技术投资大扩张，劳动生产率的提高使得经济在衰退时并没有面临很强的通货膨胀压力，这使得政府的减税以及降息政策获得最大效率的刺激作用。

其二，也是最根本的，房地产市场繁荣引发的正财富效应在一定程度上抵消了股市泡沫破灭的影响，从对美国 GDP 及房屋价格指数增长走势的比较中可以明显发现（见图 5-12），2000 年开始的股市泡沫大幅度削减了经济增长水平，但是房屋价格指数整体上仍旧处于稳步攀升的阶段，房地产市场的繁荣在给房屋拥有者带来正财富效应的同时，吸引了更多的投资者投资房地产，尤其是在股市暴跌后，房地产价格的膨胀有力地促进了美国经济迅速复苏。

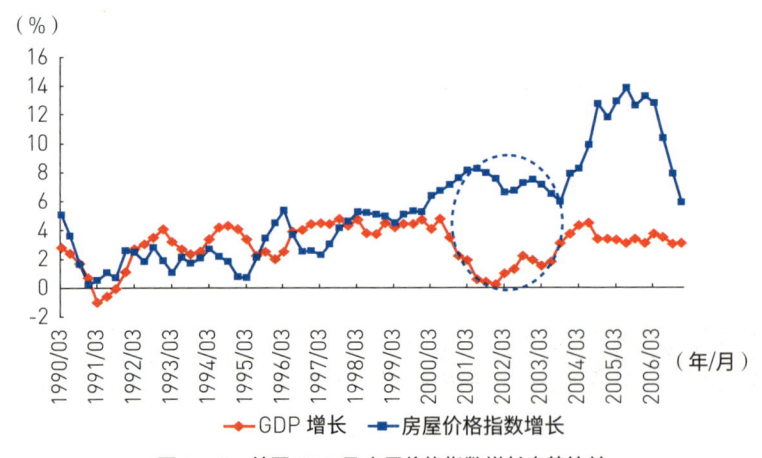

图 5-12　美国 GDP 及房屋价格指数增长走势比较

数据来源：彭博，长江证券研究所。

诚然，在流动性依然过剩的背景下，价格膨胀的泡沫从股票市场转移到了房地产市场，由此带动了固定资产投资、制造业企业利润、消费需求增速的回升。我们发现虽然在经历了美联储数次调升联邦基金利率之后，房地产市场回落形成的负面效应由于股市的二次繁荣减弱，贡献国民经济 2/3 以上增长动力的消费需求使季度GDP增速维持在3%左右的水平,但是恰恰如同上一个中周期末端的股市繁荣并不能避免经济增长的周期性回落,美国经济现阶段衰退的根源依然存在,而这种衰退在本质上来源于投资规模扩张导致的产能过剩调整的必然性。

投资增速放缓是周期回落的前兆

从对1991—2006年美国固定资产、非住宅投资季度增速的比较中可以明显地观察到,相对于证券市场,房地产市场的资产价格膨胀衍生的"正财富效应"对整体投资的影响更大,也更为直接:在1997—2000年股市繁荣阶段,非住宅投资增速与固定资产投资增速的整体水平几乎一致,在2001年经济衰退阶段,房地产价格的初始膨胀使得包含了房地产投资的固定资产投资增速的整体回落幅度弱于非住宅投资增速,在2003—2005年资产价格膨胀的高潮阶段,固定资产投资增速又明显快于非住宅投资增速,而泡沫破灭后非住宅投资增速的迅速回落则是最明显的体现(见图5-13)。

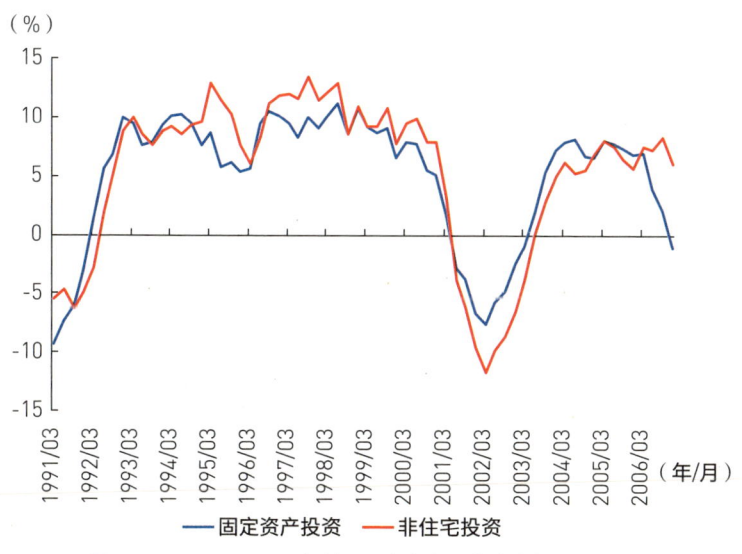

图5-13 1991—2006年美国固定资产、非住宅投资季度增速

数据来源:彭博,长江证券研究所。

我们都明白固定资产投资增速对制造业的利润增长意味着什么，尤其是对美国这样一个长期处于贸易逆差、出口增长缓慢的内需型国家，投资的增长不仅代表了未来可能释放的潜在产能，而且更重要的是代表了对现有制造业产品的消耗导致的利润波动。由于房地产市场价格膨胀泡沫的破灭，以整体固定资产投资为代表的需求增速已经缓于以非住宅投资为代表的潜在产能建设增速，那么制造业未来将不得不面对过度投资导致的产能过剩，而从最新公布的数据来看，美国制造业存货销售比在2006年末开始出现明显回升，代表未来需求状况的制造业、耐用品消费订单数据同比增速也开始从高点回落，如此看来，我们之前所担忧的美国像普遍工业化国家一样，投资过度导致产能过剩的周期性衰退迹象如今已经开始显现（见图5-14、图5-15、图5-16）。

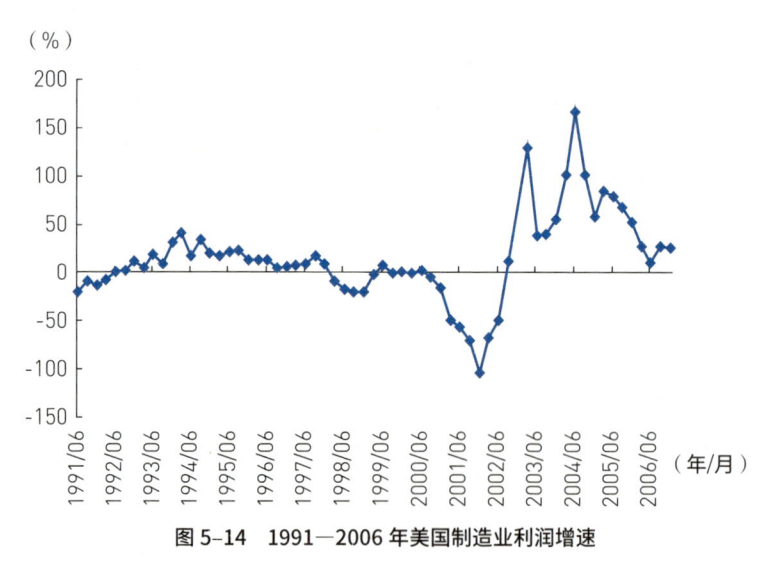

图5-14　1991—2006年美国制造业利润增速

数据来源：彭博，长江证券研究所。

图 5-15　美国制造业存货销售比

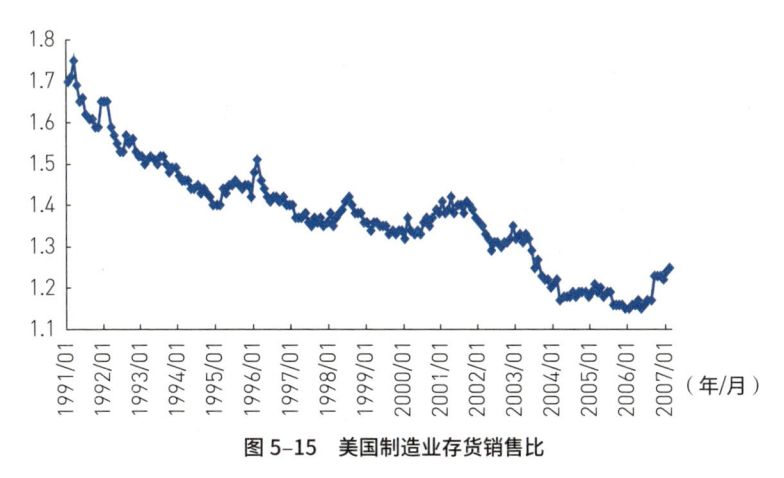

数据来源：彭博，长江证券研究所。

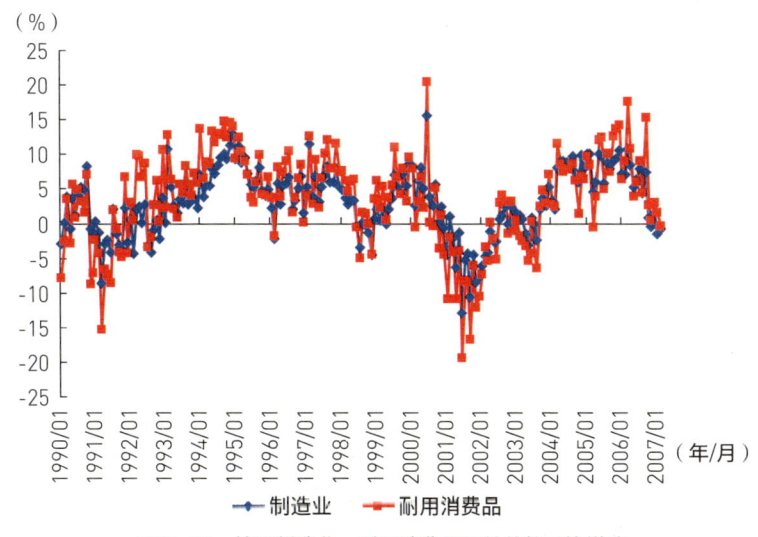

图 5-16　美国制造业、耐用消费品订单总数同比增速

数据来源：彭博，长江证券研究所。

通过判断美国当前制造业利润增速由于产能过剩面临放缓，我们可以得出美国经济增长可能正在步入中周期的回落过程的结论。之所以说可能，是因为按照我们之前对于美国经济上一个中周期的分析，消费需求是现阶段美国经济增长的主要推动力量，其贡献了大约 2/3 的 GDP 增长；而消费需求

的增长在很大程度上受制于工作收入，从消费者需求增速和美国劳动者每小时收入同比增速的对比中（见图 5-17、图 5-18），我们可以发现，美国劳动者收入、消费者需求增速与资产价格膨胀衍生的"财富效应"密切相关，并且相对于房地产市场的繁荣，证券市场的繁荣对于消费需求的正财富效应更加直接，也更加明显。

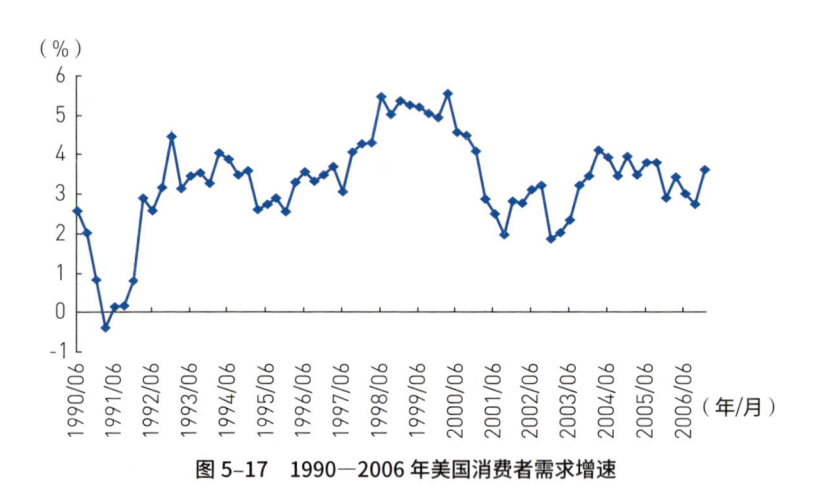

图 5-17　1990—2006 年美国消费者需求增速

数据来源：长江证券研究所。

图 5-18　美国劳动者每小时收入同比增速

数据来源：彭博，长江证券研究所。

小结：流动性过剩的重要性显现为资产价格波动进入紧缩政策"敏感期"

所以，总结而言，类似上一个中周期1990—2001年中的1995年，美国经济又一次不得不面临制造业投资过度导致的产能过剩，这必然引发周期性衰退，因此消费需求的增长状况将在很大程度上决定经济周期拐点的延迟程度，而这种延迟在根本上来源于资产价格膨胀衍生的"正财富效应"，这说明了我们对美国经济未来发展趋势尤其是周期性拐点的判断的关键就在于对资产价格膨胀推动经济增长的循环机制何时终结的分析。

与其他国家以及美国自身上一个经济周期的历程相同，资产价格膨胀推动经济增长的循环机制无非基于流动性过剩以及相应的泡沫契机，而在循环的后续阶段由于泡沫契机的逐渐消失或者已经难以跟上资产价格膨胀的速度，流动性过剩的重要性显现为资产价格波动进入紧缩政策"敏感期"。现在看来，美国当前房地产市场和证券市场的资产价格膨胀已经步入后续阶段，所以基于通货膨胀压力衍生的利率政策将会尤为关键。

资产价格膨胀推动经济增长的循环机制

资产价格膨胀的循环机制

我们之前了解了1997—2000年美国股市繁荣、2001—2005年美国房地产市场繁荣以及泡沫破灭的基本过程，总结而言，资产价格膨胀推动经济增长的循环机制可以归结如下：资产价格膨胀的初始阶段依靠的是流动性过剩以及相应的泡沫契机，所谓的泡沫契机主要是指对资产未来成长性的良好预期，如1997—2000年股市的繁荣来源于对高新技术变革的信心，而2001—2005年房地产市场的泡沫则始于"移民、人口红利因素"；伴随着资产价格的逐步膨胀，资产价格膨胀对投资、消费的"正财富效应"开始显现，制造业的发展、工人收入的提高使人们进一步加强了对泡沫契机的增长潜力预期，资产价格膨胀的过程也得以继续，并且由于资本的逐利特性，资产价格在这一阶段的膨胀速度已经开始超越泡沫契机的真实水平；在泡沫膨胀的后续阶段，实体经济与虚拟经济出现过分的背离，流动性过剩已经是资产价格膨胀的唯一依靠，所以政府压缩流动性政策的出台也就意味着资产价格膨胀推动经济增长循环机制的终结（见图5-19）。

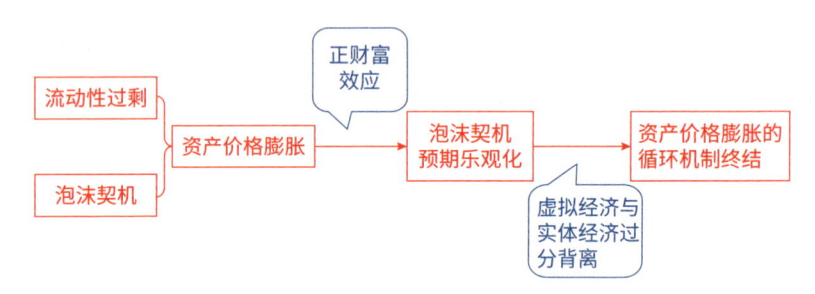

图 5-19 资产价格膨胀推动经济增长的循环机制

资料来源：长江证券研究所。

鉴于当前制造业企业利润的增速随着固定资产投资的回落呈现下滑，在了解资产价格膨胀推动经济增长的循环机制的基础上，我们更应该关注现阶段的股市繁荣是不是已经进入后期阶段，而按照前期证券市场、房地产市场循环机制的演绎规律来看，泡沫膨胀尤其是证券市场繁荣的后期特征往往取决于政府对流动性的态度的敏感性是否加强。

从美国股市繁荣的过程中可以发现，从1998年到1999年，由于制造业利润的下滑，美国当时证券市场的发展已经开始进入后续阶段，对流动性的依赖使泡沫的延续迫切需要美联储的帮助和支持，所以在1998年末和1999年末，美联储不得不两次放松信用，以扭转股票市场的下滑局面，维持股价的上涨，但到了2000年上半年，当格林斯潘一再强调美联储不再支持泡沫以及随后调高联邦基准利率后，股票价格开始急速下降。

2007年以后，房地产市场仍旧在放缓的过程中寻找低点，而证券市场的繁荣则是资产价格膨胀推动消费、投资增长的主要力量。因此对证券市场的循环机制是否面临终结的判断就等于对美国经济未来是否将面临衰退的周期性调整过程的判断，而最近证券市场受美联储对通货膨胀的担忧衍生的加息、降息考量影响，出现了大幅波动，这表明证券市场的繁荣已经开始步入后续阶段，那么美联储的政策尤其是关于对流动性的态度的政策将成为决定证券市场演变的根本。

资产价格膨胀延续的关键——流动性过剩

美国流动性过剩的来源

在贸易顺差持续增长的背景下，我们可以清楚地明白中国这样一个庞大的经济体系中流动性过剩的来源，那么在美国这样一个一直以来都处于贸易逆差的国家里，虚拟经济中的流动性过剩又是从何而来呢？回答这个问题，我们利用分析中国经济流动性的基本方法——国民经济收入支出恒等式：

$$\begin{cases} C_1+I+G+X-M=C_2+T+S \\ X-M=S-I \quad\quad\quad\quad\quad\quad\quad\quad\quad\quad\quad\quad (1) \\ (C_1-C_2)+(G-T)-(M-X)=S-I \quad\quad (2) \end{cases}$$

式（1）中显示的是美国经济中流动性过剩的成长模式，贸易顺差是流动性过剩的根本原因，而式（2）代表了美国经济中当前推动资产价格膨胀（也就是 $S-I$ 所体现的净储蓄提高）的流动性过剩来源。可以发现，消费者的信用支出以及联邦政府的预算赤字不仅支撑了中国这种对美贸易顺差经济体的流动性过剩，而且也带动了美国国内资产价格的膨胀，这种模式的基础则是美国现阶段为 GDP 1.5～2.0 倍的国债市场存量规模。

我们可以把现阶段影响美国经济流动性过剩的原因主要归结为国债市场的变动状况。而国债归根结底是一种资产，资产的价格平衡受到供给、需求的制约，从对美联储 1990 年以来利率决策的变动、30 年期国债收益率、CPI 同比增速的比较中可以发现（见图 5-20、图 5-21、图 5-22），相较于利率决策，长期国债收益率与美国经济这两个中周期中出现的资产价格膨胀呈现出了更强的同步性，主要是由于美联储的利率决策改变的是联邦基准利率，而包括抵押贷款在内的银行信用贷款利率都以长期国债收益率为准，这进一步表明国债市场对美国经济增长的重要性。

考虑到影响国债市场需求的主要因素是对美国未来通货膨胀水平的预期，一旦出现通货膨胀水平上升的情况，美元资产就会出现贬值，理性的投资者自然会抛售长期国债从而推高长期国债的收益率，长期国债收益率与通货膨胀水平的同步波动就是这一逻辑最好的例证。所以，当前对美国资产价格膨胀延续性的判断核心是对未来通货膨胀水平的衡量。

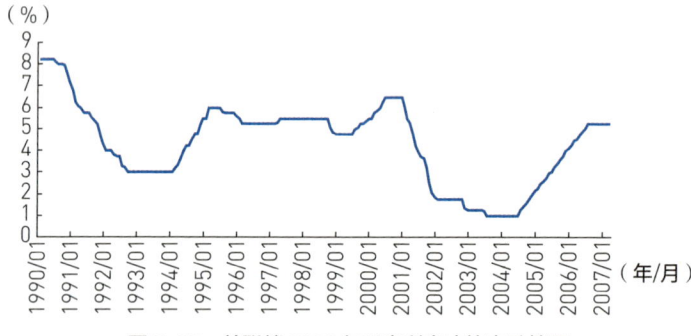

图5-20 美联储1990年以来利率决策变动情况

数据来源：彭博，长江证券研究所。

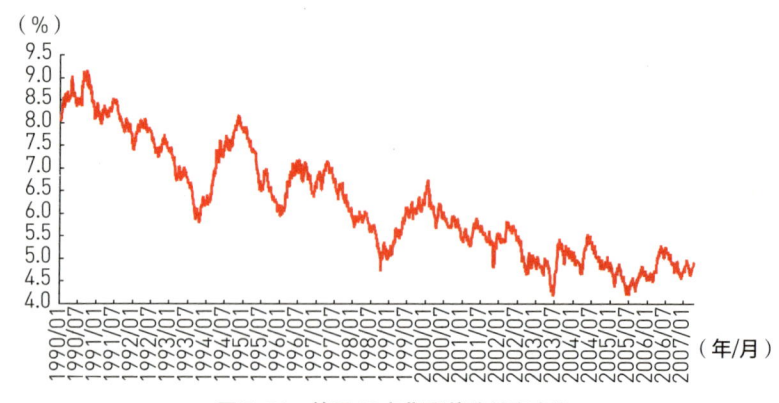

图5-21 美国30年期国债收益率变化

数据来源：彭博，长江证券研究所。

图 5-22　美国 CPI 同比增速

数据来源：彭博，长江证券研究所。

通货膨胀衍生的加息压力是循环终结的根本

对当前美国经济通货膨胀水平的看法，我们依然维持之前的观点，2007年美国将会面临日益上行的通货膨胀压力，这不仅是由于世界经济高速增长带动的能源等原材料价格的上涨，而且更重要的是由于劳动力价格上升所带来的成本压力。根据信息技术创新的长波周期理论，20 世纪 80 年代开始的新一波技术进步带动的劳动生产率的上升在现阶段已经开始趋于回落，体现在非农部门劳动者每小时产量同比数据的放缓（见图 5-23），由此也导致了非农商业部门整体劳动力成本的上升（见图 5-24）。考虑到美国经济中传统制造业的利润比重目前仅占 25% 左右，那么非农商业部门劳动力成本的上升将使未来美国经济面临更强的通货膨胀压力。

加息而不是降息

在前面的描述中，我们已经明白了资产价格膨胀推动经济增长的循环机制以及美联储针对流动性的政策对当前证券市场演变的重要性，那么美国当前资产价格膨胀循环机制的终结就应该取决于美联储利率政策的转变。

自 2006 年 8 月以来，美联储一直维持 5.25% 的基准利率，这体现了当前美联储的利率决策陷入了一种两难困境：一方面，房地产投资回落导致制造业利润增速放缓，前期过度扩张导致的产能过剩迫切需要调整，这决定了当前美国经济必然出现周期性回落；另一方面，通货膨胀上行的压力也使美联储并不能采取降息的方式。

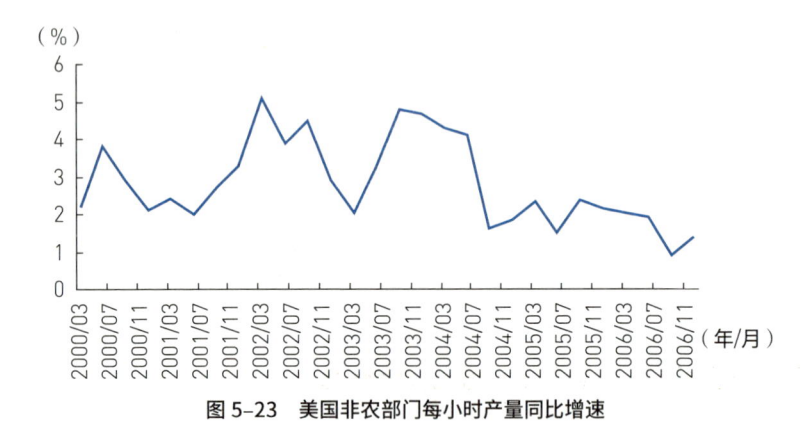

图 5-23　美国非农部门每小时产量同比增速

数据来源：彭博，长江证券研究所。

图 5-24　美国非农商业部门劳动力成本增速

数据来源：彭博，长江证券研究所。

但是，在我们看来，美联储的加息周期并未结束，这主要是由于两方面因素：

首先，按照我们在《色即是空》中的共生模式分析逻辑，投资者出于对通货膨胀的恐惧抛售长期国债,而长期国债收益率的上升将会导致流动性缩减,从而使未来资产价格膨胀的过程受到很大抑制,经济因此很有可能陷入滞胀,这是长期国债收益率的回升一般意味着经济即将衰退的原理所在。

其次,虽然加息将会在一定程度上加快当前证券市场繁荣的消退,从而导致美国经济的增长在2007年的后半段出现下滑,甚至出现类似格林斯潘提及的经济衰退。但是由于加息之后通货膨胀的压力预期能够得到有效控制,长期国债收益率的下降将会有力地支撑房地产市场企稳反弹,我们认为这会为美联储在2008年降息以促进经济复苏提供契机。

小结:美国经济的柳暗花明

所以,基于上述资产价格膨胀推动美国经济增长的循环机制,我们认为迫于通货膨胀的压力以及未来美国经济可能步入滞胀的困境,美联储的加息周期并没有结束,虽然加息可能导致当前维持美国经济增长的唯一支撑点——资产价格膨胀带动的消费需求增长出现回落,美国很有可能也会出现上一中周期中股市繁荣破灭后的经济衰退。但是一旦通货膨胀水平得到有效控制,美国的长期国债仍将受到投资者青睐,长期国债收益率的回落不仅会使流动性过剩的局面持续,而且以30年期国债收益率为基准的住房抵押贷款利率的下降将会带动现阶段出现回落的房地产市场企稳反弹,美国经济或将在2008年复苏。

美国经济、美国资本市场与中国股市

综合而言,现阶段作为世界经济龙头的美国经济,对世界经济的拉动作用依然不可替代,2007年下半年美国经济增长的预计放缓对于世界经济的影响不能被忽视。就美国虚拟经济中的股市而言,通货膨胀的压力将逐步传导到国债市场的收益率上。那么,当前美国股市的主导支撑力量——流动性过剩就会出现衰减,正像我们在资产价格膨胀推动经济增长的循环机制中提及的那样，泡沫繁荣的后续阶段将呈现与"流动性"相关的更强敏感性，那么按照我们之前的逻辑进行推理，美国资本市场也将在美联储紧缩利率的决策下趋于加速回落。

关于美国经济的发展对中国资本市场的影响，我们仍旧维持之前的策略报告中对牛市成长机制的分析逻辑。此轮牛市的基点是外贸持续顺差、人民币升值预期引发的流动性过剩以及中周期企业利润反弹提供的"泡沫契机"。那么，美国经济增长的放缓对中国的预期影响的本质就在于，由于全球经济的一体化，资本市场的联动性加强，这会引起国内股市高位震荡，更重要的是对牛市根基的动摇，即出口需求可能下降导致过剩的流动性缩减和相应的企业利润增速回落。

关注资本市场联动带来的国内震荡

我们曾经在《一个基于H股、A股和股指期货关系的情景分析》专题报告中指出，由于目前我国资本市场尚未完全开放，人民币尚未成为国际通用货币，A股市场依然不具备国际证券市场的功能，憧憬人民币升值带来资产价格重估的国际游资暂时难以大规模进入A股市场，只能在中国香港市场购买人民币资产的H股，这意味着这样的资金推动可能导致A股市场成为H股市场的"影子市场"。

随着越来越多大型企业采用"A+H股"的发行模式，在A股市场发展壮大的同时，H股市场会迎来难得的大发展机遇。港股市场独特的国际市场定位，能够吸引国际资金自由进出H股市场，加上在H股上市的大型企业基本是国民经济各行业的大型骨干企业或者垄断企业，这些企业在一定程度上具有经济"晴雨表"的功能，H股市场可以说正越来越明显地起到反映宏观经济波动、产业发展趋势、行业特点的作用。而在这种"A+H股"两地交易的情况下，国际资本一方面目前难以进入A股市场，另一方面也希望选择规范、透明、高效、法制健全和国际化程度高的H股市场进行投资，这样，A股市场的定价权越来越倾向于H股，H股市场对A股市场的引导作用日益凸显。

通过使用格兰杰因果关系检验方法进行大量的统计分析，我们发现H股收益率对 A 股的沪深 300 指数收益率有显著的引导作用，而沪深 300 指数对香港股市的引导作用较小，这就说明香港股市受内地股市影响较小，而内地股市受香港股市影响较大。而进一步比较道琼斯工业平均指数和恒生指数可以得出，两者在 2001 年股市繁荣泡沫之后，存在较为明显的同步波动性（见图 5-25、图 5-26），这意味着虽然当前中国内地资本市场并未完全融入全球资本市场，但是美国证券市场在第二季度的预计调整很可能会通过影响中国香港股市这一更加开放的市场导致内地股票市场的高位震荡调整，我们在展望 2007 年第二季度末及之后中国内地资本市场的走势时需要重点关注这一点。

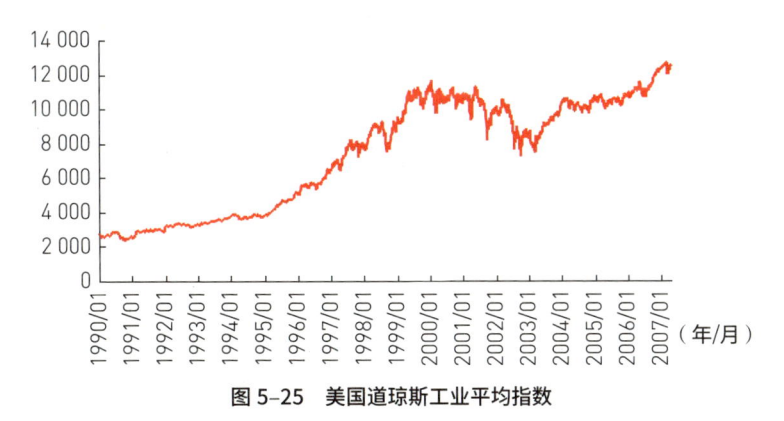

图 5-25　美国道琼斯工业平均指数

数据来源：长江证券研究所。

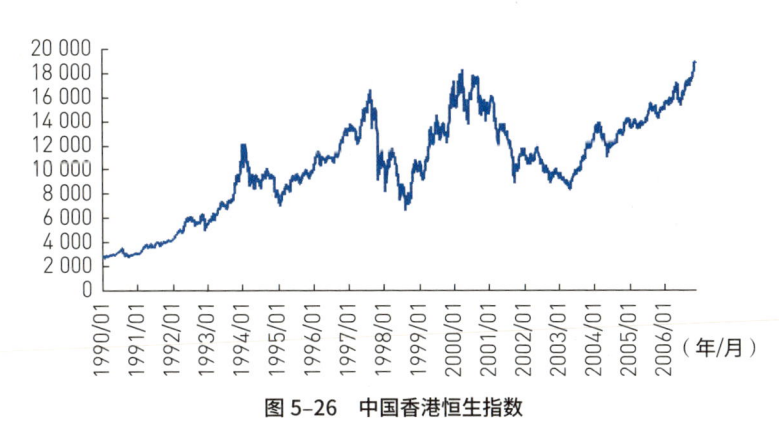

图 5-26　中国香港恒生指数

数据来源：长江证券研究所。

美国经济放缓与中国牛市繁荣机制

中国自 2006 年 6 月以来经济以及企业利润的高速增长得益于不断攀升的出口需求，从最新公布的数据来看，第一季度贸易顺差增量占据了 GDP 增量的 1/3 左右，而如此庞大的贸易顺差也为中国资本市场的繁荣带来了充裕的流动性，那么通过前面的分析我们已经了解美国经济增长在 2007 年第二季度面临放缓，而这种放缓对此轮中国资本市场牛市的影响主要来源于两个基点。

首先，美国经济增长放缓对中国企业的出口需求会造成一定影响。从中国对美国贸易顺差、进出口总额占比变化中可以发现（见图 5-27），虽然美国进出口总额占中国外贸总额的 15% 左右，中国对美国出口占比为 20% 左右，但是却贡献了 50% 以上的外贸顺差，这表明中国与美国的外贸交易很大一部分是出口，由于美国进口需求增速的波动与宏观经济的波动周期具有同步性，所以美国经济增长的放缓将会对第二季度后期中国国内企业的利润增长形成限制。其次，中国对美国的贸易顺差并没有与美国经济的波动呈现同步性（可参考图 5-28、图 5-29），考虑到国内固定资产投资增速在 2007 年将会逐渐收敛，那么内部需求的减弱不会使得贸易顺差导致的流动性过剩改变。

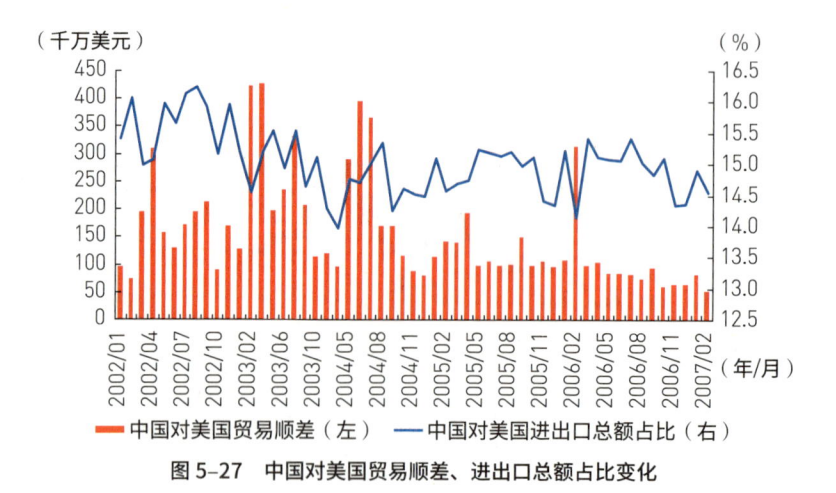

图 5-27　中国对美国贸易顺差、进出口总额占比变化

数据来源：彭博，长江证券研究所。

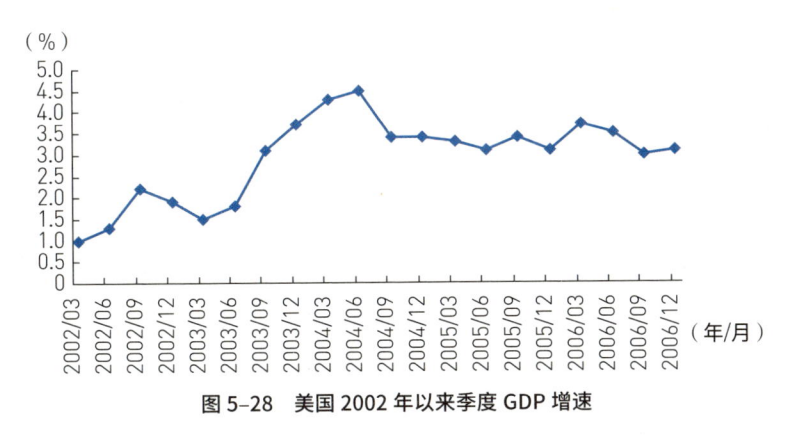

图 5-28 美国 2002 年以来季度 GDP 增速

数据来源：彭博，长江证券研究所。

图 5-29 中国对美国出口增速、贸易顺差

数据来源：彭博，长江证券研究所。

结合两方面分析，我们得出美国经济发展放缓虽然对中国企业的利润增长会有所限制。但流动性过剩的局面依然存在，这意味着在 2007 年第二季度之后中国资本市场繁荣的机制伴随着外部经济的回落将可能会出现一些变化，单个基点支撑的牛市到底能够走多高，是我们不得不思考的问题。

关于牛市如何逆转的问题，我们可以从前文美国的例子中得到启示。在流动性推动的牛市繁荣中，制造业利润增速的放缓并没有直接导致虚拟经济

05　美国经济与中国牛市繁荣机制　155

繁荣的终结，相反，流动性过剩支撑的资本市场繁荣促进了投资的进一步扩张以及制造业利润增速的回暖，因此我们有理由相信中国股市的繁荣程度在2007年第二季度之后可能仍会上升，但是这一阶段的状况已经与2006年到2007年第二季度之前的状况有所区别。而从2007年第一、第二季度也就是目前的实际情况来看，实体经济与虚拟经济之间的缝隙中还没有出现类似我们担忧的迹象，所以我们现阶段仍然坚定地从基本面的角度看多资本市场。

只是，如果流动性过剩成为牛市的唯一支撑点，虽然我们已经无法从估值的角度评估市场的高点到底在哪里，以及泡沫膨胀的终点会最终出现在哪个位置，但是我们应该重视两个实体经济的指标即制造业利润率、利率决策，原因在于：首先，相比于投资扩张导致的利润上升，我们更应该关注制造业利润率的提升，因为它最能贴切地反映当前的产能过剩状况以及由此衍生的工业企业获利能力，这一指标的变化有利于我们对虚拟经济和实体经济差距拉大的程度做出基本的判断；其次，伴随着股指的带动，流动性的重要性不言而喻，这意味着央行的后续利率政策对股市的影响会增大，美国1998年股市泡沫的破灭是很好的例证。这也应该是我们在2007年第二季度之后操作上所要关注的，不要被之前利率决策的无效性所迷惑。这也是本文的主要意义所在。

06

国际化博弈
从升值与通货膨胀的关系中演绎 2008

- 2007 年 11 月 22 日

前言：国际化在动荡时代

沿着工业化与虚拟经济繁荣的脉络，在经济虚拟化的进程中，国际化和资本流动的进程或许会在部分阶段主导证券市场发展的基本趋势，而这样的阶段存在于虚拟经济和实体经济的复杂关系之中。很明显，由于中国经济自身的国际化进程，中国证券市场的国际化进程已然在 2007 年骤然提速，这是具有划时代意义的发展。

沿着工业化的发展脉络，经济高速增长的进程往往会包含对原有世界经济增长模式平衡的不断打破，世界经济共生模式平衡的打破可能是本轮世界经济长波周期增长的自我调节方式。回想 20 世纪 70 年代，资本主义增长黄金 20 年的终结标志是美元信用的危机，而其内在原因则是经济长期增长后经济内部创新动能减弱所引发的生产率提高潜力的衰竭以及资源对经济增长的自我抑制，这就是经济周期的规则。经济周期的调整是以世界金融体系的动荡为代价的。日元升值固然是对在上一个增长周期中崛起的日本的工业化成果的一种承认，但由于日本经济的外部性特征，日本经济在持续高增长之后必将面对更广阔的国际化冲击，这就是在本轮经济长波周期中，中国未来的写照。

在这样的逻辑之下，美国经济发展的减速及美元信用的下降、国际能源价格的攀升以及全球性通货膨胀的种种苗头，预示着自1990年以来世界经济新的增长周期开始进入动荡阶段。而这种动荡阶段的标志仍是美国的信用问题。恰巧此时，中国经济外向化的过程产生了质的变化，本币升值过程正在从对外贸易和虚拟经济两个角度影响中国经济。从我们观察到的国际经验来看，由于中国目前的工业化水平仍不能与日本本币升值时期的工业化水平相比，相信国际经济的动荡将给中国实体经济带来更多不利影响。这一点将决定我们今后的产业选择。而在金融领域，融入世界已经不可避免。

在本轮牛市进入后期之后，实体经济映射到股市中的上市公司的利润增长能够在多大程度上决定市场趋势是个值得关注的问题。如果熊市重新来临，我们可能真的能够安心寻找成长的机遇。但是，在所谓的流动性过剩，实质上是资金推动的牛市中，人们的投资不仅随着对业绩的预期改变，更重要的是随着诸如贸易、通货膨胀、升值、资本市场对外开放这些因素的变化不断变化。以上论述展示了我们所说的2008年市场趋势系于美国这个命题的整个逻辑。

由此，2008年应该配置什么，工业化的长期主题是什么已经显而易见，而我们最关心的，当然是短期因素会如何影响工业化的长期主题。当前阶段，最关键的是我们对中国经济周期做出什么样的判断。所以，在产业选择方面，我们首先重申工业化的长期主题，然后在这个框架下分析升值加速、通货膨胀预期、出口减速和原材料价格上涨等因素可能产生的影响。这一分析本质上是一种短期波动分析。但我们同时认为，目前的经济环境所导致的经济波动将对未来中国的产业变迁产生根本影响。所以，这一分析同时是一种对长期框架的修改。因此，这是我们的宏观逻辑在产业上的延伸。

2008年：资本市场系于美国

看待2007年以来世界经济和金融形势的种种动荡，我们确实需要一个框架。否则，纷乱的经济数据与政策将使投资者无所适从，使用一个长期的视角，在纷繁的因素中梳理出本质性的线索，我们才能决定2008年的策略。

我们仍然认为经济周期的框架是经济现象研究的基础。世界经济的长周期波动能够为我们提供更加清晰的视角（见表6–1）。正如前文所说，在20世纪70年代发生的国际金融体系的动荡，如果放在长波周期的框架下来看，实际上就是在资本主义黄金增长20年之后，经济转向衰退的一种表现。我们在这里不想展开论述这些问题，我们在这里只想说明，当前世界经济中发生的美元贬值、大宗商品价格上涨以及流动性泛滥等现象，在上一个周期同样发生。

表6–1 雅各布·范杜因的长波周期

	繁荣	衰退	萧条	回升	标志创新技术
第一个	1782—1802年	1815—1825年	1825—1836年	1838—1845年	纺织机、蒸汽机
第二个	1845—1866年	1866—1873年	1873—1883年	1883—1892年	钢铁、铁路
第三个	1892—1913年	1920—1929年	1929—1937年	1937—1948年	电气、化学、汽车
第四个	1948—1966年	1966—1973年	1973—1982年	1982—1991年	汽车、计算机
第五个	1991—2000年	2000年—？	？	？	信息技术、生物

资料来源：（美）雅各布·范杜因，《创新随时间的波动》，《现代外国经济学论文选（第十辑）》，商务印书馆，1986年；第四次以后的分析见陈漓高、齐俊妍，《技术进步与经济波动：以美国为例的分析》，《世界经济》，2004（4）。

这样的框架就给了我们一个分析问题的逻辑起点，恰恰在黄金增长20年的后半期，日本崛起，而到了国际经济体系动荡的时刻，日本被迫使日元升值，我们认为这是一个国家在国际经济体系中的地位发生变化的标志，同时，这说明一个依靠出口崛起的国家必须调整其经济增长方式。21 世纪初期，中国同样在世界经济第五次繁荣周期的后期崛起，开始了经济史无前例的高速增长时代，对这些问题，我们在自 2005 年以来的报告中都论述得非常清楚。我们 2008 年想探讨的问题是，当世界经济长波周期不可避免地进入动荡阶段的时候，中国面临的国际经济环境以及中国在世界经济中的角色，与 20 世纪 70 年代日本的境况颇为相似，那么我们能从日本的经验中汲取什么呢？

1970—1973 年牛市后半期日本本币升值、全球通货膨胀与日本货币政策

1970 年以后，经济发展的国际环境发生了很大的变化，此时伴随着布雷顿森林货币体系的崩溃，美元信用出现危机，全球通货膨胀到来。1971 年 8 月的"尼克松冲击"导致了世界货币体制的震荡。日元由原来的 1 美元兑换 360 日元大幅升值，在 1971 年末日元兑美元升值 16.88%，并基本稳定在 1 美元兑 300 日元的水平（见图 6-1）。

我们之所以对这个问题施以笔墨，是因为当前的世界经济环境已经出现了类似的苗头，甚至按照我们的观点，2008 年的国际环境中存在美国经济减速所导致的美元贬值和全球通货膨胀的可能性。而这些问题的演绎将是决定中国经济发展趋势，甚至是直接决定中国证券市场走势的关键。

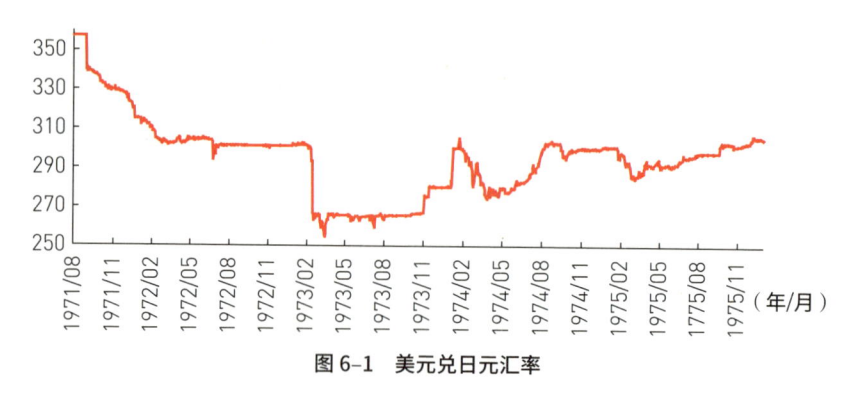

图 6-1　美元兑日元汇率

数据来源：彭博，长江证券研究所。

1971年的"尼克松冲击",使得日元兑美元从固定汇率制转向了浮动汇率制。日元升值初期带来了出口的减速发展,这也暂时压制了出口行业的工资上涨速度。不过海外市场持续的高通货膨胀,反而使得日本的国际贸易收支出现了较大顺差,这给国内物价的维持造成了较大的压力。同时,企业为了减少环境污染,压缩生产成本的空间不断减小,这也是物价下降困难的一个重要原因(可参考图6-2)。

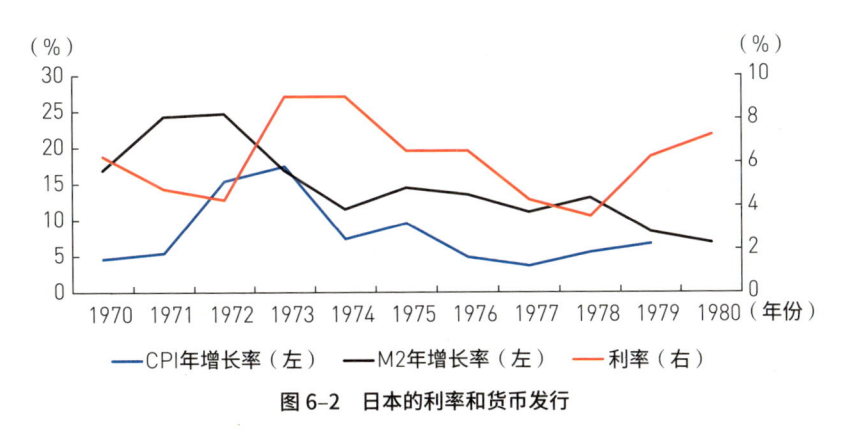

图6-2 日本的利率和货币发行

数据来源:CEIC数据库,长江证券研究所。

为了抑制高通货膨胀,日本银行在1973年一年内连续5次提高利率(一共提高了4.75%),5次提高存款准备金率;加强窗口指导,范围从城市银行扩大到农村信用社;区别对待融资方案;同时直接从行政上抑制设备投资;强化公共投资;等等。通过实施以上措施,基本消除了过剩的流动性,对企业融资的审批也比以前更为严格。虽然实施了史无前例的货币紧缩政策,但见效还是晚于预期。这主要是由于企业在紧缩政策实施之前就保留了过剩的流动性,同时产品价格的上涨给企业带来了丰厚的收益。同时,虽然限制公共投资的政策已经被实施,但由于1971年以后扩大了这方面的投资,民营企业还有大量的订单没有完工,所以在1973年后期政策正式见效。

在此背景下,日元升值对贸易顺差和外汇储备产生了什么影响?在日元升值初期,贸易顺差不但没有减少而且还增加了(见图6-3)。原因在于:

首先，在 1971—1972 年，由于贸易收支的短期需求价格弹性较小、长期需求价格弹性较大，所以在日元升值初期出现了贸易收支不但没有下降反而有所上升的局面，这也带动了外汇储备的大幅上涨；其次，当时世界各国都出现了较高的通货膨胀水平，各国货币都不同程度地对美元出现上涨，这抵消了日元兑美元单方面上涨所带来的压力。根据日本经济企划厅的推算，1972 年世界性的通货膨胀导致各国工业出口商品价格上涨了 3.4%，给日本带来了 9.6 亿美元的贸易顺差，而各国货币兑美元不同程度的上涨，给日本带来了 4.4 亿美元的顺差收入。

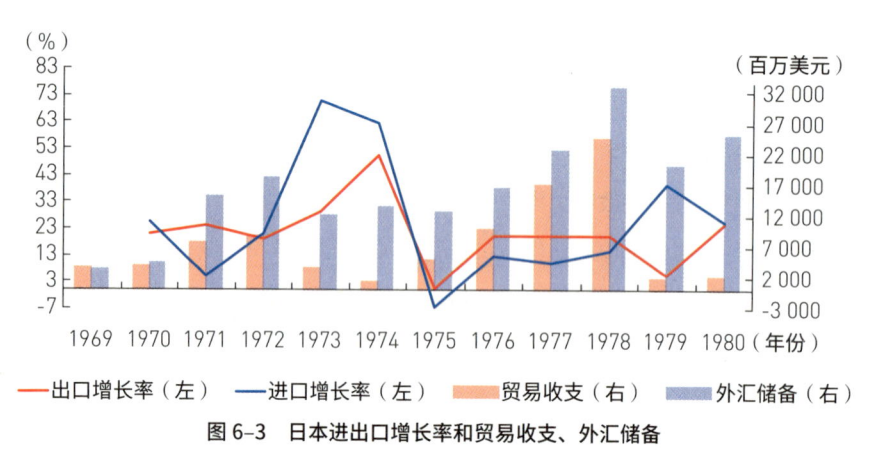

图 6-3　日本进出口增长率和贸易收支、外汇储备

数据来源：《日本长期统计年鉴》，长江证券研究所。

目前的国际环境：美国的不确定性与世界金融体系动荡的可能性

当前中国经济与 20 世纪 70 年代初期日本经济所面临的世界环境在本质上的相似之处在于，以美国经济为中心的世界经济共生模式遭遇美国信用的危机，而这一危机在次贷危机、全球通货膨胀的推动下极有可能进一步压缩美国货币政策的调控空间，而由此显现的国际金融动荡趋势可能会被美国经济减速的进程所左右，这可能是一个打破平衡的过程，而国际金融体系的动荡则是其中的关键。

在世界经济一体化和产业分工国际化的背景下，形成了资源核心国、制造核心国、货币（消费）核心国互相依赖而共生的情景。这就是我们在《色即是空》中所提出的世界经济共生模式。

从本质上说，出现共生模式的根本原因在于世界经济分工进一步朝着纵向一体化方向演进，而决定共生模式的延续性的关键则是美元的信用度。正如埃森格林所说，如果外围国家对美元的信心坚挺，这种共生模式就能维持。因此，整个世界经济增长链条的维系或断裂可能在很大程度上取决于美元的信用度，而支持美国消费和经济增长的前提是中国和资源出口国将大量外汇储备以美元资产的形式持有，推高美元资产价格，压低长期利率。

具体来看，目前资源核心国、制造核心国在对美国贸易顺差的过程中积累的大量外汇储备基本以美国国债的持有方式存在，在美联储的加息周期中，美元的强势使得美国国债等资产的吸引力更强，长期收益率的压低也直接导致了利率决策紧缩效应的累积需要更长的周期。而在美联储的降息周期中，美元贬值直接导致美元资产的吸引力降低，尤其是针对国债市场，在这种背景下，实体经济中充斥的流动性只能遵循两种路径，抛弃美元或在美国国内寻找收益率更高的资产类型，第一种直接衍生美元价值的进一步滑落以及世界经济共生模式的瓦解，从而导致增长机制的衰竭，而第二种也就衍生出房地产市场、股市的资产价格膨胀。

但是从目前的情况来看，这种可能性已经变得越发渺茫。次贷危机与1998年、2001年危机的最大不同之处在于其衍生于房地产市场的泡沫破灭，在大量银行机构参与这一膨胀机制之后，泡沫破灭引发的"资产负债表"问题所导致的信贷紧缩要远比之前的危机严重，这也就决定了需要更大的降息空间，而在通常意义上，美联储降息的直接效应往往体现在大宗商品的涨价上。由于共生模式下的纵向一体化生存机制，目前"金砖四国"的内在经济增长与美国经济周期的不同步导致原材料需求的放缓一般滞后于美国经济的回落，在经济增长并未呈现明显放缓以及经济面临通货膨胀压力的背景下（可参考图6-4、图6-5），美联储的利率决策处于两难困境。在这种背景下，预计美元的贬值与美国经济增速的放缓将会交织存在，而伴随着利率调整导致的2008年上半年次级债的进一步爆发，美国经济大幅回落的风险在2008

年第二季度或将集中显现。

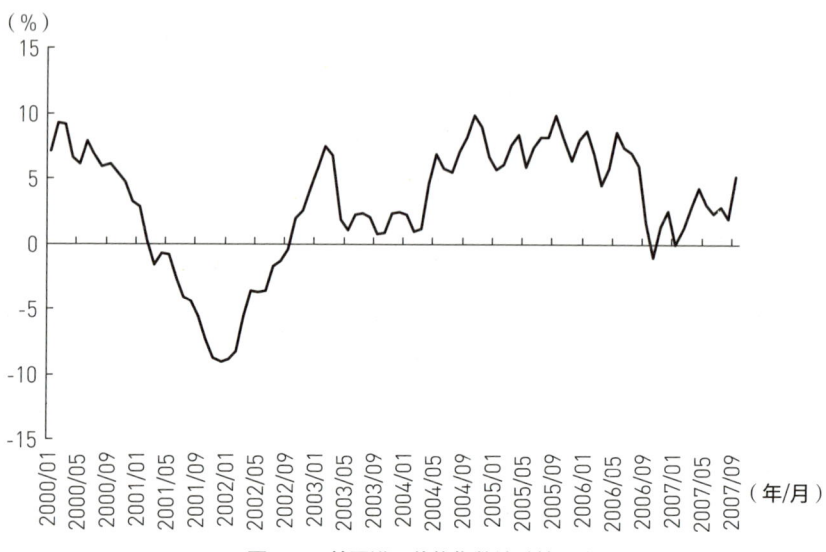

图 6-4 美国进口价格指数波动情况

数据来源：彭博，长江证券研究所。

图 6-5 美国消费者信心指数走势

数据来源：彭博，长江证券研究所。

1965—1973年日本牛市后期的市场特征：国际资本流动和本币升值

在20世纪60年代后期，日本股市的最大特征就是外国投资者对日本股票的投资。1969年美国利息平衡税的下调、对外国投资者买卖额度的放宽，使得外国投资者持续买入日本绩优股、住房相关股票以及资产价格重估等股票。1969年最大的特征就是外国投资者对日本股票投资，这改变了日本以往只重视股价回报率的情况，转为开始重视市盈率的投资方法。同时，高价股以市场价格增发使企业能够以很低的成本融资。1970年在对日股市投资越发活跃的背景下，美国发布了限制对日本股票投资的政策，这使日本的大盘蓝筹股出现了下跌，不过中小盘庄股的上涨支撑了大盘的上涨；4月之后随着金融紧缩政策的出台，以及欧美股市的快速下跌，日本股市出现了跳水；5月国际基金IOS的破产引发外国投资者大量卖出日本股票，日本股市在30日出现了暴跌，1970年后半年股市依然低迷（可参考图6-6）。实际上在1969年后日元升值的预期已经出现，而在这种预期下，国际资本的流动对日本股市产生了非常关键的影响。

图6-6　日本20世纪60年代后期股票市场走势

数据来源：《日本证券数据》，长江证券研究所。

1971年在货币市场上，以投机德国马克为起点，世界上发生了以预期日元等货币兑美元升值为中心的货币投机。以此为背景，市场上大量买卖能从日元升值中大幅获益的石油股票。此后随着对景气上升认同程度的增加，仓储、铁路等以内需为中心的股票出现了上涨。1972年，以流动性过剩为背景，企业法人大量买入股票；以推动日元升值和日本股市的持续高涨为目的，外国投资者也不断追高；而且伴随着通货膨胀水平的高涨，散户的参与更是把股市推向新高，以钢铁、重电机械、造船为中心的大盘蓝筹股持续高涨。

那么，日本这轮牛市是如何见顶的呢？1973年初日本股市继续保持上涨，不过大盘蓝筹股已经出现了泡沫，因此，年初政府不断出台打压政策，日本股市随之出现了下跌；到了2月，对国际货币体制的不安使股市开始出现大幅下跌，虽然打压政策不断放宽，但也不能延缓加速下跌的趋势。随着国际市场不断抛售美元，日本和欧洲的汇市不得不相继停止交易，在通货膨胀危机达到顶峰的2—3月，以大盘蓝筹股为中心的股票出现反复上涨下跌的行情，这导致了交易量的急剧萎缩。

在这样的环境中，流动性的过剩，国内经济景气的上升，使得日本股市在1973年6月末从底部出现了反弹的迹象。不过好景不长，伴随着1973年10月第一次石油危机的爆发，日本股价又开始大幅下跌；而且金融紧缩政策的实施（利息从4.25%加到9%）、PPI的高涨增加了市场对压迫企业利润的顾虑，除去一些资源股，其他板块的股票都直线下跌（可参考表6-2、表6-3、图6-7）。

表6-2　20世纪70年代日本实体经济与证券市场的运行情况

	景气上扬	出现阴影	跌入低谷	景气恢复
实体经济	·公共投资扩大，发行长期国债 ·金融缓和、减息 ·贸易、资本自由化，进口自由化，降低关税，对外直接投资、房地产投资自由化 ·企业业绩的快速上升 ·流动性过剩，价格上涨	·对美贸易不均衡显著 ·美元、英镑贬值加大了对汇率的不安情绪；对企业的不满增加（环境污染、惜售产品、占有资源） ·金融紧缩 ·内外政局的不稳定	·石油危机 ·国际收支恶化 ·经营不稳定、企业收益恶化、金融不稳定、大型银行倒闭 ·日本、美国元首的辞职 ·西德银行的倒闭和破产	·实施经济振兴政策 ·金融缓和（减息） ·发行赤字国债 ·企业业绩底部回升 ·世界经济的回暖

续表

	景气上扬	出现阴影	跌入低谷	景气恢复
证券市场	·企业法人的增持 ·外国投资者大量买入（主要由于日元升值） ·大量买入具有隐性资产的公司股票	·股价过高 ·抑制股价政策出台，要求买卖方自我管制 ·信用膨胀	·利息快速上涨导致大量卖出 ·外国投资者的大量卖出 ·散户的离场	·外国投资者的买入 ·石油股票的大量买入 ·机构投资者的买入 ·世界股市同时上涨

资料来源：《日本证券数据》，长江证券研究所。

表6-3　1971—1974年日本证券市场概览

		1971年	1972年	1973年	1974年
日经225指数涨跌幅（%）		36.6	91.9	-17.3	-11.4
涨幅前三行业（%）		海运（+107）	矿业（+267）	矿业（+25）	金属制品（+22）
		仓储运输（+94）	海运（+230）	纤维（-3）	建设（+16）
		金融保险（+65）	造纸（+168）	化学（-5）	通信（+12）
跌幅前三行业（%）		精密机械（-10）	建设（+35）	建设（-43）	矿业（-46）
		化学（-1）	服务（+41）	房地产（-39）	农林水产（-33）
		航空（1）	仓储运输（+42）	电力煤气（-31）	纤维（-31）
市盈率（倍）	最高	15.4	28.3	28.6	16.9
	最低	9.5	15.4	13.7	12.2
企业收益变动率（%）		-0.6	-18.7	33.6	36.2
CPI同比增长率（%）		6.3	4.9	11.6	23.2
原油价格（美元/桶）		2.18	2.51	3.29	10.79

数据来源：《日本证券数据》，长江证券研究所。

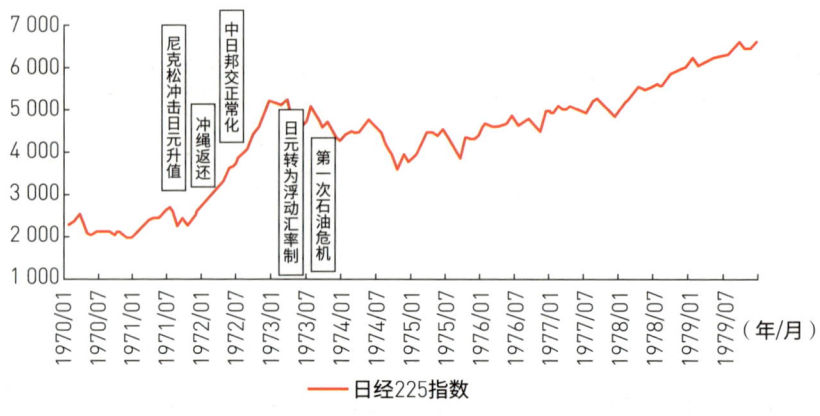

图 6-7　日本 20 世纪 70 年代股市走势

数据来源：《日本证券数据》，长江证券研究所。

2008 年证券市场走势系于美国

我们描述 1965—1973 年日本牛市的两波上升显然是因为其与中国市场 2006 年以来的运行特征有相似之处，同时，在我们判断 2008 年国际经济环境动荡的背景下，更加昭示了其对未来中国证券市场走势的关键影响作用。

其一，整个日本此阶段大牛市的兴起和发展都体现出了日本市场国际化程度日益加深的特点，而这个特征在当前的中国市场中相当突出，日本 1973 年牛市见顶的原因虽然是多方面的，流动性过剩引发的蓝筹泡沫以及由此导致的管理层打压政策，是市场调整的内在基础，但是，真正引发市场调整的，应当是美国的经济问题及其引起的国际金融市场动荡，这些显然对 2007 年末和 2008 年初的市场具有极强的启示意义。

其二，我们通过对比日本 20 世纪 70 年代前期面临的国际经济环境和当前中国所面临的国际经济环境发现，虽然在美元贬值，全球通货膨胀等问题上表现得轻重程度不同，但两者本质上的一致性在于作为世界经济核心的美国在经济步入衰退之后（当然目前还没这么严重）对整个世界金融体系所产生的影响将是决定性的。这将是决定 2008 年全球资本市场走势的根源，2008 年中国证券市场的走势系于美国。

从本币升值与通货膨胀的关系中演绎 2008 中国经济

在上面的逻辑下继续演进，我们实际上指出了国际经济不确定性及国际资本市场动荡对中国证券市场的影响。不过，这种影响更直接作用于中国的实体经济，我们在《增长的收敛——繁荣后期的经济景象》中指出，中国的宏观经济已经处于均衡状态，这种均衡最突出的表现就是固定资产投资的收敛，也就是固定资产投资同比增长率基本维持在 25% 左右（见图 6-8）。但是，真正打破这种平衡的将是外部经济的不确定性和通货膨胀，关于这些问题，我们在《增长的收敛——繁荣后期的经济景象》中已经明确指出。沿着《增长的收敛——繁荣后期的经济景象》中的逻辑推导下去，2008 年宏观经济中的最主要波动因素就是外部因素和通货膨胀，而了解这两个因素对中国的国内经济的影响，需要研究本币升值和通货膨胀。

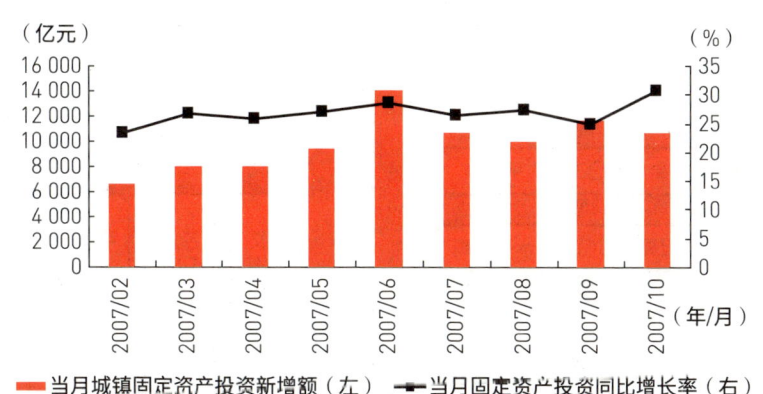

图 6-8　2007 年当月城镇固定资产投资新增额及同比增长率

数据来源：长江证券研究所。

如果单独研究本币升值和通货膨胀对经济的影响，似乎不能解决全部问题，因为本币升值和通货膨胀之间是有联系的，我们明显感到，研究本币升值和通货膨胀之间的关系才是解决问题的关键。而且，在经济繁荣的后期，也就是我们所说的变局时代，我们认为通货膨胀与本币升值的关系及其演化所引发的政策取向,将直接决定实体经济拐点出现的进程,甚至可能直接决定资本市场、虚拟经济的发展趋势。从这个意义上讲,我们研究通货膨胀和本币升值的关系,就是研究 2008 年的中国经济走势。

巴拉萨 – 萨缪尔森命题下的人民币升值与通货膨胀

根据巴拉萨 – 萨缪尔森命题,我们知道在追赶型经济体中,经济增长率越高的国家,工资实际增长率也越高,实际汇率的上升也越快。原因在于当贸易品部门的劳动生产率提高时,该部门的工资增长率也会提高,这会引发国内产业间工资水平平均化的趋势,从而引起非贸易品部门工资水平的上升。而非贸易品行业相对于贸易品行业生产率的差异,又会引起非贸易品相对于贸易品的价格上升,从而引起贸易产品与非贸易产品的加权平均价格也就是总体价格水平的上升(见图 6-9)。

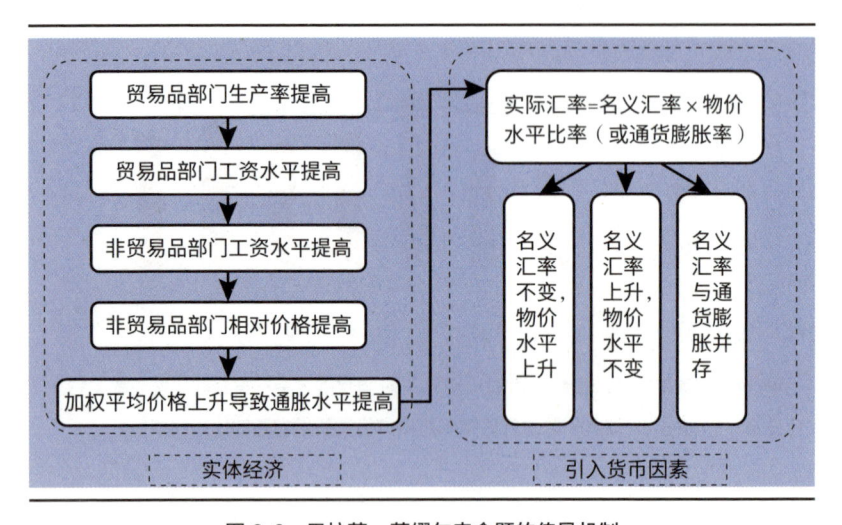

图 6-9 巴拉萨 – 萨缪尔森命题的传导机制

资料来源:长江证券研究所。

再考虑引入两国间的汇率因素,即考虑货币因素,由于国内价格的变化表现为通货膨胀程度的变化,而国际价格的变化表现为两国间的汇率变化,我们可以推理出价格变化的三种传导途径：一是在固定汇率制下，名义汇率保持不变或者变化很小，从而引发国内通货膨胀程度上升；二是在浮动汇率制下，名义汇率出现上升，从而传导出国内的通胀，国内的相对价格保持不变；三是名义汇率上升与通货膨胀并存。

在上面分析的基础上，我们可以引入实际汇率公式，即实际汇率增速 = 名义汇率增速 + 通货膨胀变动率（汇率皆为直接标价法）。从这个公式中我们可以看出，在实际汇率保持不变的情况下，名义汇率与物价水平确实成反比，也就是中国的通货膨胀与人民币升值之间的反向制约关系存在的根本假设，是人民币实际汇率的稳定。

从实际汇率的定义来看，实际汇率的决定因素是经济增长率的差异，因此伴随追赶国工资水平的增长，两国生产率将逐步趋于一致，因此原有的实际汇率缺口将随之趋于一致。由于追赶国贸易品部门的生产率总是可以和被追赶国保持一致，因此也可以这样说，在巴拉萨－萨缪尔森命题中，实际汇率的变化最先表现为贸易品部门与非贸易品部门的生产率差异，然后随着贸易品部门和非贸易品部门的工资水平逐步一致，实际汇率也将趋于一致。当然，这里包含了两个假设：第一，劳动力的供给是有限的，因此可以通过贸易品部门与非贸易品部门之间的流动使劳动力的工资水平一致化变动；第二，经济体是开放的，除劳动力之外，资本等其他生产要素在经济体内外部的回报率是一致的，也就是投资在两国将拥有相同的回报率，而且这一调整过程是静态的。

假设条件的变化会带来结论的不一致。因此，我们可以从这两个假设条件开始推理结论，来研究现阶段人民币升值与通货膨胀的内在联系。

人民币升值与通货膨胀并存机制

首先考虑第一个假设，劳动力作为投入品长期处于廉价状态是此轮中国经济高速增长的根本因素。因此，虽然我国贸易品部门（主要体现在制造业等现代部门）的生产率持续高于非贸易品部门（主要体现在农业等传统部门），但是由于存在近乎无限的农村剩余劳动力供给，无论是制造业工资增长还是城镇居民可支配收入增长都缓于工业企业利润增长，这表明工资增速低于经济增长速度（见图 6-10）。相应地，如果考虑到很多农民工的工资可能未能被列入统计口径，那么实际工资增长率应该在更低的水平上。

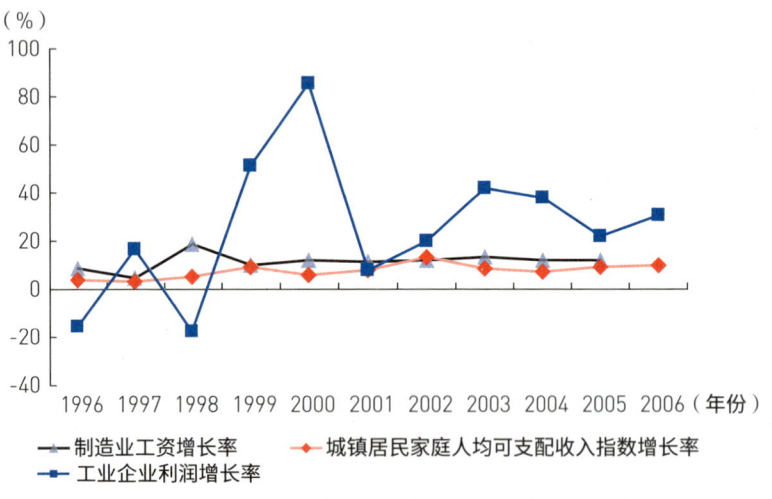

图 6-10　1996 年以来中国制造业工资、城镇居民家庭
人均可支配收入指数和工业企业利润增长率

数据来源：长江证券研究所。

因此，我们可以得出这样的结论：在巴拉萨－萨缪尔森命题中，劳动力的无限供给导致的工资水平增长缓慢是实际汇率保持缺口的根本原因。因此在劳动力供给水平出现变化前，实际汇率不应该是一个定量，这也就意味着人民币升值与通货膨胀的反向制约关系难以出现，那么希望通过人民币升值来抑制通货膨胀的想法难以实现。实际上，在日元升值初期（1971—1973年），由于日本的劳动力价格重估尚未完成，可以看到在日元加速升值的同时，通货膨胀也是存在的（可参考图 6-11、图 6-12），这反过来验证了中国现阶段人民币升值与通货膨胀并存的内在机制。

图 6-11　日元兑美元汇率变动趋势

数据来源：长江证券研究所。

图 6-12　日本 CPI 走势

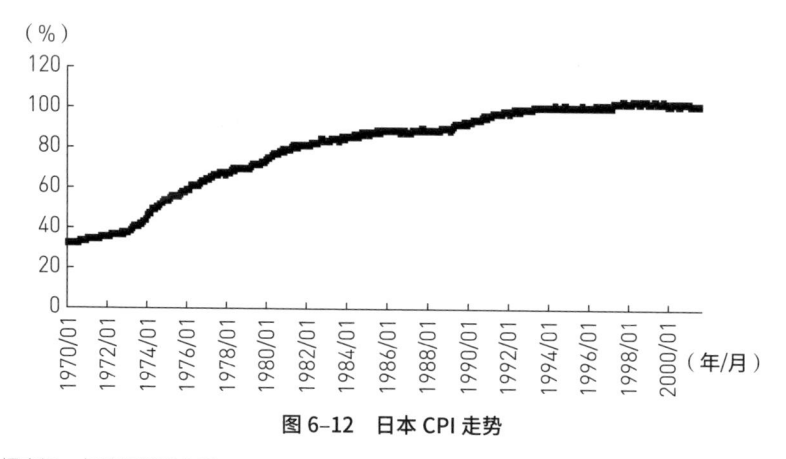

数据来源：长江证券研究所。

沿着这一思路，我们可以进一步研究人民币升值与通货膨胀并存关系的存续性。劳动力无限供给状况的持续期，显然是影响人民币升值与通货膨胀关系的关键。那么劳动力供给由过剩转向不足的时刻，即实际汇率逐步回归一致的开始。

考虑到涉及二元经济体内劳动力转移的问题，我们觉得应该考虑"刘易斯拐点"问题。分析结果表明，2010 年及 2011 年会出现新增劳动力数量低于劳动力需求数量的情况（可参考图 6-13、图 6-14）。因此，我们认为在

2010年左右将会出现"刘易斯拐点"的始点，与此同时劳动力价格也将快速重构。我们认为这也意味着人民币升值与通货膨胀出现反向制约的关系的时间将延后至2010年，而在2010年之前，人民币升值与通货膨胀应该会在长期内保持并存关系。

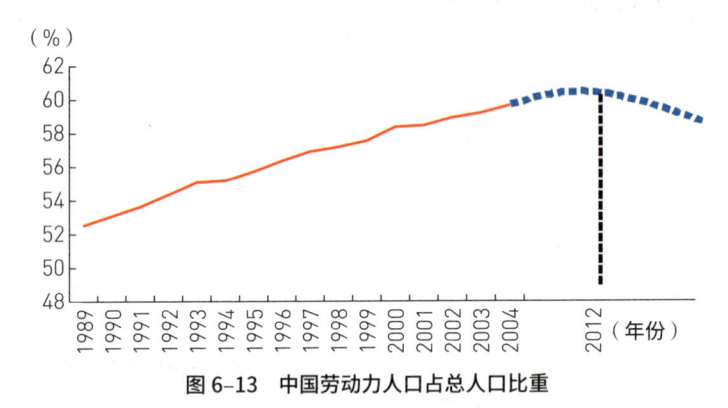

图6-13 中国劳动力人口占总人口比重

注：2012年的数据为预测值。
数据来源：国家统计局，《中国人口与劳动问题报告》。

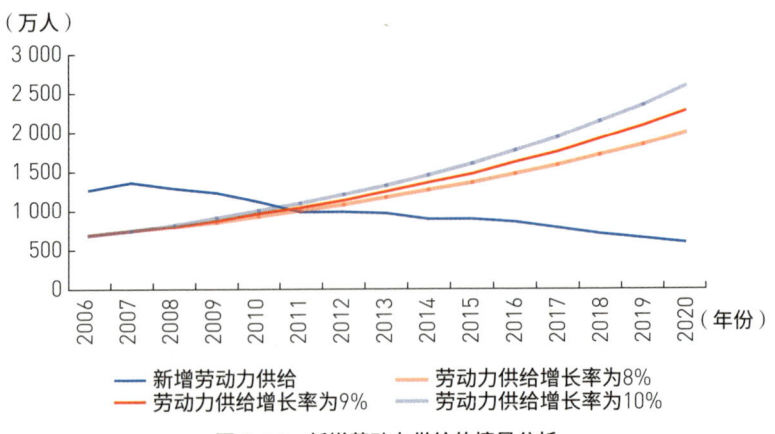

图6-14 新增劳动力供给的情景分析

数据来源：长江证券研究所。

人民币升值导致通货膨胀

前面我们讨论了人民币升值与通货膨胀可以并存的原因，接下来我们讨论人民币升值导致通货膨胀的内在机理。

从通货膨胀的原因看，在经济学中对出现通货膨胀的解释只有一个：抛开货币的面纱，长期持续的物价上涨的根本原因在于产品的供不应求。因此从第二个假设出发，我们可以找到本次通货膨胀的根源。

人民币升值的进程，也是中国的经济体由封闭转向开放的进程。在一个开放经济体中，由于生产要素可以自由流动，汇率只是对资本等生产要素在两国不同投资回报率的反映。因此，在人民币升值过程中，一定伴随两种现象：一方面，经济的外部性增强，因为人民币升值意味着中国经济拥有更快的发展速度，从而拥有更高的投资回报率，那么资本要素一定是净流入的，这使得国内要素市场以及最终产品价格对国际市场影响的敏感性增强；另一方面，对投入要素比例不同的行业而言，人民币升值会带来不同的效应，长期凭借低劳动力成本保持生产率的劳动密集型产业会伴随人民币升值导致的劳动力成本重估而出现成本上升，同时，资本密集型产业会伴随人民币升值带来的进口增加和资本流入而获得更多的资本要素，这种资本要素包括资金资本和实物资本，资本供给的增加会减少资本要求的报酬率，从而降低资本密集型产业的成本，提高资本密集型产业的生产率，在这条路径下，劳动密集型产业的生产率下降，资本密集型产业的生产率上升，从而出现劳动密集型产业向资本密集型产业的过渡，我们所谓的产业升级即这一过程（见图 6-15）。

但是就现阶段的中国而言，劳动密集型产业中的农业、林业等部门的生产率提高较慢，因而劳动力价格的上涨虽然对贸易品行业的影响较小，却会造成农业等部门受成本影响减少产品产出。农业等部门为非贸易品部门，难以影响实际汇率的变动，而实际汇率部门的工资增长速度偏低保证了我国的实际汇率缺口在 2010 年前将长期存在，因此，难以通过人民币升值带来的贸易品部门生产率变动解决通货膨胀问题，劳动力价格重估前的人民币升值过程将长期伴随通货膨胀。

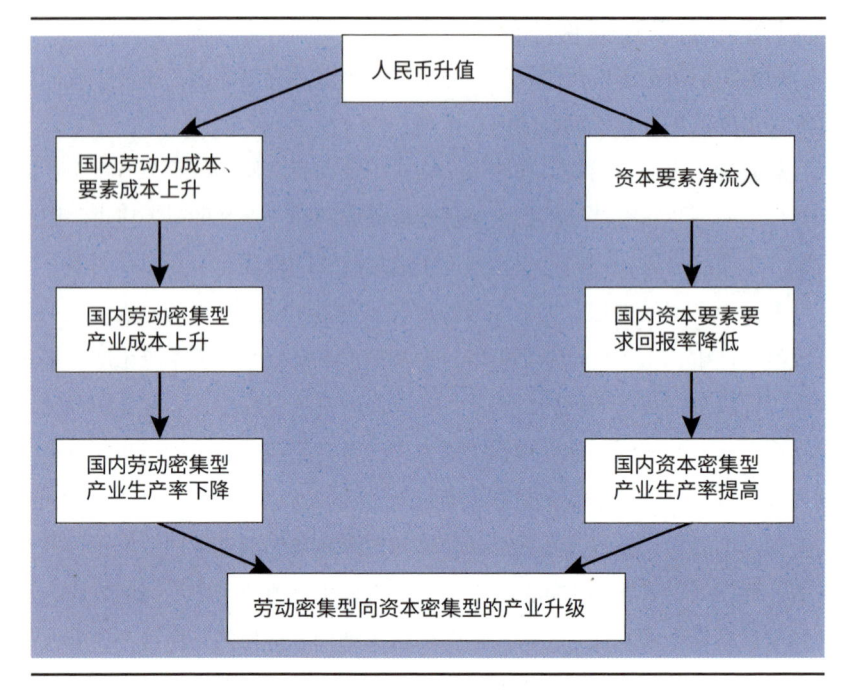

图 6-15　人民币升值与产业升级的传导机制

资料来源：长江证券研究所。

另外，实物资本的市场价格和供求情况也改变了资本密集部门的传导机制：中国实物资本特别是资源类资本的价格长期处于被低估状态，类似于排污、土地转让等应该由企业支付的外溢成本缺乏市场化定价和交易机制。因此在企业生产投入品比率不变（即生产率水平不变）的条件下，单位实物资本的回报率偏低必然导致单位资金成本的回报率偏高，这使得一方面人民币升值水平难以确定，另一方面资金资本的大量流入导致流动性过剩，而生产率不变，因为投入品比率的限制会加大对实物资本的需求，在政府加大节能减排力度和资源市场化定价的背景下，这必然推升国内实物资本的价格，从而提高国内资本要素的要求回报率，切断劳动密集型产业向资本密集型产业升级的进程。

从这两条影响路径看，结果必然是社会总体产出供不应求，通货膨胀程度上升，这也正是农业和资源类产品成为 2007 年结构性通货膨胀先导的原因。这两条影响路径的示意图参见图 6-16。

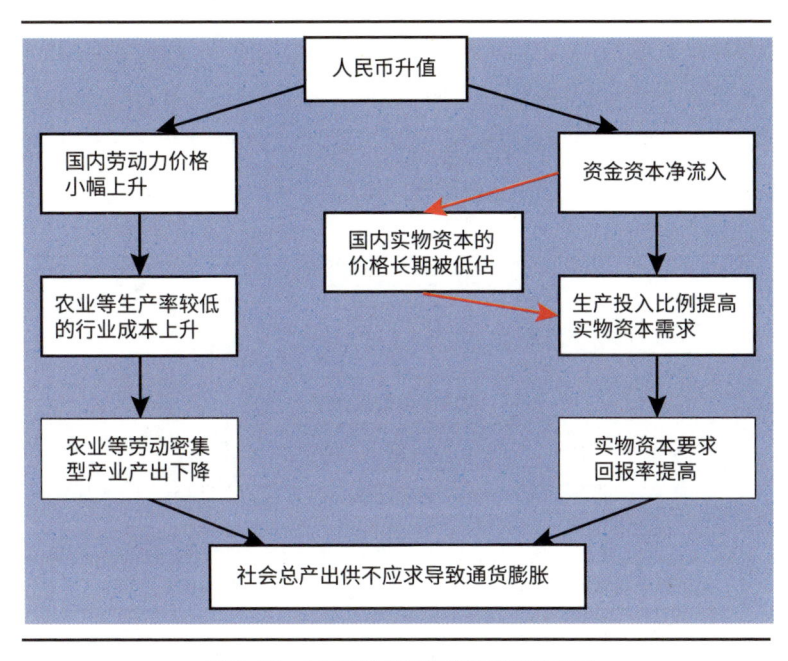

图 6-16 人民币升值导致通货膨胀的机制

资料来源：长江证券研究所。

拐点机制已经启动

我们在前文提及，中国经济已经处于均衡状态，而在通货膨胀发生之后，我们认为经济周期的拐点机制已经启动，这种启动从当前的经济周期来看，就是在国际经济动荡的格局下，人民币升值与通货膨胀关系的进一步演绎。而这种演绎的过程将从美国经济出现问题开始。

拐点机制启动的起始点：美国降息

首先我们要再整理一下我们对美国次级债影响的分析逻辑：美国次级债引发美国经济增长暂停甚至经济衰退，美国政府利用降息挽救经济颓势，紧缩调控导致美元贬值，美元贬值引发大宗商品价格变动，而大宗商品价格不仅直接影响美国的贸易顺差，同时还会通过原材料价格上涨影响其他国家的经济，这往往是拐点机制启动的标志（详见图6-17）。在这一过程中，整个机制的启动环节显然是美国经济出现问题后美联储的降息政策。

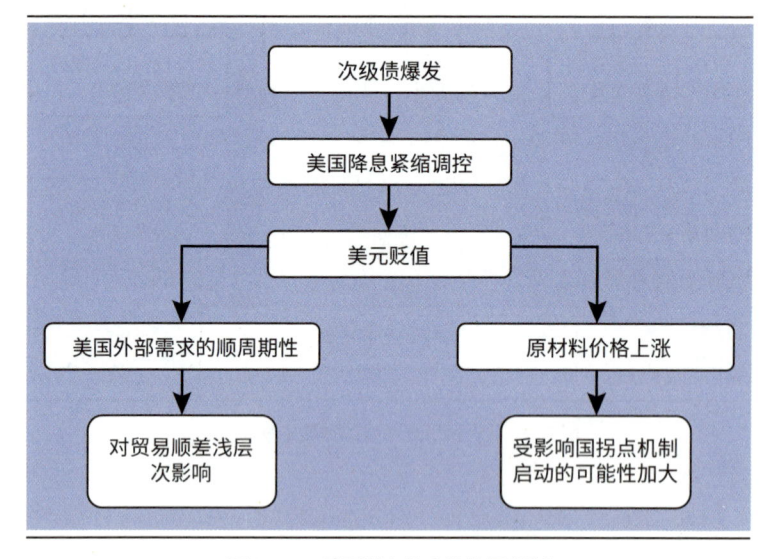

图6-17 美国溢出效应的传导机制

资料来源：长江证券研究所。

正如我们之前在对次级债的分析中提到的，在世界经济共生模式的背景下，虚拟经济的繁荣需要依托实体经济的增长提供的泡沫衍生契机。但是美国在经历新技术革命引导的制造业利润增长的长周期繁荣之后，其经济的内在增长机制或者说制造业的核心竞争力在接下来的两次泡沫膨胀的过程中并没有得到提高，支撑虚拟经济繁荣的泡沫契机已经不复存在。在这一背景下，次贷危机以及大量银行机构的参与导致的信贷紧缩的强度要远大于之前的危机，这决定了需要更大的降息空间，同时伴随利率调整导致的 2008 年上半年次级债的进一步爆发，美国经济大幅回落的风险在 2008 年上半年或将集中显现。因此我们可以预见的是，在此背景下美国经济调控的倾向一定是紧缩而非放松，尤其是上半年。我们依然维持对美联储即将降息的判断，这是我们对 2008 年美国经济溢出效应判断的基础。

溢出效应向拐点机制传导的中间环节：原材料价格上涨

按照之前的分析逻辑，美联储降息最直接的影响是美元指数的下滑，美元贬值赋予了以美元为基准定价的大宗商品、原材料价格更大的上涨空间，虽然各国经济发展阶段以及外部依赖性的不同，会导致世界经济的增长或者部分国家经济的增长周期一定程度上滞后于美国经济，但是中期来看，美国经济的回落甚至衰退将在根本上决定世界经济增长的放缓从而导致大宗商品需求的回落。

实际上这种短期上涨、中期回落的现象在 1998 年美联储通过持续降息的方式解决科技网络股泡沫的过程中体现得尤为明显。为避免股市泡沫破灭导致的经济衰退，美联储自 2001 年初开始启动降息周期，美元开始加速贬值，从而引发原材料价格上升，使得 CPI 在两个季度之内依然保持在较高水平，由于美国 CPI 中能源所占比重较大，美国的核心 CPI 在同期保持稳定，因此，可以判断出能源价格的变动依然随 CPI 保持在较高水平。直到美国经济在 GDP 增速维持在 1.4% 之下两个季度后，CPI 才开始出现大幅回落，这也意味着能源价格出现了回落，这充分验证了我们前面分析的美联储降息效应导致原材料价格的短期上升与中期回落的假设（可参考图 6-18、图 6-19、图 6-20）。类似地，之后的经济复苏、CPI 回升也遵循大致相同的路径，而受制于世界经济供给、需求变化的布伦特原油期货价格波动趋势则从根本上表现出美国经济增长与世界经济增长之间的滞后效应（见图 6-21）。

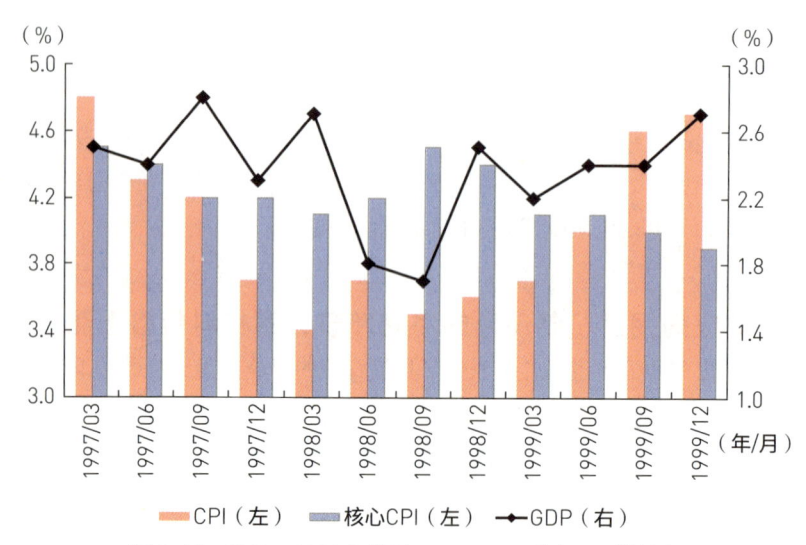

图 6-18　1997—1999 年美国 GDP、CPI、核心 CPI 增长率

数据来源：彭博，长江证券研究所。

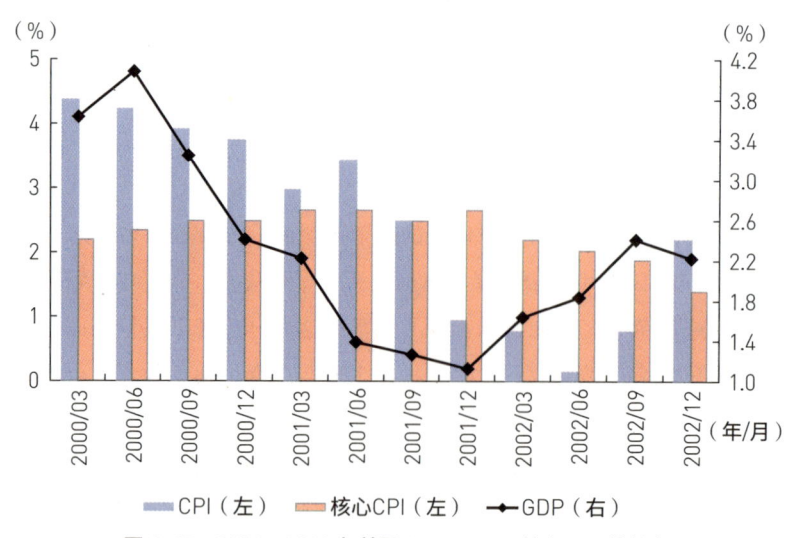

图 6-19　2000—2002 年美国 GDP、CPI、核心 CPI 增长率

数据来源：彭博，长江证券研究所。

图 6-20　美元指数

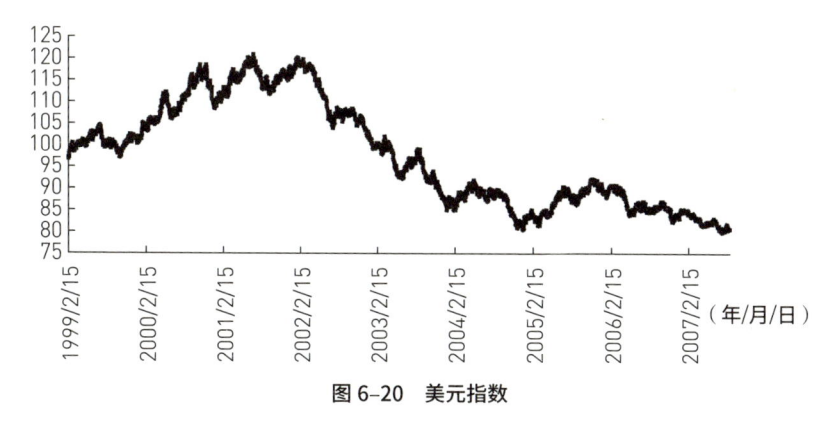

数据来源：彭博，长江证券研究所。

图 6-21　布伦特原油期货价格波动略滞后于美国经济周期

数据来源：彭博，长江证券研究所。

拐点机制启动的最终传导——借鉴日本的经验

米尔顿·弗里德曼在谈及浮动汇率制下的支出转换效应时提及：汇率上升降低了外国商品的本币价格，即使该商品以其本币表示的价格并没有发生变化；同时，汇率上升可以抬高本国商品的外币价格，即使其本币价格没有发生变化。其结果是，进口增加，而出口减少，贸易顺差降低。

但是从日元 1971 年开始升值至 1986 年日本劳动力价格重估完成这段时期的实体经济数据看，两个阶段性的特征值得我们关注。

第一，在日元自1971年以来的升值过程中，经常（贸易）项目几乎一直都是顺差，这一过程伴随通货膨胀水平的攀升，但是PPI增速长期低于美国，我们不妨把此过程看作追赶型国家贸易顺差和本币升值博弈的第一阶段。

第二，在1973年石油危机之后，日本贸易顺差和日元升值出现了逆转，同时日本PPI和美国PPI之间差距缩小并逐步转为正值，我们把这一过程看作贸易顺差和本币升值博弈的第二阶段。

可以看到，在这期间，日本实体经济总是处于这两个阶段的过渡状态，从日本贸易顺差数据、美国与日本PPI同比增速的比较、美元兑日元汇率的波动中可以发现（见图6-22、图6-23、图6-24），三者发展趋势几乎一致，贸易顺差与美国、日本PPI之差，美元兑日元汇率总是呈正相关关系。从对两个阶段的比较来看，我们可以发现其中一个很重要的因素便是日本、美国PPI增速的变化，而这又取决于国际原材料价格的波动。

关于第一阶段的演绎，我们认为这是由于日元升值初期，劳动力价格重构的过程尚未完成，因此实际汇率缺口长期存在，这成为本国贸易品部门（主要是制造业）产品的核心竞争力，而在世界范围内原材料价格没有出现大幅上涨的背景下，日本国内在购进以美元为定价基准的原材料时本币的支付数额相对下降，进一步强化了这一竞争优势，这是1973年石油危机前日本贸易顺差维持的内在机制，体现在货币因素上则是日元名义汇率升值的内在动力。因此，虽然从日元1971年开始升值到1973年石油危机爆发之前，日元升值和通货膨胀并存的趋势非常明显，但是日本PPI的涨幅在通货膨胀的情况下却依然能够保持在低位徘徊。

但是1973年石油危机的出现使日本国内经济开始由第一阶段向第二阶段转变，其内在动因在于能源危机带来的世界性大宗商品价格的爆发式上涨推升了原材料的价格，具体表现为日本国内PPI快速上升并超过被追赶国家，这抵消了日元升值带来的本币购买力上升，同时由于日本当时国内的实体经济增长相对于美国更多地依赖于原材料加工，原油价格的上涨使得日本在后续阶段面临的由成本推动的通货膨胀压力大于美国，原材料价格上涨带来的成本上涨对日本国内制造业的冲击甚至超过了劳动力价格重构带来的生产率优势。PPI是通货膨胀的先行指标，具体体现在实体经济中是通货膨胀水平上升的速度大于实际汇率缺口变化率，在巴拉萨－萨缪尔森效应中，实际汇率=名义汇率×通货膨胀率，这意味着名义汇率贬值具有内在动力，当然，这是通过贸易品部门竞争优势的下滑实现的。

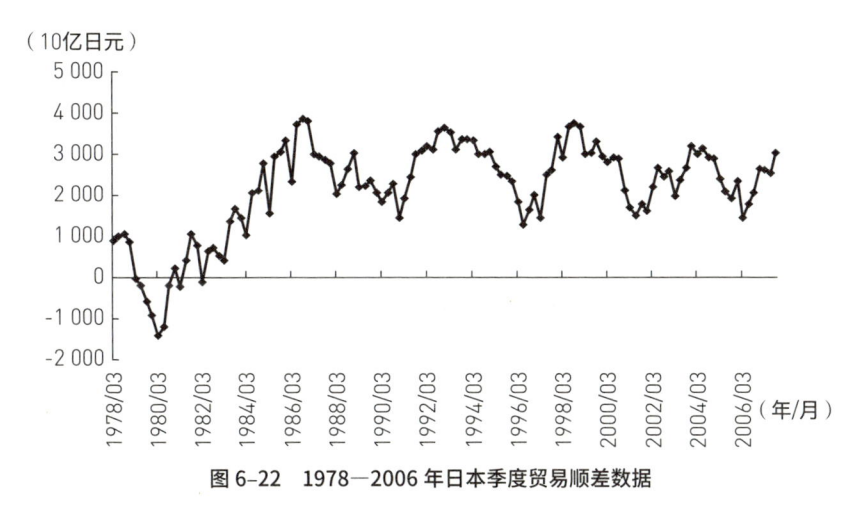

图6-22　1978—2006年日本季度贸易顺差数据

数据来源：CEIC数据库，长江证券研究所。

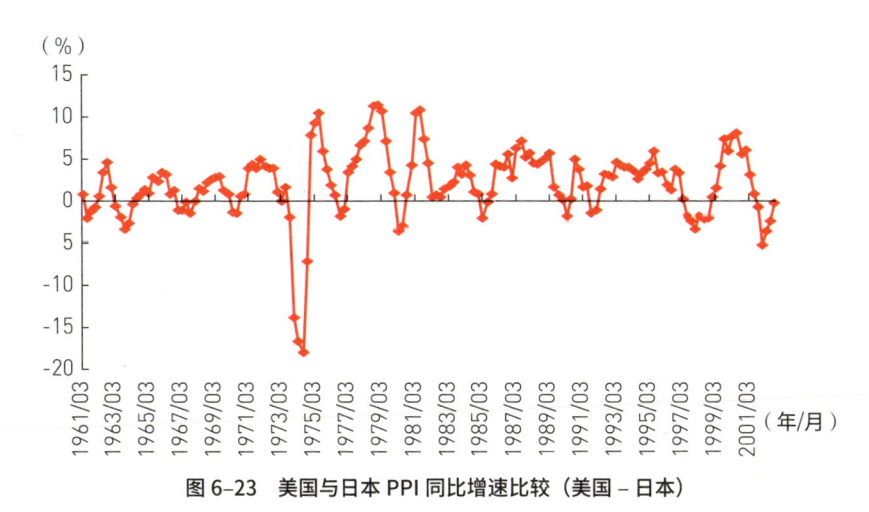

图6-23　美国与日本PPI同比增速比较（美国－日本）

数据来源：CEIC数据库，长江证券研究所。

图 6-24 美元兑日元汇率波动趋势

数据来源：CEIC 数据库，长江证券研究所。

从上面的趋势分析中，我们可以得出三个结论，即：（1）劳动力价格重估在长期内保证了本币升值与通货膨胀的并存关系，但是在遭受严重的外部冲击时，这一均衡会被打破，从而呈现出明显的阶段性；（2）这种均衡的打破需要严重的外在冲击，如1973年和1979年的两次石油危机，其标志是国内PPI迅速上升甚至超过被追赶国家，这使得贸易品部门的竞争优势急剧下降；（3）央行调控政策对实体经济的冲击主要体现在转折点来临时的累积效应，实际上日本央行在1973年一年内连续5次提高利率（一共4.75%），5次提高存款准备金率，同时使用了加强窗口指导、对企业融资状况的审批比以前更为严格等行政手段，但是依然难以遏制通货膨胀水平增长势头，而伴随着1973年末石油危机的爆发，央行的调控政策立即扭转了通货膨胀趋势甚至进一步加剧了国内的经济紧缩（可参考图6-25、图6-26）。

2008年拐点启动机制在中国实体经济走势的深层次演绎

相较于现阶段的中国实体经济，我们可以很容易看出中国与日本在本币升值初期第一阶段的共同性：经常项目依然保持贸易顺差；劳动力价格重估过程的开始导致本币升值与通货膨胀呈现并存关系；国内的实体经济增长相较于美国更多地依赖于原材料加工，并且PPI基本维持在低位。因此我们认为人民币目前的升值阶段与日元升值初期的第一个阶段类似。

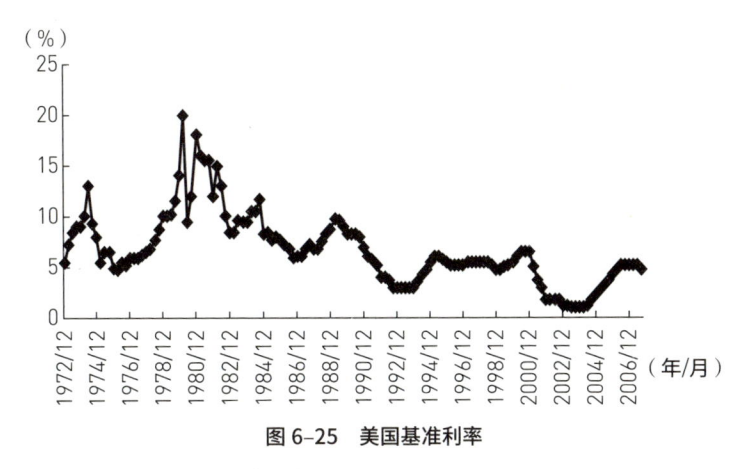

图 6-25 美国基准利率

数据来源：CEIC 数据库，长江证券研究所。

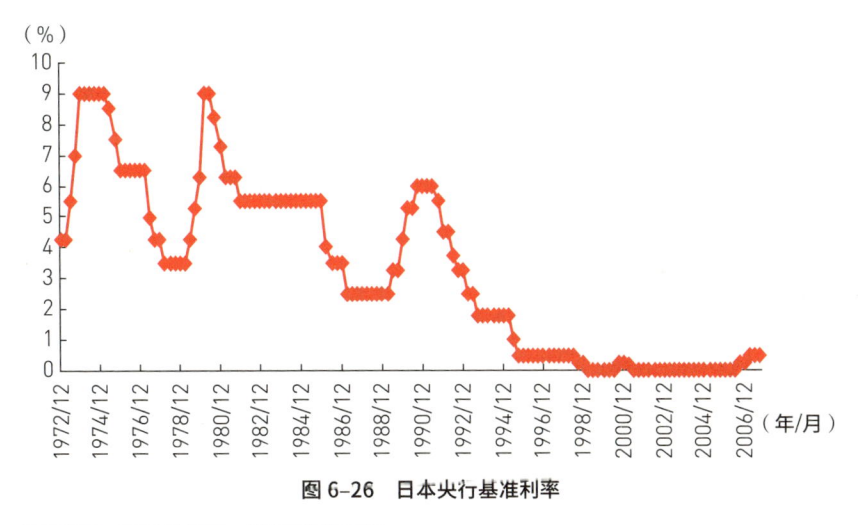

图 6-26 日本央行基准利率

数据来源：CEIC 数据库，长江证券研究所。

同时，我们发现自从 2007 年 7 月以来，中国原材料价格持续上涨，这带动了 PPI 的持续反弹，按照我们的逻辑，这标志着中国实体经济可能已经处于由第一阶段向第二阶段的短期过渡中。而在现阶段影响这一转变过程的根本因素，则是类似当初的石油危机演变的美国次级债可能导致的溢出效应以及依然存在的能源价格上涨风险，这也正是本币升值与通货膨胀在中国现阶段的演绎过程。

正如我们前面所分析的，目前看来在短期内实施两次降息并不足以平息次贷危机，2008年由于第一季度利率机制的调整、次贷危机的二次爆发，美联储依然极有可能采取降息的措施。也就是说我们之前一直担忧的短期美元贬值、原材料价格上涨，中期美国经济增速放缓、外部需求下降，即短期机遇与中期风险的滞后逻辑在2008年将会延续，那么短期内以油价上涨为代表的大宗商品国际价格的快速攀升给国内带来的原材料价格上涨压力将有增无减。虽然中国的劳动力成本重估还处在快速增长前的准备期，因此可能具有更强的消化原材料价格上升带来的冲击的能力，但是2008年美国经济的不确定性带来的溢出效应扩大化的可能，以及油价的持续攀升，无疑进一步加强了我们对中国经济由第一阶段向第二阶段演绎的担忧。

同样引发我们担忧的还有中国目前的货币政策，央行年内已经9次上调存款准备金率，4次调高基准利率，并使用了加强窗口指导等行政调控手段，和日本1973年时非常类似（可参考表6-4、表6-5）。但是正如我们前面所分析的，在日元升值的第一阶段，由于升值引发利率敏感度降低，货币紧缩政策的效力不甚明显，但是其累积效力会在阶段性转折时与美国溢出效应一起构成外部冲击，进一步考验实体经济的承受力。在我们的逻辑预测下，我们认为人民币升值与通货膨胀并存的趋势将在第一阶段长期存在，2008年货币政策趋紧的状况不会改变。如果美国经济溢出效应带来的冲击真如我们分析的大于劳动力价格重估过程带来的竞争优势，那么我们需要更加重视贸易顺差增速下滑和人民币升值趋缓的风险。

表6-4　2007年央行存款准备金率调整一览表（单位：%）

时间	调整前	调整后	幅度
11月26日	13	13.5	0.5
10月25日	12.5	13	0.5
9月15日	12	12.5	0.5
8月15日	11.5	12	0.5

续表

时间	调整前	调整后	幅度
6月5日	11	11.5	0.5
5月15日	10.5	11	0.5
4月16日	10	10.5	0.5
2月25日	9.5	10	0.5
1月15日	9	9.5	0.5

资料来源：Wind 资讯，长江证券研究所。

表 6-5 人民币升值以来央行历次利率调整及时间表

调整时间	调整内容
2007年8月22日	一年期存款基准利率上调 0.27%，一年期贷款基准利率上调 0.18%
2007年7月20日	上调金融机构人民币存贷款基准利率 0.27%
2007年5月18日	一年期存款基准利率上调 0.27%，一年期贷款基准利率上调 0.18%
2007年3月18日	上调金融机构人民币存贷款基准利率 0.27%
2006年8月19日	一年期存、贷款基准利率均上调 0.27%
2006年4月28日	金融机构贷款利率上调 0.27%，提高到 5.85%

资料来源：长江证券研究所。

正如我们在分析中所展现的，中国的实体经济在现阶段人民币升值过程中处于均衡的增长态势，具体表现为经济保持高增速的同时结构有所优化。但是在由封闭式经济向开放式经济的过渡中，高增速也使得经济增长结构出现薄弱性，因此我们认为一旦美国经济下滑超出预期并带来外生冲击，加上目前中国偏紧的调控政策的累积效应，就会出现我们所担心的美国经济溢出效应在中国启动拐点机制的演绎。当然，由于 2008 年美国经济衰退程度的不确定性，我们认为这一拐点启动的必然性毋庸置疑，但是其启动的时间和范围会随着世界经济的演绎而出现阶段性转折，从目前的演绎结果看，拐点启动的可能性无疑已经大大增加。

2008 年的证券市场：滞后繁荣不会走得很远

在经济面临拐点的过程中，关于证券市场的走势，按照我们提出的逻辑进行推导。我们认为，根据我们对美国经济将在 2008 年初释放风险的判断，中国经济也将随后步入减速期，这是我们看待 2008 年市场趋势的最基本出发点。我们曾经在《滞后的繁荣》中指出，关于虚拟经济的发展趋势，我们仍然认为它会受到实体经济发展减速与治理通货膨胀的货币政策的影响，因此其繁荣程度必然会受到实体经济变化的影响。不过根据我们之前所述的对日本经验的理解，流动性因素、升值因素和外资投资的增加可能使股市在经济减速过程中仍然滞后于实体经济拐点出现繁荣，但是，这种繁荣不会走得太远。这一点已经为前述逻辑所证明。

价格滞后于需求下的阶段性产业演绎路径

从利润增长的角度来看，2006 年下半年以来工业企业的利润增长很大程度上来源于外部需求引发的繁荣周期延长，我们依据上述逻辑推断，受制于次贷危机的持续性，预计 2008 年尤其是 2008 年上半年美联储仍旧会采取适当的货币放松政策以延缓流动性的急剧收缩，大宗商品的价格在美元贬值、世界经济增长并未呈现明显放缓的背景下将会呈现较大的波动性，对国内制造业尤其是面向出口的传统周期性行业而言，在外部需求回落滞后于价格上升的阶段，我们需要更好地平衡成本提升与外部需求减弱对行业利润增速的影响。

逻辑类比 1973 年石油危机下的日本

原材料价格上涨导致的 PPI 上涨与外部需求之间的博弈，也就是我们所提到的价格回落过程滞后于需求回落过程，导致产业呈现明显的阶段性演绎路径，实际上在 1970 年日元升值以后，日本也曾经出现类似的情形，发生于 1973 年的石油危机导致了在一定阶段由成本上涨推动的 PPI 上升，这直接促进了大部分制造业的利润高涨。不过我们认为中国不会遭遇石油危机，以上只是一种逻辑推理。

历史数据显示（见表6-6），自1971年下半年以来，日本国内制造业的营业利润虽然出现了小幅下滑，但1972年上半年和下半年分别增长了0.32%和26.2%，国内制造业显示了强劲的增长力。伴随着海外经济景气上升和通货膨胀，钢铁和化学行业的经营状况出现了好转，特别是钢铁行业摆脱了1971年经济不景气和1972年前期的自愿限制出口的影响；汽车行业由于国内需求的暂时疲软和出口环境的恶化，在1972年上半年增长乏力，但旺盛的国内需求是汽车行业在1972年上半年增长的重要因素；通用机械行业的增长恢复较慢，1972年下半年由于设备投资的快速增加和设备单价的上涨而开始增长。1971年的日元升值使各行业进入了全新的时代，各行业虽然出现了一时的不景气，但由于出口政策以及国内外价格因素的变化而很快复苏，1972年无论是制造业还是其他行业的数据都支持这一观点。典型例子是钢铁、汽车行业。

1973年制造业的销售和利润仍然保持较快增长，但下半年利润出现了下滑，这主要是由于金融费用（加息增加了融资成本等）以及营业外支出的增加。主导1973年行业景气的最重要因素是价格。化学、造纸和有色金属行业的利润都出现了上涨，这和价格的上涨有密切的关系；石油精炼行业虽然因季节因素以及产品价格的上涨而获得高额利润，但随着石油价格的上涨很快出现了亏损；电气机械、汽车等行业由于石油价格的高涨利润下滑，特别是汽车行业由于内需的急速下降，利润出现了负增长。

1973年下半年开始的前所未有的高通胀，导致了1974年各行业利润增速的急速下滑。由于物价飞涨，消费者的行为基本倾向于消极保守，这使汽车行业利润出现下滑从而将过剩产能出口，不过随着1974年下半年物价的逐步稳定，汽车的国内销售出现了上涨，这带来了利润的增长。多数企业大规模地减产和停产，这对受益于价格上涨的纤维、造纸、有色金属等上游行业造成了重大打击，使这些行业出现巨额亏损，这也带来了设备投资的下降，从而影响了机械行业的利润。石油精炼行业由于原油价格的飞涨成本上升，同样出现了巨亏。

表 6-6　20世纪70年代初日本出口相关制造业收益情况（单位：%）

	时间	物价涨跌幅度 产出	物价涨跌幅度 投入	销售总额涨跌幅度	影响销售因素 价格因素 国内	影响销售因素 价格因素 出口	影响销售因素 价格因素 总计	影响销售因素 数量因素 国内	影响销售因素 数量因素 出口	影响销售因素 数量因素 总计	营业利润涨跌幅度	影响营业利润因素的涨跌幅度 增产	影响营业利润因素的涨跌幅度 产品价格上涨	影响营业利润因素的涨跌幅度 原材料成本	影响营业利润因素的涨跌幅度 人工成本	影响营业利润因素的涨跌幅度 其他
制造业	71/下			0.8	-0.8	-0.7	-1.5	1.9	0.4	2.3	-0.43					
	72/上			6.6	0.7	0.1	0.8	5.9	-0.1	5.8	0.32					
	72/下	2.4	3.7	10.01	2.17	0.2	2.37	6.32	1.32	7.64	26.2	38.4	37.5	-25.8	-10.4	-13.5
	73/上	7.5	12.5	12.3	6.66	0.96	7.62	4.91	-0.2	4.68	25.1	20.4	99	-37.1	-25.1	-31.8
	73/下	18.8	14.6	16.7	15.6	2.92	18.5	-2.6	0.77	-1.8	12.9	-7.4	210.4	-71.9	-12.7	-105.5
	74/上	10.6	26.7	17.14	8.66	3.82	12.5	2.55	2.11	4.66	-12.8	-7.77	220.42	-232.25	-38.22	60.86
	74/下	2.2	6.1	-0.2	1.69	1.85	3.54	-3.9	0.15	-3.7	-46.8	-84.9	80.36	66.5	-1.06	42.57
钢铁	71/下			-2.8	-1.3	-2.2	-3.5	3.1	-2.4	0.7	-1.14					
	72/上			7.5	3.2	1.3	4.5	5.1	-2.1	3	1.05					
	72/下	3.0	2.1	16.85	2.62	1.09	3.71	9.84	3.3	13.1	75.2	70.1	48.4	-14.7	-14.5	-14.1
	73/上	5.8	6.6	15.32	4.85	1.71	6.56	7.01	1.75	8.76	23.6	32.7	57.2	-29.6	-22.6	-14.1
	73/下	16.5	16.6	15.4	12.2	6.05	18.3	-2.7	-0.2	-2.9	8.5	-10.2	148.8	-60.7	-8.8	-60.6
	74/上	16.7	21.1	5.83	10.4	8.74	19.1	12.9	-0.4	-13.3	-32	-236.89	340.71	-195.06	-34.35	91.45
	74/下	4.9	17.2	3.9	2.97	11.6	14.5	-8.0	-2.7	-11	5.19	-295.02	403.18	255.75	-33.92	209.85
化学	71/下			3.3	-0.5	-1	-1.5	4.5	0.3	4.8	-1.09					
	72/上			5.9	-0.3	0.1	-0.2	4.9	1.2	6.1	0.06					
	72/下	1.8	0.4	9.4	1.76	0.43	2.19	7.18	0.03	7.21	20.6	33.1	28.5	-1.6	-4	-35.3
	73/上	6.6	2.5	13.07	6.42	1.1	7.52	6.53	-1	5.55	22.6	27.4	87.2	-9.1	-17.2	-65.7
	73/下	32.4	19.2	28.3	29	2.91	31.9	-2.1	-1.6	-3.6	81.0	-16.5	341	-56.8	-19.8	-166.9
	74/上	13.4	44.2	15.05	12.2	3.91	16.1	-1.8	0.76	-1.0	5.2	-13.63	214.95	-179.13	-36.64	32.76
	74/下	8.8	18.1	-2.4	6.76	1.83	8.59	-13	1.69	-11	-36.2	-160.68	125.56	-82.46	0.61	94.93

续表

	时间	物价涨跌幅度 投入	物价涨跌幅度 产出	销售总额涨跌幅度	影响销售因素的涨跌幅度 价格因素 国内	影响销售因素的涨跌幅度 价格因素 出口	影响销售因素的涨跌幅度 价格因素 总计	影响销售因素的涨跌幅度 数量因素 国内	影响销售因素的涨跌幅度 数量因素 出口	影响销售因素的涨跌幅度 数量因素 总计	营业利润涨跌幅度	影响营业利润因素的涨跌幅度 增产	影响营业利润因素的涨跌幅度 产品价格上涨	影响营业利润因素的涨跌幅度 原材料成本	影响营业利润因素的涨跌幅度 人工成本	影响营业利润因素的涨跌幅度 其他
通用机械	71/下			-1.4	-0.3	-1.1	-1.4	-4.4	4.4	0	-1.5					
	72/上	2.3	2.0	7.9	1.4	0.8	2.2	5.3	0.4	5.7	-0.21					-21.9
	72/下	6.4	9.2	11	1.88	-0.02	1.86	10.8	-1.7	9.14	15.4	44.4	23.8	-13	-17.9	-42.7
	73/上	12.3	16.7	13.99	8.17	0.68	8.85	2.08	3.06	5.14	23.6	24	108.5	-33.8	-32.4	-67.1
	73/下	21.7	11.4	11.7	12.6	2.66	15.3	-9.1	5.48	-3.6	20.6	-15.5	172.9	-56	-13.7	33.48
	74/上	21.7	11.4	12.72	9.05	3.15	12.2	0.11	0.41	0.52	7.56	8.18	191.69	-159.4	-47.03	33.48
	74/下	6.4	2.4	-2.2	1.67	2.05	3.72	-8.9	2.96	-5.9	-30.1	-97.6	61.38	-46.45	-6.85	69.24
电气机械	71/上			1.1	-0.9	-0.3	-1.2	2.7	-0.4	2.3	0.51					
	72/上			6.1	-1.5	-0.3	-1.8	6.3	1.6	7.9	0.29					
	72/下			7	-0.1	-0.1	-0.2	6	1.2	7.2	0.82					
	73/上	5.5	2.6	12.15	2.38	-0.2	2.16	8.08	1.91	9.99	17.5	152.45	33.09	-35.35	-38.7	-88.52
	73/下	16.9	9.9	12.19	8.51	0.87	9.38	2.03	0.78	2.81	-4.98	40.88	136.75	-105.24	-23.29	-41.91
	74/上	23.6	8.3	8.22	6.78	1.86	8.64	-2.6	2.14	-0.4	-11.9	-7.24	148.64	-170.13	-43.09	73.08
	74/下	-0.3	2.4	-3.2	1.85	1	2.85	-4.8	-1.3	-6.1	-31.4	-127.9	60.01	2.59	3.97	40.25
汽车	71/下			5.8	-0.1	1.4	1.3	1.2	3.3	4.5	0.58					
	72/上			6.7	0	-1.1	-1.1	8.8	-1	7.8	0.05					
	72/下	2.3	0.1	7.94	0.08	1.22	1.3	7.5	-0.9	6.64	6.9	33.5	21.4	-23.5	-10.5	-27.8
	73/上	5.6	0.5	9.84	0.42	0.13	0.55	9.35	-0.1	9.29	0.9	46.5	9.2	-60.8	-24.4	30.4
	73/下	13.7	10.3	7.5	1.58	2.91	4.49	-3	6.01	3.01	-37.1	15.9	81	-156.9	-8.2	31.1

续表

时间		物价涨跌幅度		销售总额涨跌幅度	影响销售因素的涨跌幅度						营业利润涨跌幅度	影响营业利润因素的涨跌幅度			
					价格因素			数量因素							
		产出	投入		国内	出口	总计	国内	出口	总计		增产	产品价格上涨	原材料成本	人工成本	其他
汽车	74/上	8.8	22.3	7.67	5.73	4.91	10.6	-6.3	3.32	-3	-41	72.09	258.22	-351.02	-35.32	175.52
	74/下	2.4	4.8	12.6	1.84	2.48	4.32	10.2	1.95	12.2	18.6	366.95	190.82	-153.95	-15.4	-347
造纸	73/上	11.5	8.5	15.98	11.5	0.35	11.9	3.81	0.3	4.11	80.6	128.89	371.7	-134.42	-68.51	198.75
	73/下	42.1	22.0	23.53	35.1	1.29	36.4	-13	0.09	-13	76.1	-258.37	731.35	-199.23	-45.37	-116.3
	74/上	13.1	35.5	10.58	11.8	2.66	14.5	-5.7	1.79	-3.9	11.2	-54.88	204.21	-266.26	-38.52	159.18
	74/下	-1.9	4.4	-15.9	-1.5	-0.5	-2	-13	-0.4	-14	-112	-224.09	-35.16	-36.94	19.7	192.56
石油精炼	73/上	4.0	-0.7	2.2	3.93			-1.7			46.2	-69.36	157.2	10.13	-29.99	-8.3
	73/下	26.3	21.5	51.57	31.6			20			-99.4	559.28	882.18	-342.65	-4	-1 149
	74/上	54.4	56.3	48.47	52.3			-3.8								
有色金属	73/上	13.2	27.2	15	13.4	0.43	19.2	-1.6	1.85	7.37	-553	652.55	5 503.1	-6 327.3	14.57	-216.9
	73/下	18.6	10.4	22.85	18.8	0.69	30.1	5.52	0.97	-0.5	116	144.26	753.23	-252.9	-47.45	-448.5
	74/上	30.7	26.9	29.64	29.4	2.72	9.62	-1.5	3.59	12.9	30.1	-10.95	673.7	-374.9	-33.2	186.56
	74/下	7.9	28.6	3.86	6.9	-1	-8.8	9.35	-0.6	-16	-35.4	128.37	214.27	-382.56	-28.3	321.07
		-10.3	-12.2	-24.7	-7.8			-15			-108	-571.44	-313.65	233.23	9.08	547.69

注：71/下表示1971年下半年，72/上表示1972年上半年，以此类推。
数据来源：《日本经济白皮书》，长江证券研究所。

比较1973年石油危机时日本的PPI同比增速与美国的PPI同比增速可以发现（见图6-23），诚然在石油危机发生的初始阶段也就是1973年12月，原油价格的上涨带动了整体工业制成品价格的上升，撇开汽车制造业由于原油价格过快上涨导致的需求急速回落，其他类似的传统制造业如钢铁、造纸、有色金属、化工行业受益于这种成本上升推动的价格上涨过程。但应该说，这一过程只是一种阶段性的爆发，随着世界经济增长的弱化以及日本国内过快的PPI上涨，前期贸易顺差与本币升值的趋势被扭转（可参考图6-24）。虽然目前中国的实际汇率缺口与日本当年相比持续时间会更长，但是美联储降息所体现的未来需求增速放缓的信号则是我们更需要忧虑的，这种价格滞后需求的过程必然会引发国内产业的阶段性演绎差异。

成本波动引导产业链利润增长阶段性差异

联系日本在1973年石油危机前后的产业利润增长机制，我们在2006年底关注到受益于本币升值所导致的购买力提升，上游原材料价格同比增幅放缓的时候曾经提出，原材料价格的下跌，引导了利润增速从上游行业传导至下游行业的结构变迁，上游采掘业对工业企业利润增速的贡献程度已经步入下降通道，而原料加工业则是近期工业企业利润增速反弹的关键因素，以钢铁、化纤行业为代表的中游加工型行业的利润增速的反弹正是基于此机制。这实际上就是我们在前述部分中提到的本币升值过程所导致的PPI增速放缓。

不过从最新公布的1—8月工业企业利润数据来看，这种中游周期性行业利润增速的放缓已经开始逐步显现（可参考图6-27至图6-30）。除了2006年基数分化的影响，这种差异的根本原因依然是成本波动引导的利润增速变动差异，中国实体经济与世界经济周期的不同步导致原有国内固定资产投资与工业企业利润增速相一致的模式越来越被外部经济影响。一方面，虽然以中国为代表的"金砖四国"在一定程度上代表了对原材料的需求力量，但是由于目前大宗商品的交易模式依然是在世界经济共生模式下的美元定价，中国在上游原材料的定价尤其是短期波动方面并不具备话语权，这实际上直接导致了中游周期性行业成本风险的暴露化；另一方面，依赖原有经济周期的固定资产投资正日益趋于收敛，外部经济体系的需求增长是周期性行业繁荣延长乃至整体工业企业利润增速反弹的重要因素。也就是说，我们所担忧的PPI上升与需求减弱之间的博弈过程已然开始。

综合而言，在美国经济放缓并未造成世界经济增长大幅回落的背景下，美国货币政策的放松在一定程度上会导致以美元定价为基础的大宗商品原材料价格的上涨，反映到国内市场上就是上游原材料价格增速的回升，鉴于外部需求端并未呈现实质性回落，即美国的货币政策一般都提前于经济的周期性回落发布，PPI的全面上升有望在一定阶段内推升工业企业的利润增长速度，但是考虑到2007年上半年基数较高的问题，这种利润增长的阶段性反弹或许并不会体现得特别明显。不过，一旦美国经济出现我们担忧的放缓趋势，那么在外部需求减少的限制下，中游周期性行业尤其是通过出口来消化过剩产能的传统重化工业的利润增速的回落应该是趋势性的。

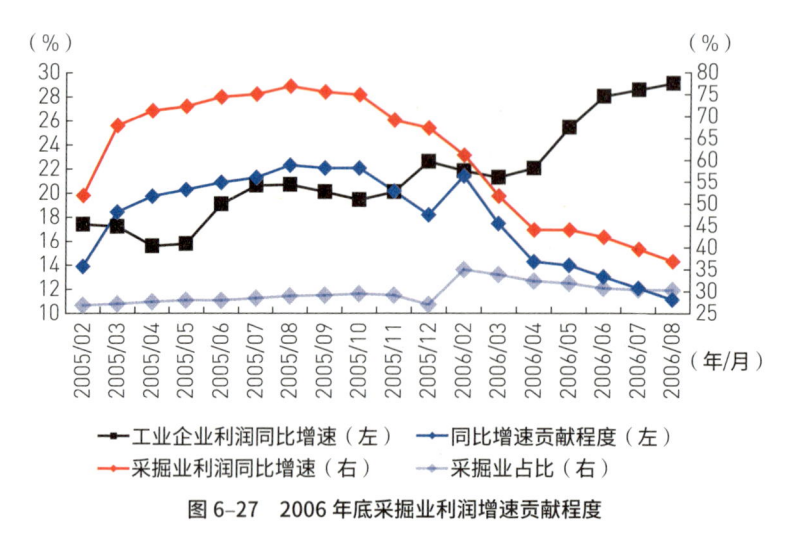

图6-27 2006年底采掘业利润增速贡献程度

注：2006年1月数据不计入，图6-28同。
数据来源：CEIC数据库，长江证券研究所。

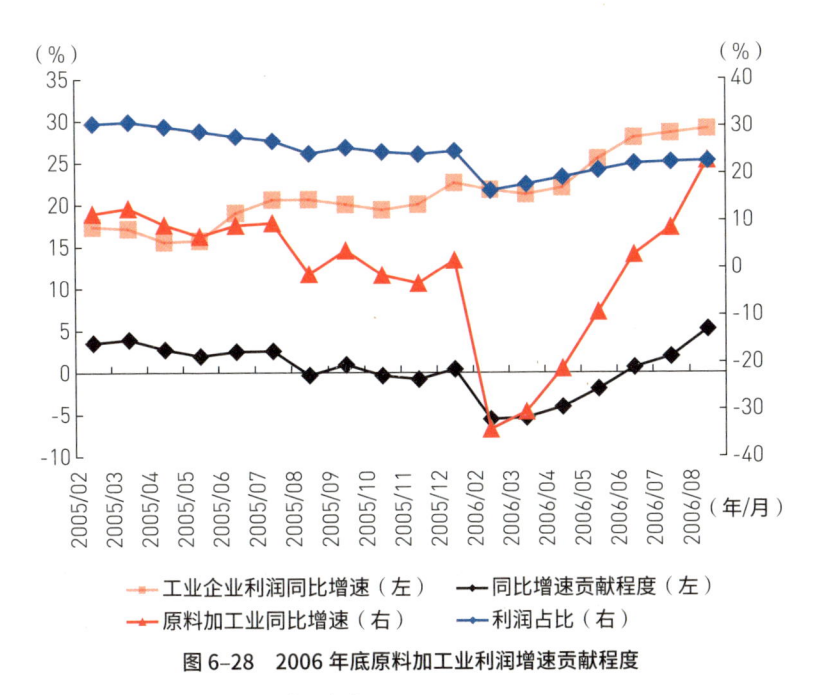

图6-28 2006年底原料加工业利润增速贡献程度

数据来源：CEIC数据库，长江证券研究所。

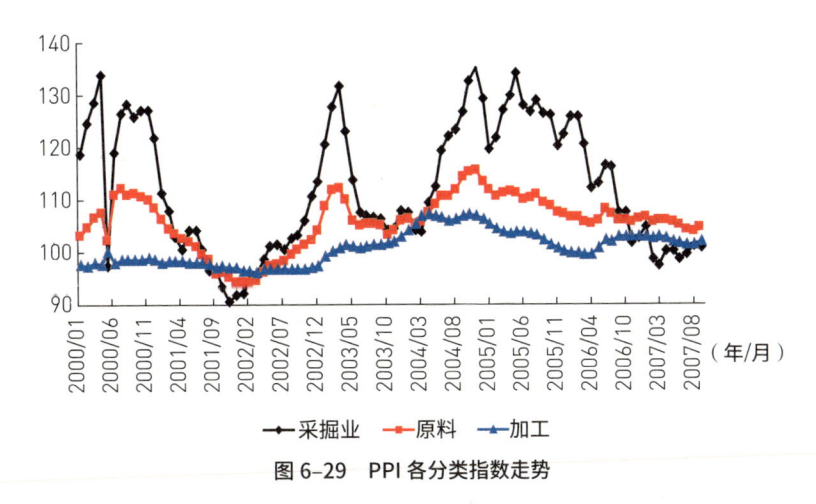

图6-29 PPI各分类指数走势

数据来源：CEIC数据库，长江证券研究所。

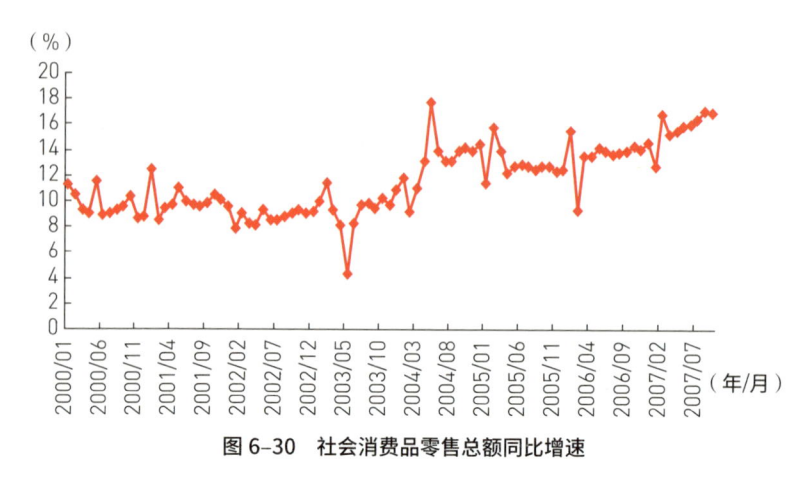

图 6-30　社会消费品零售总额同比增速

数据来源：CEIC 数据库，长江证券研究所。

面临拐点：基于投入产出法的产业比较及选择

我们前面从经济拐点机制出发进行的行业推导，实际上可以使用正统的投入产出方法进行分析，沿着经济周期波动下行业经济景气的不同阶段进行资产配置的思路，我们利用中国 2002 年的投入产出表对行业周期性进行了相关研究（可参考表 6-7）。

在经济高增长阶段下，2007 年金融、钢铁、采掘、能源和运输部门的配置跑赢了大市。根据我们统计的各部门的投资周期，本轮经济增长中各部门投资进入了大规模的投产期。在统计的 19 个部门中，仅有铁路运输、煤炭和有色金属工业部门的投资周期超过 6 年（见表 6-8）。这也就意味着我国将进入项目投产高峰期，供给规模的扩张将放缓经济增长的速度。另外，伴随利率水平的逐步提高，企业的利润水平将受到影响，一般来说利润会在利率提高 5 个季度后受到显著影响。在 2006 年第三季度进入加息周期后，2008 年第二季度起企业的利润水平将受到高利率的影响。初步判断我国经济将进入增长放缓的阶段。沿着这样的判断，我们投资思路的展开建立在对周期性行业的判断和对防御性行业的挑选下周期错配的基础上。

在经济增长速度放缓的后期，投资者出于对经济增长"不可持续性"的思考，增长性和防御性行业利润增长相对稳定的优势使其成为投资的首选对象。增长性行业和防御性行业对经济波动的敏感度低，在经济下滑阶段，仍能保持平稳的业绩，使其优于周期性行业。考虑我国的通货膨胀背景，在对防御性行业进行挑选时，我们认为一般性的防御性行业虽然行业的需求和供给较为稳定，但也正因此价格控制力不强，在高通货膨胀的情况下很难转嫁成本，这是我们在挑选具有优势的防御性行业时必须考虑的。基于对通货膨胀会持续的预期，我们认为医药和具有价格控制力的高端消费品将是首选。

表6-7　行业周期性排名

排名	产品部门	感应力	排名	产品部门	感应力
1	化学工业	8.26	19	信息传输、计算机服务和软件业	2.26
2	金属冶炼及压延加工业	6.30	20	租赁和商务服务业	2.23
3	通信、电子设备及计算机制造业	4.83	21	住宿和餐饮业	2.16
4	交通运输及仓储业	4.75	22	非金属矿物制品业	2.01
5	批发和零售贸易业	4.57	23	木材加工及家具制造业	1.89
6	农业	4.27	24	金属矿采选业	1.81
7	电力、热力的生产和供应业	3.97	25	建筑业	1.57
8	通用、专用设备制造业	3.85	26	仪器仪表及文化办公用机械制造业	1.56
9	造纸印刷及文教用品制造业	3.35	27	房地产业	1.56
10	石油加工、炼焦及核燃料加工业	3.28	28	服装皮革羽绒及其制品业	1.53
11	石油和天然气开采业	3.15	29	非金属矿采选业	1.40
12	交通运输设备制造业	3.11	30	其他制造业	1.37
13	金融保险业	3.10	31	公共教育、服务等事业	1.23
14	纺织业	2.94	32	水的生产和供应业	1.21
15	电气、机械及器材制造业	2.84	33	燃气生产和供应业	1.12
16	煤炭开采和洗选业	2.64	34	旅游业	1.11
17	金属制品业	2.56	35	邮政业	1.10
18	食品制造及烟草加工业	2.38			

资料来源：2002年投入产出表，长江证券研究所。

表 6-8　国民经济各部门投资周期的统计

部门	投资周期	部门	投资周期
农业	2 年	食品加工	2 年
钢铁	6 年	造纸	5 年
有色金属	9 年	纺织	3 年
电力	6 年	缝纫皮革	2 年
煤炭	7 年	其他工业	4 年
石油	3 年	建筑业	2 年
机械	5 年	铁路运输	11 年
化工	6 年	其他交通运输和邮电	3 年
建材	5 年	商业	2 年
森林	3 年		

资料来源：长江证券研究所。

（1）价格敏感的上游采掘业

在经济增长放缓和我国进入投资项目投产期的判断下，随着投资项目进入生产阶段，生产能力仍会大幅度提高。产出带动了上游的资源和能源类行业的需求扩张，原材料行业的回落会滞后于经济增长的放缓。为了提高我们的判断精确度，我们从本轮经济增长的脉络出发去精确化行业的 GDP 敏感度。

从表 6-9 中我们看到，在本轮经济增长（2003 年至 2007 年 9 月）中，上游的黑色和有色金属矿采选业、中游的有色金属冶炼及压延加工业，能源类的煤炭开采和洗选业、燃气生产和供应业及电力、热力的生产和供应业成为总产出增长率最高的部门。本轮经济上升周期中高资源消耗特征明显。石油和天然气开采业虽然属于资源品行业，但受制于国内石油资源缺乏，产能不能较快扩张，进口依赖度高，总产出的增长速度较慢。在考虑增长率时，要将其分解为两个部分：实际产出和价格。在以上行业增长率较高的原因中，价格占有重要比例。

通过我们的周期性排名可以看出，上游采掘业的感应力较小，也就意味着宏观总产出的变动对其影响较小。而在本轮经济增长周期中，其增长率处于工业各子行业的较高水平。我们认为这主要是因为2002年以来我国经济发展的资源制约性十分突出，涨价因素提高了采掘业的感应度。从产品投入角度看，各行业的感应力变化应该是一个缓慢的过程，这也就意味着，由于上游采掘业的瓶颈性，即使经济发展的速度放缓，短期内的供应紧张局面也不会改变。从我国本轮经济发展的理论逻辑和现实看，经济处于高增长或高增长后缓慢下降的初始阶段，上游采掘业的供需紧张局面不会改变，2008年黑色金属矿物、煤炭、燃气和石油的价格预计将继续处于上升通道。

（2）内外兼修的造船、工程设备行业

从我们的周期性排名来看，交通运输设备和专用设备制造业的周期性较高，从2003—2007年的增长率看，2004年的宏观调控使这两个行业的增长率放缓。从这个角度看，我们并不看好在2008年经济增长放缓趋势下这两个行业的发展。但当我们将视角转向到我国工业化进入重机时代和制造业向中国转移的大背景时，全球造船业向中国转移的趋势较为明显，工程设备在内需市场依然强劲的背景下逐步出口国外，冶金矿山设备业受益于重工化进程对钢铁、煤炭需求的增加，我们看好设备制造业中的造船、工程设备行业。

从造船子行业看，2003年以来受益于全球造船业高景气以及国内企业造船能力的提升，全球造船产业正加速向中国转移。2006年我国造船完工量1 452万载重吨，同比增长20%；新承接船舶订单4 251万载重吨，同比增长150%；手持船舶订单6 872万载重吨，比2006年增长73%。我国造船完工量、新承接船舶订单量和手持船舶订单量分别占世界市场份额的19%、32%和24%，新承接船舶订单量和手持船舶订单量均已超过日本，位居世界第二。从造船业的发展历史来看，目前全球造船业正在经历自

2002年以来的第三轮造船兴旺周期，并且船舶种类开始多样化。目前手持订单已经排至2011年，未来三年的业绩得到保证。另一方面，我们通过比较日韩经济高速增长时期造船业的国际产业转移情况，假定2011年后行业景气度下降，这将更加有利于中国造船业的崛起。

从工程设备子行业看，内需市场的强劲增长和近年来海外市场的不断发展使得中国工程设备行业得到了快速发展，1992—2006年的复合增长率达到11%。我们认为在中国城镇化建设、房地产投资和之后几年大型基础设施建设（铁路、奥运会和世博会）的推动下，内部需求将得到保障。从出口看，目前中国的出口市场主要是印度、非洲、中东和俄罗斯，外需市场保持稳定增长。

（3）钢铁业有望平滑增长放缓

从我们的行业周期性排名看，化工和金属冶炼及压延加工业对GDP的敏感度最高。2003—2007年有色金属冶炼及压延加工业、黑色金属冶炼及压延加工业总产出分别增长了6.58倍和5.14倍，分别居所有工业子行业增长率的第二位和第三位，对本轮经济增长的敏感度极高。从黑色金属业的产能情况看，整个行业在2005年的钢铁供应量就超过了国内需求4 000万吨左右，但出口化解了产能过剩的压力。钢铁行业2008年的走势仍取决于出口，从海关统计数据看，受针对钢材的出口调控政策影响，2007年第三季度月出口环比连续下降，但由于前期基数较大，全面估计出口量将在5 500万吨左右。绝对数量仍保持在高位。世界新增钢铁产能的70%均来自中国，且中国钢铁产量也占到了国际总产量的30%以上。中国国内钢材的出口量对世界钢铁价格具有较强的影响力。我们认为2008年钢铁行业仍会受益于出口，在政策调控下，即使出现出口量的小幅回落，但价格的上涨仍能保证行业的利润。另外，在我国现行经济发展阶段中，以汽车、房地产和设备制造为主的高增长产业在消费升级和振兴装备制造业背景下，可有效支撑钢铁行业的内部需求增长。

(4) 医药——政策、提价优势下最具防御优势

医药行业的增长与经济走势相关度低，经济增速放缓或经济衰退均不会影响其供需水平。鉴于我们对实体经济通货膨胀环境的判断，我们有如下预期：一是原料药涨价将成为普遍现象；二是中药和其他制剂随着成本增长也面临涨价的压力。因此在部分虚高药价下降的同时，可能会有越来越多的品牌药和低价药开始涨价。行业的提价能力可有效转嫁成本，利润不会受到影响。

根据我们的统计，2007年1—8月，我国医药工业制造业销售收入达到3 605.19亿元，销售利润达到333.45亿元，同期分别增长了24.26%和48.74%，医药行业的基本面持续向好。另外，医药新政如果能得到严格执行，会使披着"新药"外衣的普药在使用上受到限制，给真正的创新药品腾出高端市场空间；生产质优价廉普药的企业将从利益的分配中受益，其产品可在市场容量扩大的基础上占有更大份额；一大批实力不足的企业可能被优势企业并购，从而使中国医药行业的集中度进一步提高。我们认为2008年医药行业的防御性特征和其转嫁通货膨胀成本的能力将使其成为防御性行业的首选。投资机会主要集中在品种选择上，我们认为可阶段性地向四类公司倾斜：原料药企业、有能力提价的制剂企业、技术主导的高毛利企业和受益于政策调整的企业。

(5) 高端饮料——产销旺盛和提价预期

从统计数据看，食品和饮料行业的总产出平稳增长。其中饮料行业的增长性更突出。从2007年1—9月的统计数据看，白酒和葡萄酒的产量较2006年同期分别增长22.53%和32.54%，产销量接近2006年12月的旺季，增长强劲。我们认为受资产价格上涨带来的财富效应影响，2008年高端酒的消费仍将持续旺盛。在通货膨胀环境下，上游农产品原料价格上涨给饮料行业带来较大的成本压力，但白酒类企业凭借品牌优势和销售网络优势，可通过提价完全抵消原材料成本上涨的压力，兼具防御性行业特征和抗通货膨胀能力。

表 6-9　工业各子行业 2003—2007 年 9 月总产出增长率

行业	2003 年 (%)	2004 年 (%)	2005 年 (%)	2006 年 (%)	2007 年 1—9 月 (%)	累计上涨 (倍)
黑色金属矿采选业	0.488 6	0.808 1	0.670 9	0.406 7	0.267 3	8.017 5
有色金属冶炼及压延加工业	0.372 2	0.562 5	0.430 9	0.640 4	0.308 1	6.583 4
黑色金属冶炼及压延加工业	0.566 9	0.583 2	0.353 4	0.203 3	0.271 1	5.135 4
有色金属矿采选业	0.227 8	0.324 6	0.473 7	0.473 4	0.344 3	4.747 6
电力、热力的生产和供应业	0.197 5	0.231 2	1.133 4	0.225 9	0.173 8	4.526 1
家具制造业	0.297 6	0.424 5	0.463 7	0.335	0.217 1	4.396 2
煤炭开采和洗选业	0.248 2	0.518 4	0.513 2	0.239 8	0.197 5	4.257 9
燃气生产和供应业	0.266 5	0.303 5	0.453 3	0.317 1	0.315	4.155 5
通用设备制造业	0.334 1	0.390 6	0.328 1	0.318 2	0.232 8	4.004
木材加工及木、竹、藤、棕、草制品业	0.254 5	0.256 4	0.403 7	0.343 6	0.288 9	3.831 4
仪器仪表及文化、办公用机械业	0.555 2	0.290 1	0.306 9	0.265	0.135 7	3.767
电气机械及器材制造业	0.297 7	0.327 3	0.327 3	0.294 4	0.231 2	3.643 4
石油加工、炼焦及核燃料加工业	0.294 4	0.403 4	0.368 8	0.287 8	0.119 8	3.586
化学原料及化学制品制造业	0.273	0.341 9	0.340 8	0.249 7	0.231 4	3.524 8
化学纤维制造业	0.241 9	0.384 8	0.328 1	0.230 2	0.246 5	3.502 8
专用设备制造业	0.397	0.196 3	0.312 4	0.272 3	0.242 3	3.466 8
农副食品加工业	0.285	0.323 1	0.312 1	0.221 7	0.229	3.349 5
通信设备、计算机及其他电子设备业	0.405 8	0.368 8	0.254 9	0.229 4	0.087 6	3.228 6

续表

行业	2003年(%)	2004年(%)	2005年(%)	2006年(%)	2007年1—9月(%)	累计上涨(倍)
非金属矿物制品业	0.246 6	0.315 8	0.241 5	0.276 6	0.231 7	3.201 8
金属制品业	0.160 4	0.367 7	0.239	0.300 0	0.246 9	3.187 3
橡胶制品业	0.239 2	0.233 4	0.356 4	0.240 8	0.199 2	3.084 8
塑料制品业	0.230 8	0.265 9	0.317 2	0.271 4	0.179 2	3.076 8
交通运输设备制造业	0.333	0.206 1	0.148 1	0.305 2	0.266 8	3.052
非金属矿采选业	0.156 2	0.255	0.251 9	0.312 5	0.273 1	3.035 5
食品制造业	0.177 5	0.248 9	0.304 8	0.280 2	0.193 9	2.932 6
造纸及纸制品业	0.225 3	0.243	0.327 7	0.217 7	0.160 9	2.858 6
纺织业	0.22	0.253 8	0.291 4	0.221 7	0.155 3	2.788 4
皮革、毛皮、羽毛（绒）及其制品业	0.230 1	0.235 8	0.268 3	0.211	0.157 7	2.703
石油和天然气开采业	0.223 4	0.262 5	0.422 2	0.212 3	0.005 9	2.679 1
文教体育用品制造业	0.184	0.275 6	0.254 4	0.204 7	0.137 6	2.596 4
医药制造业	0.227 7	0.349 6	0.097 3	0.191	0.164 3	2.521 2
印刷业和记录媒介的复制业	0.208	0.219 8	0.188 2	0.201 4	0.161 1	2.442 2
纺织服装、鞋、帽制造业	0.182 1	0.205 6	0.202 2	0.235 3	0.147 6	2.428 8
饮料制造业	0.121	0.144	0.201 8	0.269 6	0.227 8	2.402 5
水的生产和供应业	0.115 4	0.158 9	0.159 8	0.239 7	0.055	1.960 6

数据来源：长江证券研究所。

（6）小结：分阶段投资的产业选择

通过比较美联储降息导致的美元贬值以及相应的国内PPI上升与外部需求减弱之间的博弈路径，实际上我们清晰地梳理了这种阶段性的产业投资逻辑。

首先，资源品行业尤其是石油与煤炭行业，从我国本轮经济发展的理论逻辑和现实看，处于高增长或高增长后缓慢下降的初期阶段，上游采掘业的供需紧张局面不会改变。从日本的经验看，由于1971年至1978年发生了两次石油危机，因此在行业指数表现上，石油石炭品指数位居前列。目前油价位于历史高位，且就2008年上半年而言油价仍有继续上涨的趋势，因此，石油类及相关的煤炭类能源企业值得看好，而有色金属等原材料开采行业相对于石油行业具备对实体经济更加强烈的敏感性以及波动性，我们对这些行业还是需要保持谨慎。

其次，消费性行业尤其是服务类行业2008年的投资价值仍将存在。一方面，在长期本币升值背景下工资重构的过程从根本上决定了该类产业相对于周期性行业阶段性繁荣的持续稳定增长态势；另一方面，考虑到大宗商品的原材料价格尤其是石油价格的上涨将会引发成本推动型PPI上升，这将在一定程度上加快中国原有劳动力价格重构的过程，这意味着消费需求的增长也会呈现出一定的超预期性。

最后，关于衡量中游原料加工业的投资机遇，我们认为中国与前两次发生石油危机时的日本的最大不同之处在于目前的通货膨胀更多是美国经济预期回落导致的降息行为造成的，这实际上意味着美国经济回落形成的需求放缓将会缩短PPI上涨与中游周期性行业，尤其是面向出口型行业利润高速增长的阶段繁荣期，所以对于这些行业我们需要探讨更多的是其利润增长大幅波动引发的投资风险。同时，依据相关制造性行业出口依赖性的程度（见表6-10），我们总结出金属冶炼及压延加工业，非金属矿采选业，仪器仪表办公机械制造业，纺织业，石油加工、炼焦及核燃料加工业石油和天然气开采业，金属制品业，化学工业的波动风险依次减小，另外值得注意的是，在原油价格上涨过程中，交通运输设备行业迫于需求直接减少的压力，对利润增长的波动会异常敏感。

表6-10 各行业消费、投资和进出口与最终使用的比例（单位：%）

产品部门	消费	投资	出口	进口	产品部门	消费	投资	出口	进口
农业	**0.87**	0.09	0.04	0.06	电气机械及器材制造业	0.25	0.19	**0.56**	**0.46**
煤炭开采和洗选业	**0.40**	**0.30**	**0.29**	0.05	通信计算机电子设备制造业	0.13	**0.33**	**0.54**	**0.61**
石油和天然气开采业	**0.25**	0.06	**0.69**	**6.23**	仪器仪表办公机械制造业	0.05	0.15	**0.81**	**0.88**
金属矿采选业	0	**0.51**	**0.49**	**9.66**	其他制造业	**0.45**	0.17	**0.38**	0.09
非金属矿采选业	0.14	0	**0.86**	**1.01**	电力热力的生产和供应业	**0.96**	0	0.04	0.01
食品制造及烟草加工	**0.86**	0.03	0.11	0.06	燃气生产和供应业	**0.95**	0.05	0	0
纺织业	0.24	0	**0.76**	0.34	水的生产和供应业	**1.00**	0	0	0
服装皮革羽绒及制品	**0.46**	0	**0.54**	0.08	建筑业	0	**1.00**	0	0
木材加工及家具制造	**0.34**	0.10	**0.56**	0.16	交通运输及仓储业	**0.53**	0.07	**0.40**	0.08
造纸印刷文教品制造	**0.28**	0.07	**0.65**	0.38	邮政业	**0.83**	0	0.17	0.09
石油加工、炼焦及核燃料加工业	**0.38**	-0.12	**0.74**	**1.47**	信息传输计算机服务和软件	**0.71**	0.19	0.10	0.08
化学工业	**0.37**	0.06	**0.56**	**0.93**	批发和零售贸易业	**0.45**	0.16	**0.38**	0
非金属矿物制品	**0.67**	-0.18	**0.50**	0.24	住宿和餐饮业	**0.90**	0	0.10	0
金属冶炼及压延加工	0.05	-0.02	**0.97**	**3.63**	金融保险业	**0.99**	0	0.01	0.18
金属制品业	0.21	0.19	**0.60**	0.31	房地产业	**0.83**	0.17	0	0
通用专用设备制造业	0.01	**0.82**	0.17	**0.40**	租赁和商务服务业	**0.23**	0	**0.77**	**0.58**
交通运输设备制造业	0.16	**0.69**	0.15	0.23	旅游业	**0.79**	0	**0.21**	0

数据来源：2002年投入产出表，长江证券研究所。

阶段性繁荣下的资产配置

投资主逻辑——本币升值以及通货膨胀的数量化检验

我们可以直观地认识到人民币升值与通货膨胀对不同行业的影响是不同的，尤其体现在资本市场上的表现差异，鉴于本币升值以及通货膨胀决定了我们 2008 年的主要投资逻辑，因此，我们就人民币升值和通货膨胀进行了相关的建模分析，因为"没有什么能比数字告诉我们的结论更精确了"，而与日本的比较实际上可以对我们上述的投资逻辑做出更好的量化检验。

在这里我们首先把上市公司 18 个行业指数服从 $I(2)$，是二阶单积，人民币汇率与通货膨胀数据服从 $I(1)$，单积，然后从协整角度，用上市公司分行业指数的一阶差分 [其服从 $I(1)$] 对人民币汇率和通货膨胀分别回归，得到其一阶差分与人民币汇率和通货膨胀的长期趋势关系，其结论如表 6-11、表 6-12 所示（其中汇率为以人民币为标的，并且指变动 0.01 个单位）。

表 6-11　通货膨胀对行业指数影响效应一览表

行业	通货膨胀对行业指数的影响	行业影响排名
采掘	236.919 6	1
有色金属	233.884 4	2
黑色金属	166.328 8	3
房地产	155.488 7	4
金融	117.240 2	5
机械设备	88.202 4	6
餐饮旅游	85.194 4	7
交通运输	84.985 1	8
交通运输设备	76.588 7	9
食品饮料	69.825 6	10
建筑材料	68.968 1	11
公用事业	65.707 3	12

续表

行业	通货膨胀对行业指数的影响	行业影响排名
化工	60.940 3	13
轻工制造	53.327 2	14
医药生物	46.722 7	15
家用电器	32.389 9	16
农林牧渔	25.493 1	17
电子元器件	不显著	18

数据来源：长江证券研究所。

表6-12　人民币升值对行业指数影响效应一览表

行业	人民币升值对行业指数的影响	行业影响排名
采掘	110.464 8	1
有色金属	102.537	2
黑色金属	80.595	3
房地产	77.562 8	4
金融	51.163	5
交通运输	45.378	6
机械设备	45.164	7
餐饮旅游	43.009	8
交通运输设备	40.822	9
建筑材料	37.123	10
食品饮料	37.027	11
公用事业	34.844	12
化工	33.835	13
医药生物	27.705	14
轻工制造	27.23	15
家用电器	20.425	16
农林牧渔	14.394 8	17
电子元器件	不显著	18

数据来源：长江证券研究所。

从行业指数的拟合来看，我们可以发现这么几个结论：第一，通货膨胀从时间序列角度，对行业指数在统计上有相同的趋势；第二，虽然人民币升值和通货膨胀在不同的行业引发的趋势不同，但是整体而言，行业指数与人民币升值和通货膨胀之间存在着长期一致的发展趋势；第三，无论是人民币升值还是通货膨胀，相关性排名前五的行业都是采掘、有色金属、黑色金属、房地产和金融行业，这说明市场对受益于人民币升值和通货膨胀的行业的认识是趋同的，因此，可以认为这些行业在人民币升值和通货膨胀共存形势不变的情况下仍将是市场投资的热点。

为了进一步做出判断，我们对日本1971—1978年第二个中周期内的行业指数数据也做了相关分析，结论如表6-13、表6-14所示。

表6-13　通货膨胀对日本行业指数影响效应一览表

行业	通货膨胀对行业指数的影响	行业影响排名
通信业	30.948 7	1
石油石炭品业	14.742 7	2
电气机器业	11.159 3	3
矿业	10.104	4
空运业	8.642 7	5
输送用机器业	7.918 9	6
机械业	6.599	7
仓储运输业	6.578 5	8
服务业	6.389	9
食品业	5.759 6	10
陆运业	4.655 1	11
钢铁业	4.527 2	12
不动产业	4.071	13
电力煤气业	3.637 1	14
建筑业	3.477 1	15
水产农林业	2.332	16
海运业	不显著	17

数据来源：长江证券研究所。

表6-14 日元升值对行业指数影响效应一览表

行业	日元升值对行业指数的影响	行业影响排名
石油石炭品业	40.944 3	1
通信业	37.511	2
矿业	26.025	3
电气机器业	23.219 6	4
空运业	16.784 7	5
输送用机器业	16.462 7	6
机械业	13.463 9	7
服务业	11.939 2	8
仓储运输业	11.364 4	9
钢铁业	10.567 4	10
食品业	10.446 2	11
陆运业	8.441	12
不动产业	7.53	13
电力煤气业	6.469 7	14
建筑业	5.479 8	15
水产农林业	4.27	16
海运业	不显著	17

数据来源：长江证券研究所。

对日本的行业分析数据，我们可以进一步分析：无论是日元升值还是通货膨胀，相关性排名前五的行业都是石油石炭品业、通信业、矿业、电气机器业和空运业，比较中日数据可知，位于产业链上端的采掘业都在表现最好的行业之列，这也验证了我们之前的判断，即日元和人民币升值的初期都面临资源品要素价格重构的状况，这加大了对上游行业产品的需求，这在行业指数的分析中表现最为显著。此外，人民币升值与日元升值的影响差异最大地表现在房地产行业上，在日本，房地产行业受到日元升值和通货膨胀的影响程度的排名靠后。

阶段性繁荣衍生的投资逻辑

结合实体经济中产业的阶段性演绎路径以及虚拟经济中的数量化论证，我们认为在 2010 年之前，中国劳动力价格的上涨并不会影响贸易品部门的生产率，因此实际汇率缺口将长期存在，这是人民币升值与通货膨胀并存的基础；另外，我们也讨论了现阶段在劳动力价格重构完成前，人民币升值导致通货膨胀的内在机制，从中我们发现，劳动密集型产业，主要是农业等无法大幅度提高生产率的部门，将受到工资水平上涨的冲击，而资本密集型产业中的资源类企业产品则会在人民币升值带动的更强需求下价格不断提高，尤其是在美元贬值的背景下，这一阶段性的繁荣过程会加剧，但是部分面向出口的传统周期性行业的利润增长将面临高点之后的回落过程。当然，我们最后依然看好消费行业，因为根据日本的发展经验，在劳动力价格重构也就是"刘易斯拐点"出现的前后，工资水平会不断提高，这实际上也就衍生了我们在 2008 年阶段性繁荣下的四点投资逻辑。

（1）消费升级角度

看好显著受益于消费结构升级的行业，从日本的经验看，在面临劳动力价格重构的转折点时，工资收入将步入快速上升的通道，这为接下来持续的消费升级打下了基础，因此，消费类中的医药，尤其是消费服务性中的金融、传媒、旅游和航空等行业未来的成长空间依然广阔。

（2）直接受益本币升值角度

看好直接受益于人民币升值的行业，由于人民币的实际汇率缺口在劳动力价格重构前仍将保持，因此在有条件浮动的汇率制度下，人民币的名义汇率必然会持续保持升值态势，在最大程度上直接受益于升值带来的汇差收入的行业无疑是航空业，而航空业本身特有的需求端相对封闭的特性使其对原油价格上涨的传导能力要比依赖外部需求的周期性制造业更强。

（3）产业链角度

看好位于产业链最上游的资源类企业，采掘、有色金属和能源，以及房地产行业的企业都属此类，在人民币升值带动的更强的需求背景下，越处于产业链上端的资源类企业受益越大。另外，美元的贬值以及经济增长放缓导致的需求回落之间的滞后效应进一步拓展了原油价格的阶段性上涨空间，而煤炭作为原油主要替代品，与之相关的行业衍生的投资机遇值得重点关注。相较而言，对于更多依赖于上游原材料以及出口增长化解国内过剩产能的中游周期性行业，我们认为其未来的利润增长过程将会呈现为更明显的由高点向下回落的阶段性过程。

（4）市场预期趋同性角度

正如前面对于行业指数的实证分析所示，人民币升值和通货膨胀与行业指数的相关性很强，这表明市场对于从人民币升值和通货膨胀中受益的行业的认识是趋同的。由于在劳动力价格重构完成前，人民币升值和通货膨胀的趋势仍将维持，从预期的角度来看，有理由相信市场公认的从人民币升值和通货膨胀中受益的行业仍将具有较好的市场表现，这类行业主要包括金融业和房地产业。

2008年度资产配置表

根据上述分析，结合长江证券相关行业研究员对所覆盖公司、行业利润增长的评判（见表6-15），我们得出了长江证券2008年度行业资产配置表6-16。

表6-15　长江证券对覆盖行业、公司利润增长预测汇总（单位：%）

行业	净利润增长		EPS调整后		
	2007E	2008E	2006	2007E	2008E
保险	248.02	52.61	0.55	1.64	2.37
石油化工	8.92	12.84	0.72	0.80	10.27

续表

行业	净利润增长 2007E	净利润增长 2008E	EPS 调整后 2006	EPS 调整后 2007E	EPS 调整后 2008E
基础化工	28.52	32.03	0.84	1.10	1.45
汽车及零部件	218.57	21.22	0.37	0.76	0.95
造纸行业	57.69	27.00	0.55	0.83	1.14
工程机械	95.55	35.13	0.91	1.26	1.72
铁路装备	40.01	53.02	1.69	1.79	2.75
机床	153.20	50.54	0.27	0.63	0.92
航运与港口装备	145.18	35.86	0.90	2.82	3.98
航空航天	291.08	45.81	0.20	0.55	0.75
重型矿山	121.16	25.54	0.47	1.04	1.31
石油装备	-22.78	32.30	0.61	0.47	0.62
房地产	125.07	100.49	0.37	0.77	1.50
油气开采装备与服务业	91.46	71.50	0.36	0.62	0.84
生物医药	135.03	49.24	0.18	0.43	0.66
银行	60.53	44.99	0.24	0.41	0.60
证券	381.68	31.34	0.72	3.44	4.52
电力	38.14	23.22	0.20	0.24	0.30
电子元器件	-176.62	59.42	-0.07	0.37	0.55
钢铁	43.41	34.74	0.83	1.07	1.43
饮料	46.01	46.97	0.80	1.20	1.79
中药	42.35	25.95	0.38	0.55	0.63
有色金属	-1.92	21.36	1.10	1.21	1.60
医药商业	93.29	28.01	0.12	0.23	0.30

资料来源：长江证券研究所。

表6-16 2008年度行业资产配置表

板块名称	流通市值（亿元）	标配比例（%）	建议比例（%）	比例变化（%）	配置状态
能源	5 911.55	7.76	8.07	0.31	超配

续表

板块名称	流通市值（亿元）	标配比例(%)	建议比例(%)	比例变化(%)	配置状态
材料	**13 079.69**	**17.18**	**15.42**	**-1.76**	**低配**
化工	3 506.91	4.61	4.57	-0.04	低配
建材	932.11	1.22	1.11	-0.11	低配
金属、非金属	7 871.37	10.34	8.73	-1.61	低配
纸与林木产品	590.81	0.78	0.78	0	标配
工业	**13 791.31**	**18.12**	**18.90**	**0.78**	**超配**
航天军工	359.07	0.47	0.47	0	标配
电气设备	1 332.32	1.75	2.11	0.36	超配
机械	3 197.40	4.20	4.62	0.42	超配
交通运输	5 217.34	6.85	6.85	0	标配
可选消费	**8 801.67**	**11.56**	**11.60**	**0.04**	**超配**
汽车及汽车零部件	1 987.40	2.61	2.40	-0.21	低配
耐用消费品	2 891.10	3.80	3.80	0	标配
消费者服务	624.63	0.82	0.82	0	标配
媒体	494.72	0.65	0.75	0.10	超配
零售业	2 803.81	3.68	3.83	0.15	超配
日常消费	**4 296.03**	**5.64**	**5.87**	**0.23**	**超配**
饮料	2 180.06	2.86	2.99	0.13	超配
农业食品	1 311.71	1.72	1.82	0.10	超配
医疗保健	**2 743.45**	**3.60**	**3.70**	**0.10**	**超配**
金融	**19 414.36**	**25.50**	**26.95**	**1.45**	**超配**
银行	9 178.53	12.06	12.96	0.90	超配
多元金融	3 062.37	4.02	4.02	0	标配
保险	1 374.45	1.81	1.91	0.10	超配
房地产	5 799.01	7.62	8.07	0.45	超配
信息技术	**3 088.21**	**4.06**	**3.66**	**-0.40**	**低配**
电信服务	**870.01**	**1.14**	**1.06**	**-0.08**	**低配**
公用事业	**4 135.01**	**5.43**	**4.76**	**-0.67**	**低配**

资料来源：长江证券研究所。

07

PPI 演绎利润轮动

资源约束下的行业资产配置

- 2008 年 7 月 2 日

前言：PPI 的本意

  在构建半年度的资产配置逻辑框架之前，我们首先需要思考的是 2008 年下半年宏观经济的预演，或者说主要的变化因素究竟体现在何处，从目前的情况来看，这种变化的实质就体现在经济增长与通货膨胀的博弈关系中，在经历了高增长、高通货膨胀的蜜月期之后，拐点似乎已经在逐步显露。

  一般而言，典型的经济周期中都会出现四个阶段：低增长、低通货膨胀；高增长、低通货膨胀；高增长、高通货膨胀；低增长、高通货膨胀。四阶段过渡的内在逻辑其实是资源约束的问题，通货膨胀的上升以及下降过程所体现的就是资源的供求平衡变化。不过，我们也不得不承认，通货膨胀拐点的形成是一个无法预知的事件，我们所能做的其实仅仅是借鉴国外的经验来描述可能类似的一个过程，过程的类似性将为我们判断虚拟经济的演绎提供支撑。

  在明确了通货膨胀是我们关注的焦点的基础上，我们需要澄清的是，对这里所指的通货膨胀表象进行判断，我们更依赖的是 PPI 而非 CPI。一方面，食品价格的回落以及 2007 年的基数效应，使我们相信构成上的差别可能已经导致 CPI 的高点在 2008 年上半年出现，但是就中国甚至全球的实体经济而言，资源约束所带动的成本压力并没有完全释放，PPI 的发展趋势应该更能代表实质通货膨胀拐点的形成趋势；另一方面，就中国目前所处的工业化阶段而言，终端消费的不足使得 CPI 在反映经济整体发展状况方面存在欠缺，归结而言，就是美国才需要关心 CPI，而中国目前显然还未到达美国经济发展的层次。

延续资源约束引导以 PPI 为代表的通货膨胀演绎逻辑，结合世界经济目前的能源消费结构来看，自 20 世纪 50 年代以来石油的大规模应用仍在延续，这是我们现在所经历的石油价格上涨在 20 世纪 70—80 年代就已经出现过的原因，那么资源约束的问题大致上就可以归结为原油的价格问题。

关于石油的论述，全世界最早的文字记载可以追溯到我国宋朝时期，科学家沈括在其著作《梦溪笔谈》中记载了石油的发现与应用，写下了"此物后必大行于世"八个字，"行"所代表的普及性以及影响力一语双关，恰恰体现了世界经济在享受石油作为一种更为高效能源的同时，受到的抑制作用也在变大。那么，就中国经济而言，2008 年下半年最大的变化因素应该就是石油价格为主导的资源约束所带动的通货膨胀水平变化，而这一过程显然意味着实体经济中最大的不确定因素来源于当前的生产要素价格体制改革。

PPI 演绎利润变动：实体经济与虚拟经济的连接点

价格一向都被视为引发供给、需求变动的平衡器，但价格与供给、需求之间并非简单的因果关系，供大于求所带动的价格下降在一定阶段内会促进原有的需求增长，而一旦需求的扩张大幅超越供给的增长，在价格不断上升的同时，需求减弱的拐点就会出现。

不过由于供给、需求方集中度的差异，这种临界点的预测往往使得各个行业包括宏观经济自身都会呈现较大的分化，相信这是在通货膨胀水平大幅上升的背景下资本市场表现较弱的原因，毕竟利润的主导因素无非就是价格和销售数量，虽然温和通货膨胀时期的价格上升以及销售数量上升共同给予了实体经济最强劲的增长动力，但是一旦 PPI 所代表的成本压力全面释放，那么，需求量的拐点变动进而导致价格的拐点变动这种传导逻辑即使是一种前瞻性预期，也是资本市场最不希望看到的，而这恰恰是我们当前面临的问题。

中国 PPI 在世界通货膨胀调整中的主动与被动

我们实际上已经将探讨中国虚拟经济演绎的关键因素集中于以 PPI 上升为代表的价格现象，毕竟这种上升的趋势性实质上代表了实体经济中尤其是工业企业的利润状况。其实，就中国经济的宏观发展进程而言，这并不是第一次 PPI 的大幅上升，比较这种阶段性差异则有利于把握当前导致 PPI 上升的核心要素，包括在这种背景下如何寻找值得借鉴的虚拟经济演绎标的。

中国的 PPI 融入世界

1994—1998 年对中国经济尤其是对外贸易来说是至关重要的一段时期，1994 年的人民币并轨和贬值以及 1996 年的放开经常账户，使得中国融入世界贸易经济体系的速度进一步加快。而在 1998 年 6 月，为增强中国石油企业的国际竞争力，适应国际原油市场的变化，中国政府对原油、成品油价格的形成机制进行了重大改革，即原油价格与国际市场接轨（目前我国绝大部分的原油作价与印度尼西亚的部分原油联动，少部分原油与马来西亚的塔皮斯原油联动，每月以相当于官价的形式调整一次）。作为 PPI 的主导组成部分，原油价格与国际市场的接轨在一定程度上提高了中国 PPI 和世界 PPI 的同步性（见表 7-1）。

表 7-1 国内成品油提价后与国际价格比较

品种	零售基准新价（元/吨）	上调幅度（%）	国际成品油纽约（元/吨）	国际/国内
汽油	6 980	16.70	8 364.88	1.20
柴油	6 520	18.10	7 119.74	1.09

注：1 吨汽油=8.51 桶，1 吨柴油=7.31 桶。
数据来源：CEIC 数据库，长江证券研究所。

1996年以来中国的PPI与世界主要经济体尤其是美国的接轨程度的确在不断上升，如1998—2000年、2002—2004年中国PPI的上升在很大程度上是由于美国经济在信贷泡沫破灭之后的恢复，但是两国PPI的关系却发生了由中国滞后于美国到中国超前于美国的变化，这种现象在2005年中国改变固定汇率、人民币升值之后体现得更为明显（见图7-1至图7-3）。

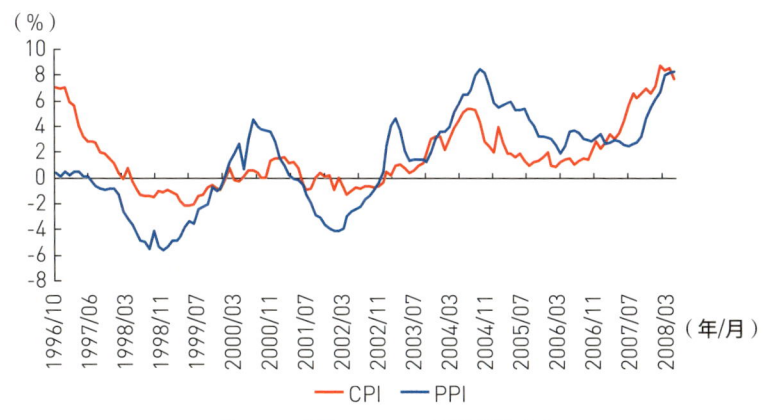

图7-1 中国CPI、PPI同比增速变动

数据来源：Wind资讯，长江证券研究所。

图7-2 中国PPI分类指数同比增速变动

数据来源：Wind资讯，长江证券研究所。

07 PPI演绎利润轮动　217

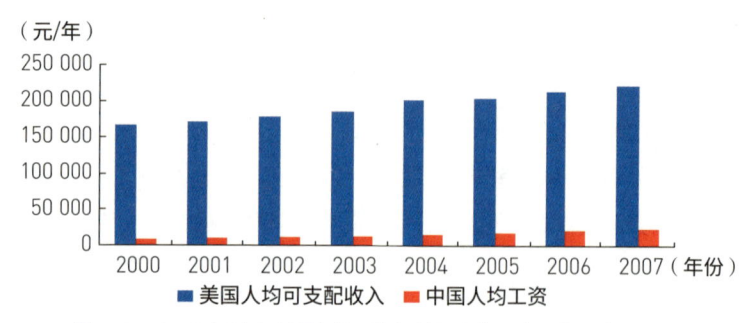

图 7-3　2000 年以来中国人均工资与美国人均可支配收入直观差距

数据来源：彭博，长江证券研究所。

PPI：是中国影响世界还是世界影响中国？

解释赶超型国家与被追赶型国家之间 PPI 关系的阶段性变化的首要之处在于，我们应该清楚共生模式中核心消费国、核心制造国以及核心资源国的定位。核心制造国自身工业化的进程不仅是国内产业结构的优化过程，而且更为重要的是其与核心消费国之间的贸易联系将会进一步扩大（可参考图 7-4）。

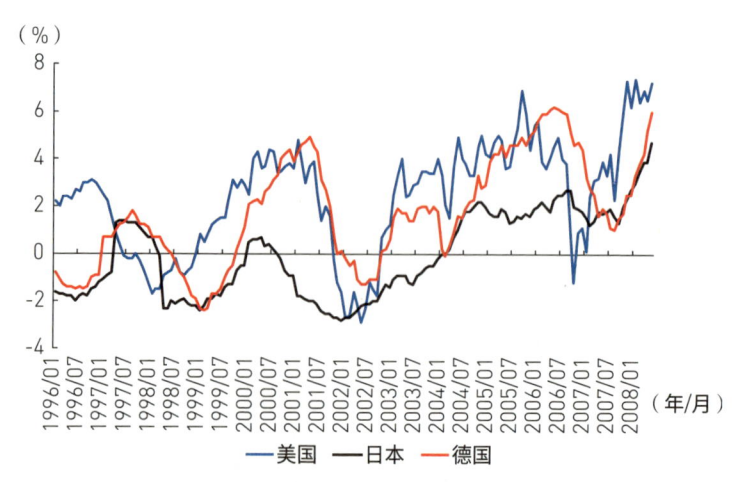

图 7-4　1996 年以来美国、日本、德国 PPI 同比增速变动

数据来源：Wind 资讯，长江证券研究所。

218　周期真实义 1

在二战后经济的发展中,日本与美国之间的贸易增长充分体现了其工业化进程的高速发展。1965年,日本对美国出口和进口的比重已经大体相同(见表7-2),这意味着日本产业的生产能力和技术实力大增,对美国进口的需求开始减弱,向美国大量出口的需求逐步增加,日本产业的贸易结构从进口的对美依赖偏向出口的对美依赖转变。结合1994年以来美国从中国进口占全部进口比例不断上升的趋势(见图7-5),我们已经可以了解,20世纪60—70年代日本以及现在中国与美国PPI联动性的加强更多来自两国之间的贸易深化。

20世纪70年代美国进口需求对日本依赖性逐步加大的过程,实际上意味着追赶型国家自身PPI的向外传导能力也在不断扩张,由于资源约束所引导的成本传导压力,终端需求以及中游制造角色的分化本身就表明美国PPI与制造国PPI之间的传导时滞,而本币的升值效应在这一过程中则加快了这一进程。1971年在"尼克松冲击"下形成的日元一次性大幅升值,使日本在1971—1973年PPI增速基本维持在0以下(见图7-6),在1973年布雷顿森林体系崩溃后,日本PPI对于美国PPI的引导作用开始越发明显。

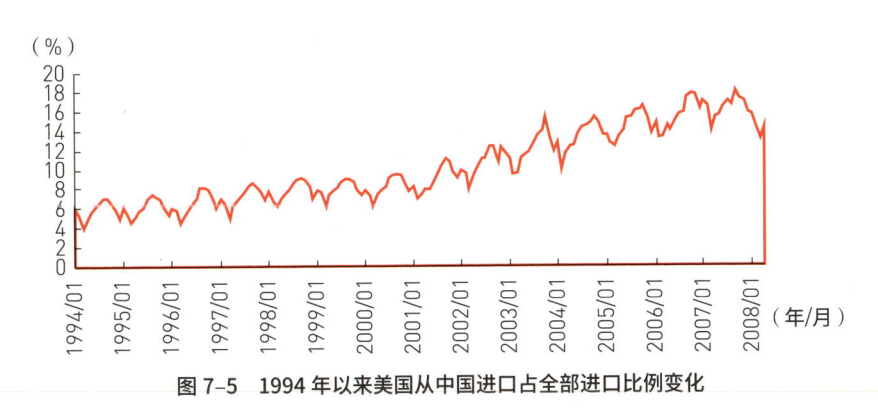

图7-5　1994年以来美国从中国进口占全部进口比例变化

数据来源:Wind资讯,长江证券研究所。

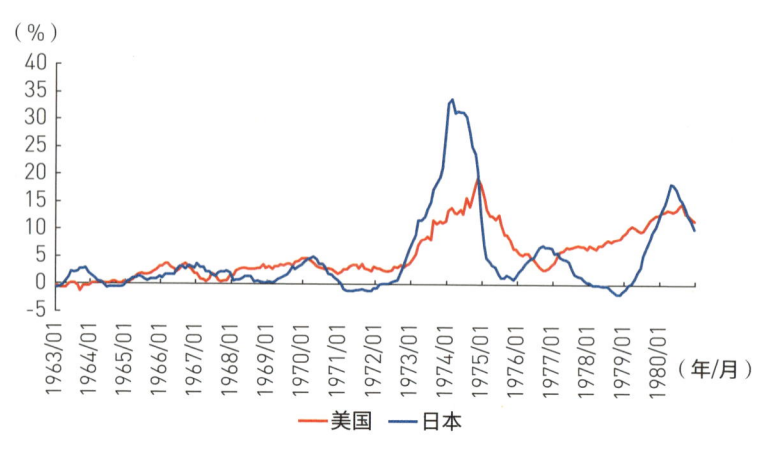

图 7-6　1963—1980 年美国、日本 PPI 同比增速变动

数据来源：Wind 资讯，长江证券研究所。

表 7-2　1950—1990 年日本进出口结构（单位：%）

年份	美国		西欧		亚洲新兴经济体		东盟	
	出口	进口	出口	进口	出口	进口	出口	进口
1950	21.6	43.2	12.1	4.0	14.9	5.5	13.9	12.6
1955	22.7	31.3	10.3	7.2	12.5	4.6	9.6	14.1
1960	27.2	34.6	11.8	8.8	11.0	2.6	10.3	12.8
1965	29.3	29.0	12.9	8.9	9.6	3.3	8.7	9.7
1970	30.7	29.4	15.0	10.4	13.7	3.5	7.2	9.4
1975	20.0	17.9	14.6	7.6	12.5	4.8	8.0	12.1
1980	24.2	17.4	16.6	7.4	14.8	5.2	7.1	16.3
1985	37.2	19.9	14.3	8.5	12.8	7.6	4.2	14.4
1990	31.5	18.3	18.7	12.2	19.7	9.0	7.8	9.0

数据来源：《日本产业结构》，长江证券研究所。

那么，就世界经济而言，随着新一轮长波周期过程中新兴工业化国家也就是中国的崛起，20世纪70年代出现的资源约束问题再次出现，而中国和当时的日本一样对汇率水平做出了一定幅度的调整，中国PPI对美国PPI的引导作用也已经开始逐步显现。因此，我们一直认为解决此轮世界经济资源约束机制的最终措施必定在于总需求的回落，考虑到美国PPI与中国PPI的时滞性，这也就表明当前的需求压缩不仅仅是中国需要解决的问题，还需要全球包括美国的努力，毕竟在中美相互依赖性加强时，探寻究竟是中国影响世界还是世界影响中国已经显得多余，在成本限制的通胀面前任何一个经济体都会面对一样的困境。

20世纪70—80年代日本的PPI是实体经济与虚拟经济的关键连接点

考虑到资源约束以及这种调整过程的世界性，我们在探讨虚拟经济的演绎趋势时，需要更为长期以及宽泛化的对比思路，20世纪70—80年代日本实体经济所遭遇的石油危机虽然有过分偶然性的因素存在，但是这种资源约束与经济增长之间的矛盾性，包括世界经济一体化中需求的多重性确实与目前中国正在经历的情况是一致的。所以，我们在此首先需要了解日本PPI如何扮演实体经济与虚拟经济纽带的角色。

日本PPI上升对顺差和升值的关键影响

自1970年日元升值以来，从日本贸易顺差数据、美国与日本PPI同比增速的比较、美元兑日元汇率的波动中可以发现（见图6-22至图6-24），三者变化的趋势几乎一致，贸易顺差与美国、日本PPI之差，美元兑日元汇率总是呈正相关关系。但是，在石油危机之后，这个问题发生了逆转，而从贸易顺差的变化来看，我们可以发现其中很重要的因素便是日本、美国PPI增速的变化，而这又取决于国际原材料价格的波动。

关于第一阶段也就是贸易顺差持续累积过程的演绎，我们认为这是基于日元升值初期，劳动力价格重构的过程尚未完成，因此实际汇率缺口长期存在，这成为本国贸易品部门（主要是制造业）产品的核心竞争力，而在世界范围内原材料价格没有出现大幅上涨的背景下，日本国内在购进以美元为定价基准的原材料时本币的支付数额相对下降，进一步强化了这一竞争优势，这是1973年石油危机前贸易顺差维持的内在机制。因此，虽然从1971年日元升值开始到1973年石油危机之前，日本日元升值和通货膨胀并存的趋势非常明显，但是日本的PPI涨幅在通货膨胀的情况下却依然能够保持在低位徘徊。

但是1973年石油危机的出现使日本国内经济出现了由第一阶段向第二阶段（也就是阶段性贸易逆差过程）的转变，其内在动因在于能源危机带来的世界性的大宗商品价格爆发式上涨推升了原材料价格，具体表现为国内PPI快速上升并超过被追赶国家，这抵消了日元升值带来的本币购买力上升，同时由于日本当时国内的实体经济增长相对于美国更多地依赖于原材料加工，原油价格的上涨使得日本后续阶段成本推动的通胀压力大于美国，即原材料带来的成本上涨对日本国内制造业冲击甚至超过了劳动力价格重构带来的生产率优势。

在资源价格上升的背景下，PPI是通货膨胀的先行指标，具体体现在实体经济中是通货膨胀水平上升的速度大于实际汇率缺口变化率。考虑在巴拉萨－萨缪尔森效应中，实际汇率＝名义汇率 × 通货膨胀率，这意味着名义汇率贬值具有了内在动力，当然，这是通过贸易品部门竞争优势的下滑实现的。可见，石油危机这种极致的资源约束机制不仅使日本经济脱离了原有的发展趋势，更关键的是伴随着PPI的上升过程，还使日本贸易品部门的竞争力下降。

PPI与虚拟经济拐点的直观理解

在上述变化背景下，关于第一次石油危机期间日本虚拟经济的发展趋势问题，我们之前实际上已经有所提及，只不过当时更强调的是在20世纪70年代初期石油危机爆发前后，政策变动以及资本流动对市场如何演绎顶部的影响。而在本章中，我们将着重探讨实体经济与虚拟经济底部的演绎过程。

伴随着石油危机影响的逐步减退，日本股价在 1974 年也出现了小幅反弹。进入 4 月之后，大盘走势的充分调整以及对未来金融解禁的期待使得股价出现了大幅的上涨，与此同时，对能从高通货膨胀中受益的股票的期待，使得钢铁、化学、纤维和房地产等板块具有资产重估概念的股票出现了轮涨。但是 6 月上旬股价盘整之后出现了小幅下跌，此后西德银行的倒闭、外资基金的卖出以及自民党选举的失败加速了股价的下跌。秋季以后，对汽车、纤维和海运等行业业绩恶化的预期，美国股市的下跌以及日本政局的不稳再次促进了股价的大跌。10 月下旬之后世界性的金融缓和以及原油价格的下跌，使得股价开始出现了上涨，海运、化学、钢铁、房地产和造纸等板块交替上涨。但 12 月田中首相的下台又引起了市场对政局的不安，大盘蓝筹股出现了领跌，这就是 1974 年市场底部出现的全过程（可参考图 7-7）。

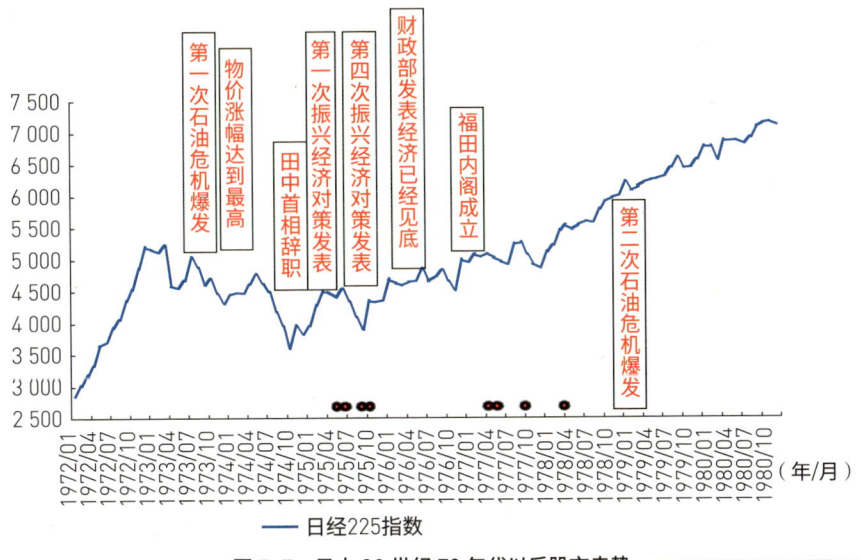

图 7-7　日本 20 世纪 70 年代以后股市走势

数据来源：《日本证券数据》，长江证券研究所。

比较美国 PPI、日本 PPI 以及日经 225 指数在 1973 年石油危机爆发前后的走势（见图7-8），日本此轮PPI上升趋势的最高点出现在1974年2月，美国PPI上升的最高点出现在1974年11月，而日经225指数的最低点则出现在1974年10月，另外在1975年9月出现了另一个次低点。按照日本当时公布的企业利润数据（见图7-9），整体企业利润在1973年石油危机前后的最低点出现在1975年，那么，这种背景下的虚拟经济见底确实有宏观经济数据支撑，即所谓的通货膨胀和利润变化是虚拟经济调整的决定因素。

图7-8 资源约束冲击下日本股市与美国、日本PPI同比增速的联动性比较

数据来源：彭博，长江证券研究所。

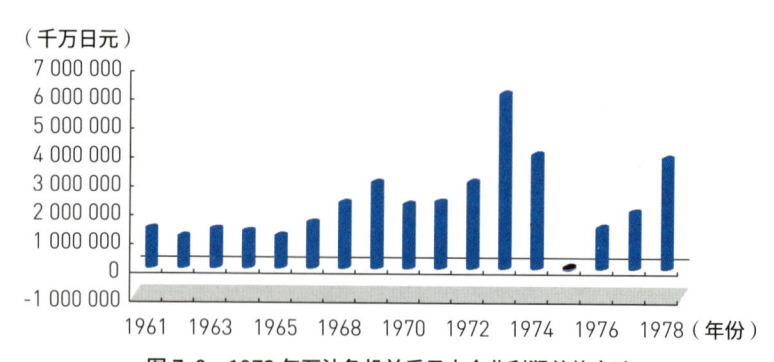

图7-9 1973年石油危机前后日本企业利润总值变动

数据来源：CEIC数据库，长江证券研究所。

日本在经济底部的行业轮动：基于 PPI

在世界经济进入长波周期衰退期的过程中，日本股市在面对极致资源约束的情况下，随着美国 PPI 的回落，股指才出现真正的阶段性底部，我们认为这并非特例或者偶然现象，之前已经强调过 PPI 对于工业化国家以及处在重化工业阶段的企业利润增长的特殊意义，而日本和美国这种 PPI 回落趋势的差别在根本意义上决定了日本企业利润之前的受损以及最终的恢复过程。

依据日本 1963 年以来的 PPI 分类指数，我们选择了上、中、下游中具有典型代表意义的制造业细分行业，分别是石油及煤炭、钢铁、有色金属、化工和一般机械，从价格指数的演绎趋势来看（见图 7-10），在第一次石油危机期间，有色金属行业出厂价格指数增速的最高点是在 1974 年 1 月，一般机械行业是在 2 月，钢铁行业在 7 月，化工行业在 8 月，而石油及煤炭行业出厂价格指数涨幅的最高点是最后一个回落的，在 1974 年 10 月。

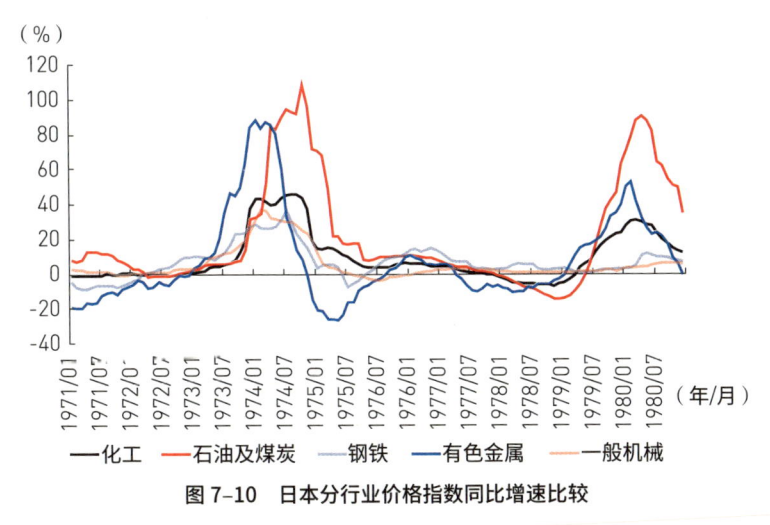

图 7-10 日本分行业价格指数同比增速比较

数据来源：彭博，长江证券研究所。

依据上、中、下游行业价格指数在增速回落上的差别，我们就可以整理出日本股市为什么在美国、日本 PPI 回落的间断过程中才会真正见底，而之后仍然存在一个底部确认的过程。简单而言，石油及煤炭代表的是化工、钢铁、有色金属、一般机械行业最上游的原材料成本，那么上游成本回落滞后于中下游的过程，就是挤压中、下游制造业利润的过程，所以，虽然日本PPI在1974年2月最终见顶回落，但这一时间是中、下游的制造业利润增长大幅回落的开始，日本缺乏国内资源的属性也使得整体企业利润的增长面临减缓的压力，而这种大幅回落的过程直到石油及煤炭价格指数增速回落才有好转的迹象。由于物价指数回落程度的差异，部分行业尤其是原本受到压制的中下游制造业的利润率出现回升的迹象，这是通货膨胀预期改善引导日经225指数调整结束的第一阶段。

由于需求萎缩全面引导物价指数开始回落，对当时处于重化工业阶段、中上游行业占比较大的日本而言，虽然部分下游制造性行业如机械行业的利润率增长情况存在一定的好转，但是由于经济增长回落导致的需求量不足，整体工业企业利润依然处在下滑过程中，这也是日经225指数在1975年9月创下第二个低点的原因。

如此的逻辑推导也就衍生出了另一个有意思的问题，为什么日本当时石油及煤炭行业价格指数的回落会滞后于其他中、下游行业，一方面，最上游的原材料行业的天然属性引发了这种趋势，毕竟下游行业对价格承受力的下降最终传导到上游行业需要一个过程，其中也涵盖了中、下游行业压缩自身利润的方式；另一方面，从国际化的视野来看，虽然在共生模式中美国作为核心的消费国与专业的制造国之间存在典型的差异，但是无论是消费（如汽车）还是工业化生产都难以脱离石油的约束，这也是美国和日本都会受到石油价格上升影响的本质原因所在，只不过由于消费惯性的存在，加上美国对于价格上升的承受能力要高于赶超型国家（可参考图7-11），在一定程度上延后了石油价格回落的时间。所以，虽然美国PPI的回落不一定意味着石油价格的回落，但是很明显这个趋势显示全球最为强劲的消费体已经对原油价格上升的趋势难以忍受，而如此演绎的最终结果自然也就明示了上游原油和煤炭价格的趋势性回落。

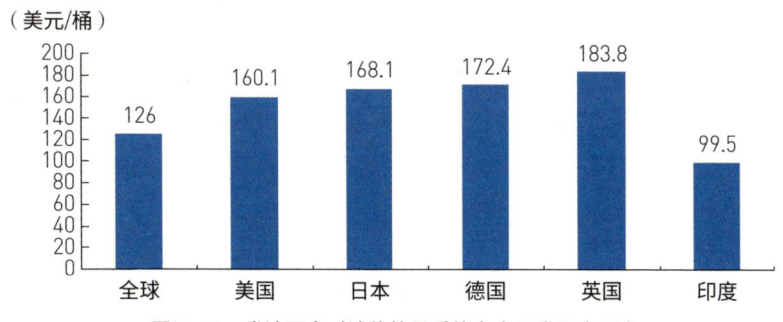

图 7-11　发达国家对油价的承受能力高于发展中国家

数据来源:《经济学家》，长江证券研究所。

基于 PPI 的比较：中日的不同

中日当前最显著的不同，基于我们对于共生模式嬗变的理解，就是相比于 20 世纪 70 年代的日本，中国在解决世界通货膨胀中的作用更强。综合而言，随着赶超型国家工业化的日益发展以及美国自身的消费化倾向，资源约束背景下的制造型国家与消费型国家之间存在明显的 PPI 引导作用，而这种引导的过程在上游资源品价格大幅上升的背景下往往会存在抑制整体工业企业利润的作用，这是资源约束所导致的经济增长限制作用的关键，但是解决这一机制的核心力量并不集中于赶超型国家，需求端回落是解决供给约束导致的成本压力的唯一方式，但这种需求的回落需要美国与制造国之间的合力。

中国目前的实际情况，在产业结构方面与日本在 20 世纪 70 年代遭遇石油危机时的情形有重大区别，尤其是在国内资源的丰富性上，中国拥有的大量煤炭资源有利于缓和类似于日本在遭遇石油危机时上游产业的资源贫乏所导致的企业利润加速回落的情况。另外，2008 年的美国与 20 世纪 70 年代初期的美国相比，虽然经济增长更加依赖于消费，但是内生性需求的增长力度在次贷危机的背景下已经显得较为弱势，这意味着美国对于能源价格上升的承受能力尤其在目前阶段出现了弱化，那么，去除偶然性的战争因素，中国可能经历的利润收缩空间比日本在 20 世纪 70 年代经历的要小，不过考虑到资源约束与需求收缩之间的必然性，这个过程仍将不可避免。资本市场盈利前景的下滑是我们在 2008 年下半年或者 2009 年初不得不面临的一个问题。当然，这种触底的过程自然依托于世界经济对于能源的需求的收缩，主要的开始标志应该是美国这一核心消费国对于能源的需求的下滑。

资源约束与产业结构变动：日本在石油危机中的经济转型

在论述了宏观经济包括虚拟经济在资源约束背景下的核心调整机制后，作为行业配置的分析框架，我们需要探讨各个行业在这种调整方式下景气回落、景气底部再到景气复苏的过程，日本在石油危机过程中经济转型所带动的产业结构的变动无疑为我们提供了最好的借鉴思路，而价格波动体现的需求收缩和成本上升过程则是我们分析的主导逻辑前提。

从日本经济发展的历史看，石油危机后，日本的经济发展由高速增长阶段进入了稳定增长阶段，各行业的地位与发展趋势也发生了改变，这是我们在讨论行业配置时必须弄明白的问题。本部分我们依据上、中、下游行业分类，重点分析在新的经济增长阶段来临时，外部环境变化对行业的相对关系与发展空间造成的影响，参照日本当时的经验，这一过程显然是重化工业向先进制造业的转型。

石油价格冲击下的产业结构调整与转变

上游原材料和原材料加工业

上游原材料行业一般包括采掘业和金属冶炼、化学原材料和化学制品等行业。但日本相较于我国，资源绝对贫乏，可比性较低（见图 7-12）；而在金属冶炼和石油化工等行业，中国和日本面临相似的原材料大部分依靠进口、生产在国内的情形。在这里我们主要比较钢铁冶炼和石油化工两大类行业。整体来讲，日本在经历石油危机的冲击以后，经济的发展路径和模式出现了大转折，由高增长时期进入了"多样化时代"（或稳定增长时代），在成本变化和原材料对外依赖度高的背景下，原材料行业的发展路径发生了转折，金属、化学、纤维、纸与纺织等行业进入了结构性萧条期，发展模式开始由粗放式增长向集约化、技术化转变。

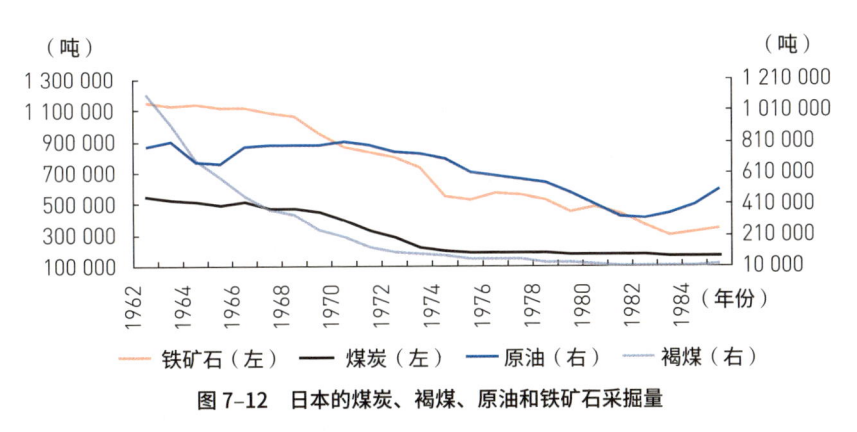

图7-12 日本的煤炭、褐煤、原油和铁矿石采掘量

数据来源：CEIC数据库，长江证券研究所。

钢铁是日本工业化的主要原材料，日本铁矿石获得对外依赖度高，运输成本大的特点与我国相似，因此利润率较低（见图7-13、图7-14）。日本的钢铁企业在形成之初，便受到了高原材料成本和国内资源稀缺的制约，仅原料和燃料成本（煤炭）就占了总成本的84%。日本在经历1973年石油危机的冲击后，钢铁行业再次受到高成本的困扰。日本钢铁行业的结构与景气度发生了改变，钢铁行业由于能耗高不再成为日本经济的主导产业，行业的发展主要通过提高技术，生产特种钢铁、高级钢铁来推动，并且钢铁企业集中度提高，形成了两家企业的产值占到了行业70%的寡头垄断地步（可参考表7-3、图7-15、图7-16）。

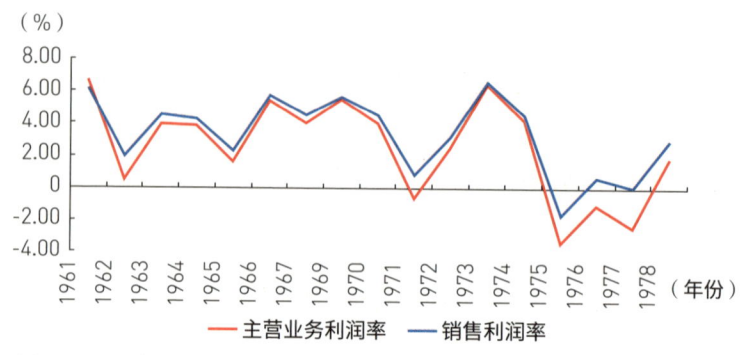

图 7-13　日本钢铁行业主营业务利润率和销售利润率走势（1961—1978 年）

数据来源：长江证券研究所。

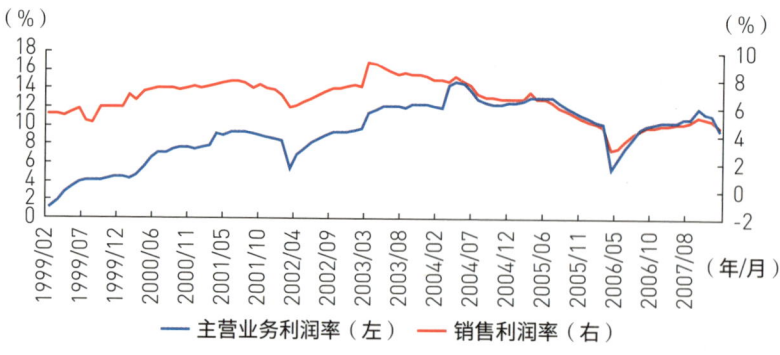

图 7-14　我国钢铁行业主营业务利润率和销售利润率走势（1999—2007 年）

数据来源：国家统计局，长江证券研究所。

表 7-3　日本钢铁业基本经营情况（1971—1980 年）

年份	公司数目	从业人数	工资费用（10亿日元）	原材料费用（10亿日元）	产品销售收入（10亿日元）	行业总产值（10亿日元）	行业增加值（10亿日元）
1971	7 619	535 155	6 998	44 023	62 468	61 443	15 686
1972	8 103	528 671	7 561	45 215	66 915	65 346	18 756
1973	8 288	528 221	9 529	59 521	92 203	89 340	28 914
1974	8 297	522 015	12 076	84 943	121 945	120 621	34 836
1975	8 486	506 395	13 051	84 215	113 063	111 164	25 210

续表

年份	公司数目	从业人数	工资费用（10亿日元）	原材料费用（10亿日元）	产品销售收入（10亿日元）	行业总产值（10亿日元）	行业增加值（10亿日元）
1976	8 393	478 404	13 375	90 797	125 118	118 726	29 892
1977	7 374	464 306	14 171	95 784	132 480	121 516	30 746
1978	7 360	445 164	14 280	89 983	134 393	120 120	36 657
1979	7 354	434 462	14 988	101 096	157 216	142 691	49 933
1980	7 199	428 957	16 118	121 347	178 640	163 944	52 319

数据来源：《日本统计年鉴》，长江证券研究所。

图 7-15　日本钢铁行业股价指数走势

数据来源：长江证券研究所。

图 7-16　日本钢铁业价格指数（1960—2002年）

数据来源：长江证券研究所。

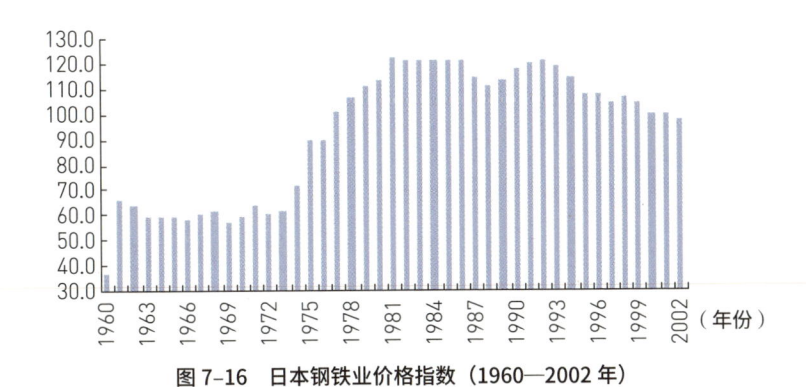

07　PPI演绎利润轮动　231

日本化工业的代表乙烯行业在1965年以后投资规模一直较快地增长。1970年该行业出现过剩，第一次石油危机后受日元升值、原油价格上涨和劳动力短缺等因素影响，出现了利润下滑与长期供给过剩的局面，在20世纪70年代以后进入了长期的结构性萧条。从图7-17可以看出，即使在价格提升的情况下（见图7-18），1973年以后化学纤维行业还是经历了长期的亏损，中国相关行业的发展情况可参考图7-19。化学纤维行业的市场竞争度高，定价能力和抵御成本上升能力差，且下游纺织业面临衰退，需求量大幅下滑，1973年原油价格冲击后，该行业的竞争优势不再。1973年日本制定了该行业的产业政策，明确该行业向三个方向转变：（1）由劳动密集型向知识密集型转化；（2）多元化和产业链整合；（3）国际协调产业的取向。产业由增量生产向提供高附加值和高科技产品发展。以上过剩化工行业均形成了衰退卡特尔，行业内企业实行同时减产政策，稳定价格与减少竞争，保持一定的盈利能力。但行业竞争力下降与产业转移的必然趋势使这些行业的衰退趋势难以被逆转。

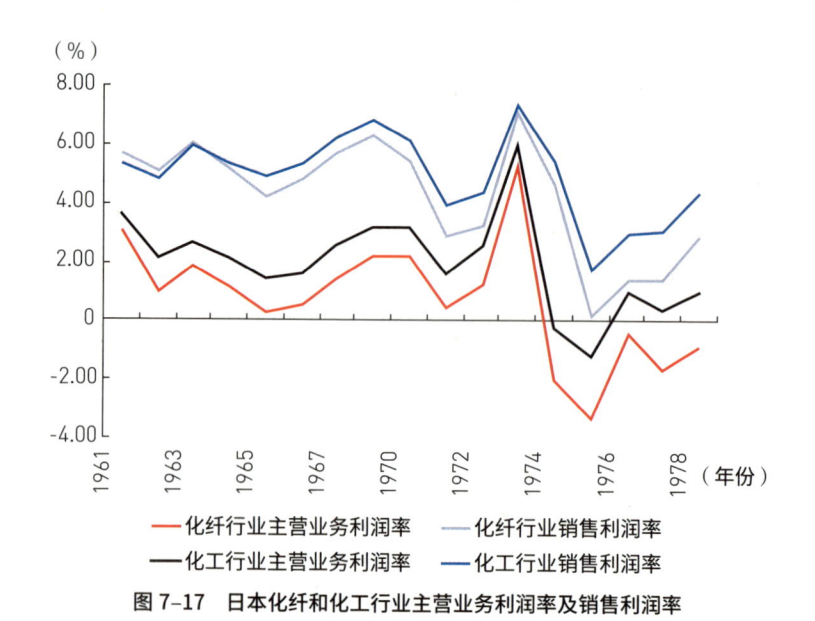

图7-17 日本化纤和化工行业主营业务利润率及销售利润率

数据来源：长江证券研究所。

图 7-18 日本化学制品和塑料制品价格指数（2000 年 =100）

数据来源：长江证券研究所。

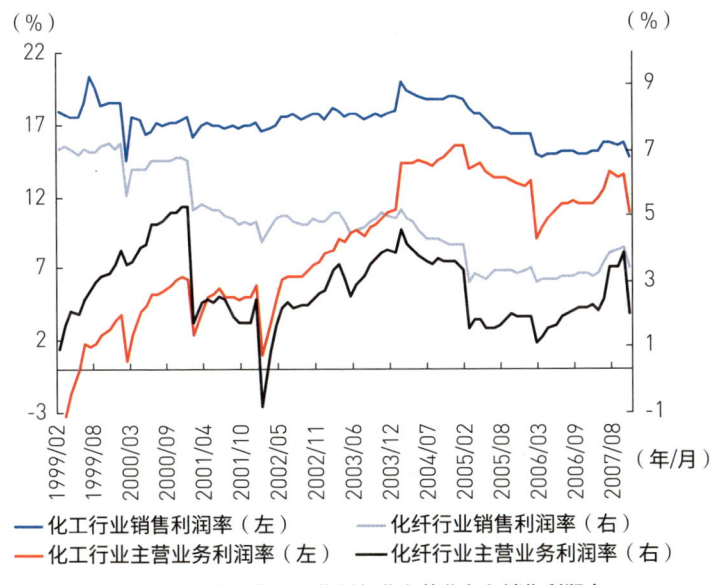

图 7-19 中国化工、化纤行业主营业务和销售利润率

数据来源：长江证券研究所。

中游制造业

在日本制造业高速增长阶段（1956—1970 年），机械制造行业一直呈快速发展的状态（见表 7-4），在这个高速增长时期，钢铁、机械、石油化工、造船和汽车等行业成为主要支柱产业。从结构来讲，以高耗能和满足国内需求为主。

表 7-4 日本机械行业发展比较

	制造业	机械工业	一般机械业	电气机械业	输送机械业	精密机械业
1955 年产值（10 亿日元）	67 694.6	9 993.1	3 212.7	2 507.7	3 709.2	563.5
1970 年产值（10 亿日元）	690 347.8	223 044	68 063.3	73 305.4	72 758.2	8 917.1
平均增长率（%）	16.7	23	22.6	25.2	21.9	20.2
增长倍数	9.2	21.32	20.19	28.23	18.16	14.82

数据来源：长江证券研究所。

1973 年石油危机发生以后，机械行业的能源费用成本快速提升，这导致了行业利润的下降，1975 年行业利润率急速下滑，虽然在 1976 年行业利润出现上扬，但却保持在较低的水平，尤其是能耗高的一般机械行业，利润率从高速增长时期 8% 左右的水平降到 1.5%（见图 7-20）。行业的结构开始调整，部分行业遭到淘汰，而技术密集型的机械、汽车和家电等行业却得到了快速发展。

从行业的股价表现看（见图 7-21、图 7-22），作为日本受石油危机冲击后，国民经济恢复增长与寻找新方向的主导部门，机械行业成为未来发展技术密集型、资本密集型和集约化生产方式的代表性部门，受到了产业政策的扶持，股价在经历短暂的冲击后便恢复上涨。

作为日本产业转型和升级、克服石油危机的冲击的主导行业，日本的组装加工业得到了较快发展，汽车、家电、机械、精密仪器和半导体等行业成为日本提升国际竞争力的优势产业。对汽车行业，日本具有明确的发展战略：技术引进—国产化—增加国民收入—确立大量生产—出口导向—主导产业。在经历石油危机的冲击后，日本汽车产业凭借低油耗出口额大幅增长，在出口总额中的比重从 1970 年的 7.5% 提升到 12.2%。另外日本机械行业凭借技术引进与自主创新逐步发展（可参考图 7-23）。需要结合一国经济对设备投资的需求和技术水平在国际上的竞争力两个角度观察机械行业的发展。在日本经济高速增长时期，对设备投资的需求促进了该行业的发展；在石油危机后，受内需减少影响,机械行业需求出现下降,但通过技术研发,该行业的国际竞争力逐步提升,出口总量在1983年继续占到整个制造业的35.9%,尤其是切削类工作机械的出口量在世界上遥遥领先。日本通过技术创新逐步在电视、洗衣机、冰箱及音响等行业确立优势,这些行业的产品为日本的出口做出了较大贡献,其出口率在20世纪80年代高达80%,为日本解决了大量的就业问题。

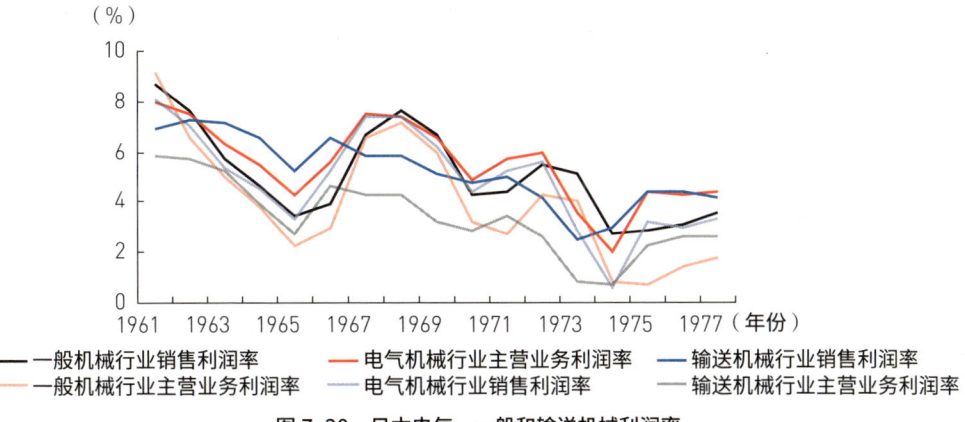

图7-20 日本电气、一般和输送机械利润率

数据来源:长江证券研究所。

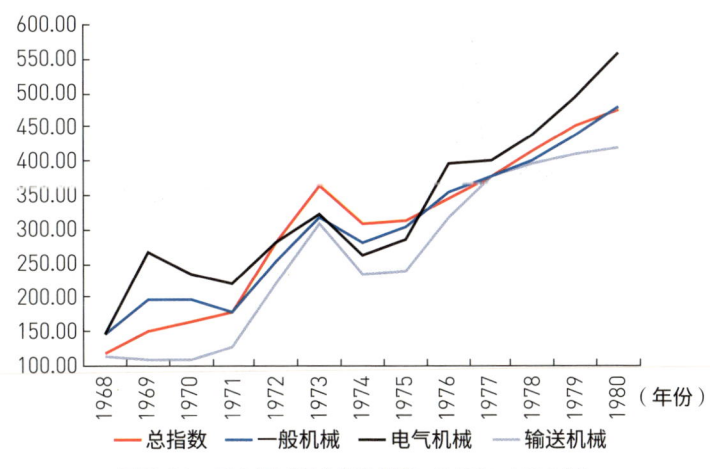

图7-21 日本机械行业股价指数(1968—1980年)

数据来源:长江证券研究所。

07 PPI演绎利润轮动

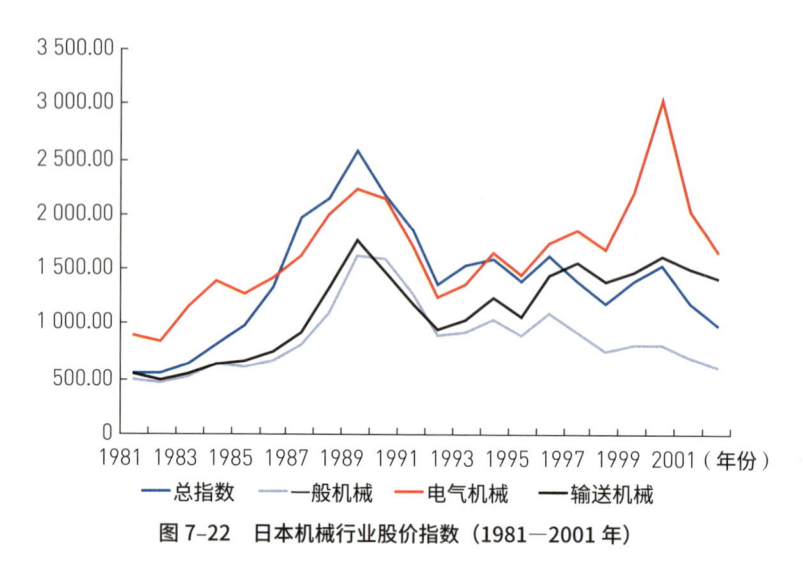

图 7-22　日本机械行业股价指数（1981—2001年）

数据来源：长江证券研究所。

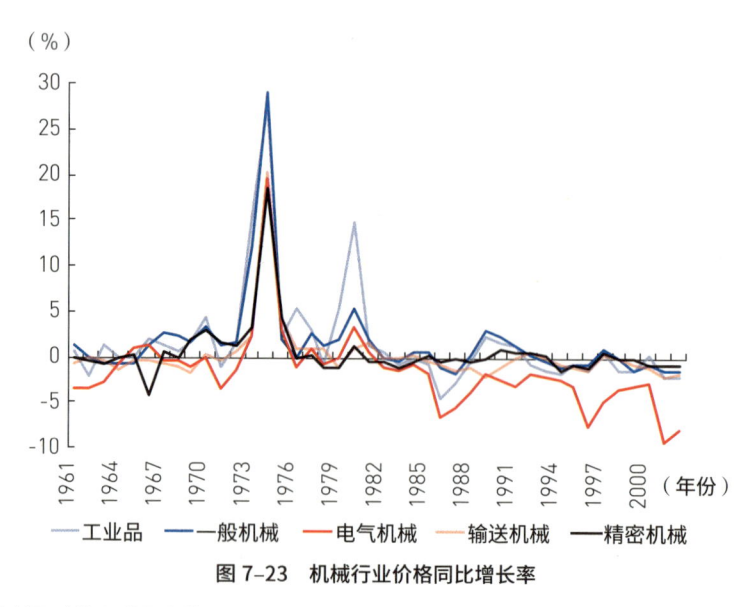

图 7-23　机械行业价格同比增长率

数据来源：长江证券研究所。

上面讨论了机械细分行业在遭受石油危机的冲击后,利润、股价和结构发生的变动。在考虑对我国的借鉴意义时,作为重工业化阶段的主导产业,制造业内部行业的演化成为经济保持高增长的主要动力。日本的制造业的发展全景为我们厘清我国下一阶段经济的增长与制造业的演变提供了参考信息。从表7-5可以看出,在不同的经济发展阶段,日本整体制造业满足于不同的需求因素,通过对技术的引进与创新,成功地实现了产业升级。20世纪70年代以后,日本着力发展电气机械、精密机械和汽车等低耗能产业,通过技术领先抢占世界市场,成功地维持了其出口能力。

表7-5 日本主导产业的演变

时期	日本主导产业	技术	刺激因素
20世纪50年代	化学、钢铁、造船、电气机械	引进	战后重建
20世纪60年代	汽车、一般机械、家电、化学和钢铁	引进与创新	消费升级
20世纪70年代	电子计算机、汽车、一般机械、化学	自主创新	成本冲击

资料来源:长江证券研究所。

日本能够逐步转换主导产业的一个主要原因就是其极强的技术引进、吸收与创新能力。20世纪60年代前,日本就通过外汇配额制度引进技术,引进的技术必须是最先进的,并且创建了对技术进行吸收与创新的体系。20世纪60年代,日本更是全面引入汽车、电子、化学、机械等行业的先进技术,并十分注重国产化,在1965年就可以自主生产汽车。20世纪70年代时日本的技术就处于世界领先水平,这种强技术创新能力是20世纪70年代以后日本经济发展的最根本原因。另外,日本在制定产业政策时,最注重的就是形成对产业升级的牵引力,政府一般每十年制订一个促进产业升级的计划,强力扶持新主导产业,使得以技术为基础的产业升级在前一轮经济增长阶段便奠定了基础,从而使得经济的过渡十分自然,减少了社会的震荡与经济的波动。

在应对夕阳产业方面,日本主要采取设备废弃与对外投资的措施进行海外转移,并且在转移过程中,不断开发新市场,为新主导产业的海外扩张奠定基础，以产业升级为主导的战略在日本的发展过程中占有重要地位（可参考图7-24）。

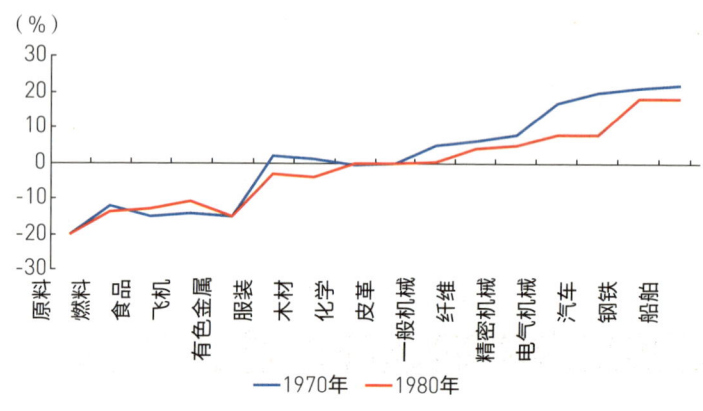

图7-24 日本制造行业出口比例－进口比例

数据来源：长江证券研究所。

对于日本这样一个经济体，其获取经济大国地位的根本保证是出口导向型战略，在世界竞争舞台上，通过技术和产品领先获取绝对优势。从这个角度讲，制造业的产业升级与技术进步是日本经济发展所必需的。制造业升级在日本经济发展中的作用是我们在思考我国的发展路径时必须借鉴的。

通货膨胀背景下经济转折期的消费变动

按照我们在《通货膨胀背景下经济转折期中日消费对比——基于城市化进程的消费分析框架》中提出的逻辑，可以以石油危机的出现和结束时间为节点将日本20世纪70年代的消费增长分为三个阶段：

第一个阶段（消费增长繁荣期）从1969年延续至1972年。这一阶段的主要特征是城市化率的高速增长使日本城市和农村的消费都保持较高增长，从而进一步促进了耐用消费品的普及，而交通通信和教育娱乐等杂费及住房支出在1973年石油危机出现之前也依然保持着较快的增速。在这一阶段后期（1972年），还出现了物价高涨促使消费者预先购买的现象，这带动了衣服消费和交通通信等杂费支出的增加,这些支出取代了耐用消费品逐步减少的消费支出。

第二个阶段(消费增长低谷期)从1973年延续到1974年。这一阶段的主要特征是伴随着石油危机的出现,个人可支配收入下滑,出于对未来经济会继续下滑的预期,高通货膨胀下消费占比依然出现下降,耐用消费品的消费让位于食品和衣服等生活必需品支出,恩格尔系数出现短期反弹。

第三个阶段(消费增长恢复期)从1975年延续到1978年。这一阶段的主要特征是在石油危机结束后,随着1974年经济探底,1975年实际消费的回升支持了经济增长,但是此后的增长虽然有稳定的增速,但其增速却缓于1973年石油危机前的消费增速。在经济复苏的初期,衣服消费和杂费支出为拉动消费的主要因素,而交通通信和医疗保健等服务性杂费支出则是初期主要的边际增长因素;在经济复苏的后期伴随着城市化进程的发展,消费的高速增长阶段结束,消费增长逐步放缓,以置换消费为主要形式的耐用消费品支出增加并重新替代食品与衣着类支出成为消费增长的主要动力。

我们针对这三个阶段的消费大类进行分析可以得出以下结论(可参考图7-25)。(1)刚性较强的必需消费品,主要包括食品和衣着类,该类消费支出在第一阶段的实际增速加快主要来源于通货膨胀高涨引发的预先购买,随后在经济下滑年份中因为生活必需品支出增加,增加率放缓较轻,从而成为支持经济衰退时消费的主力和经济恢复初期消费反弹的主要动力,随着经济恢复的进一步明确,将重新让位于耐用消费品支出的增长。(2)耐用消费品的消费受到两方面因素的制约,一方面来自周期波动的影响,由于在经济下滑时实际可支配收入增长同样出现下滑,金融紧缩政策抑制了消费者信用,以及与耐用消费品关系紧密的住宅建设出现停滞,耐用消费品支出会更多让位于食品衣服等生活必需品支出。而且在经济恢复初期,未来预期不明朗使得长期消费意愿较弱,从而造成耐用消费品支出反弹力度较弱,当物价平稳后,耐用消费品支出仍将逐步成为消费支出增长的主要动力。另一方面的影响因素来自城市化进程导致的耐用消费品普及率的变化,从统计数据看,我们发现耐用消费品的普及虽然是经济下滑时消费减少的重要原因,但是受到普及率饱和影响，耐用品消费增速难以反弹到周期衰退前的水平。(3)居住类消费支出与通货膨胀率关联度较高，通货膨胀率越高，居住类消费支出名义增速越快，当物价平稳时，居住类消费支出名义增速也会放缓，但是在低谷期，居住类消费支出的实际增速依然出现了下滑，这主要是石油危机导致的高通货膨胀使价格过快上涨，这导致实际居住类消费支出下滑。(4)交通通信、医疗保健和杂费等服务类支出成为城市化后期第二阶段消费增长的动力，从经济运行转折前后的数据看，服务类支出实际增速放缓较慢而反弹力度很强，其增速向下的刚性很强，因此具有较强的抵御短期周期波动的能力，除了经济低谷期的两年，无论经济增长情况，服务类支出任何时期均能保持较高增速。

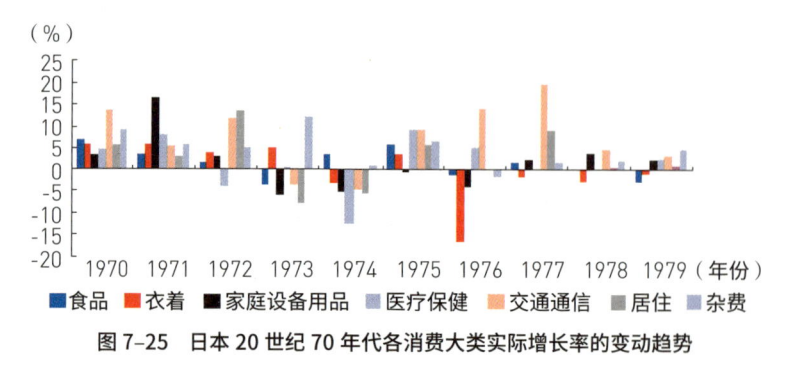

图 7-25 日本 20 世纪 70 年代各消费大类实际增长率的变动趋势

数据来源：长江证券研究所。

小结：资源约束后期的利润复苏及产业轮动

综合而言，我们依据行业的利润波动方式，从行业受到不同程度的影响看，农林渔、纤维、钢铁、非金属制品、批发和房地产等行业在高原材料成本与经济回落冲击下，行业自身恢复能力较差，连续四五年处于全行业亏损状态（参见表 7-6）。这类行业受到的成本冲击较大，且行业本身的集中度不高，转嫁成本的能力较低。房地产业与批发业则受制于经济回落导致的总需求不振。

表7-6 在石油危机冲击下一直处于亏损状态的行业（单位：10亿日元）

年份	农林渔业	纤维业	钢铁业	非金属制品业	造纸及纸制品业	批发业	房地产业
1973	34 000	43 500	65 500	15 700	227 000	1 639 000	526 000
1974	-70 000	-15 900	56 200	4 900	156 000	651 000	45 000
1975	-54 000	-26 400	-37 400	-25 500	-64 000	-815 000	-321 000
1976	-15 000	-4 000	-13 700	-12 300	-46 000	-470 000	-186 000
1977	-4 000	-14 300	-31 300	-12 400	-13 000	-498 000	-69 999
1978	-41 000	-8 000	26 100	-3 700	54 000	-16 000	-100 000

数据来源：《日本统计年鉴》，长江证券研究所。

从表7-7中我们可以看出，作为防止经济过度衰退的行业，建筑业的利润受政策影响，在经济回落最严重的1974年和1975年，并没有大幅下滑，反而在经济开始恢复的时候，利润出现了下滑。电气机械、输送机械行业的利润则是在1976年开始快速反弹。从利润情况看，比较抗经济衰退的是零售业和机械制造业。

表7-7 石油冲击后利润快速回升行业（单位：10亿日元）

年份	矿业	建筑业	机械制造业	电气机械业	输送机械业	食品饮料业	零售业	电气水运业	服务业
1973	134 000	528 000	355 000	687 000	257 000	40 000	485 000	104 000	252 000
1974	370 000	557 000	431 000	390 000	94 000	44 200	536 000	159 000	160 000
1975	243 000	428 000	88 000	85 000	78 000	24 000	273 000	112 000	40 000
1976	272 000	197 000	77 000	559 000	302 000	31 200	144 000	269 000	192 000
1977	180 000	150 000	162 000	578 000	422 000	48 600	87 000	428 000	267 000
1978	261 000	496 000	240 000	692 000	482 000	54 100	197 000	439 000	531 000

数据来源：《日本统计年鉴》，长江证券研究所。

从各行业利润占总利润的比例变化看（见表7-8、表7-9），在遭遇石油危机冲击后，受益于价格上涨，矿业和电气水运业的利润占比提高，而作为未来的主导产业，电气机械、输送机械业的利润占比也开始提高；而受益于消费升级，服务业和零售业的利润占比也开始提升。而高耗能、高资源消耗的化工、纤维、一般机械和钢铁业，以及批发和房地产业的利润占比出现大幅降低。

表 7-8　石油危机冲击后利润占比提高的行业（单位：%）

年份	矿业	电气机械业	输送机械业	运输与通信业	电气水运业	服务业	零售业
1965	2.93	8.06	7.84	6.09	9.49	1.96	8.84
1970	-0.60	23.56	8.96	3.14	9.98	20.56	2.13
1973	2.23	11.42	4.27	3.87	1.73	4.19	8.06
1974	9.44	9.96	2.40	0.48	4.06	4.08	13.68
1975	-656.76	-229.73	-210.81	78.38	-302.70	-108.11	-737.84
1976	19.69	40.46	21.86	1.52	19.47	13.90	10.42
1977	9.39	30.15	22.01	7.41	22.33	13.93	4.54
1978	6.90	18.30	12.75	5.02	11.61	14.04	5.21

数据来源：《日本统计年鉴》，长江证券研究所。

表 7-9　石油危机冲击后利润占比下降的行业（单位：%）

年份	一般机械业	纤维业	化学工业	钢铁业	批发业	房地产业
1965	3.88	0.59	14.02	4.12	3.69	1.03
1970	15.48	0.52	2.00	1.26	-17.23	2.03
1973	5.90	0.72	1.38	1.09	27.24	8.74
1974	11.00	-0.41	1.76	1.43	16.62	1.15
1975	-237.84	71.35	-8.92	101.08	2 202.70	867.57
1976	5.57	-0.29	1.97	-0.99	-34.02	-13.46
1977	8.45	-0.75	1.44	-1.63	-25.98	-3.65
1978	6.35	-0.21	1.48	0.69	-0.42	-2.64

数据来源：《日本统计年鉴》，长江证券研究所。

总体来看，在受石油危机冲击的 1974 年，钢铁业、建筑业、矿业、一般机械业、零售业和电气水运业的抵抗力较强；在经济加速下滑的 1975 年中，仅有建筑业、汽车业和电气水运业的利润下降幅度相对较小。在经济恢复时期的 1976—1978 年，最先复苏的是电气机械业、输送机械业、电气水运业、运输与通信业和服务业，而在这一阶段建筑、零售行业利润却出现了一次下滑。

这一过程的发展，一方面是因为行业自身的属性决定了在 PPI 加速回落的过程中部分原先受到制约的行业的毛利率先复苏。另一方面，我们无法忽视的是日本的产业扶持政策在这方面的作用。日本在石油危机后的产业结构调整或者说国民经济的发展主要围绕两个方面：一个方面是对结构性萧条行业进行危机处理，另一个方面是对新兴主导产业进行扶持与重视技术创新。对于新兴主导产业的寻找与扶植是日本受石油危机冲击后建立新增长模式和结构调整的战略重点所在。从这一调整的背景看，日本面对在过去 20 年的经济高增长中，污染和能耗、劳动力和生产要素成本提升积累的产业结构调整等问题，必须创建新的模式纠正这些弊端，而未来经济发展的关键是产业技术革新，这要求日本必须促进基础研究、开发应用研究、改革技术创新体制和推进关键技术的自主化。

在石油危机后日本产业政策的重点是大型化工业技术的研究与开发：推进新能源技术研究与开发（阳光计划）、节能技术研究开发（月光计划）和环保技术开发，提高国民的生活质量；推动能够提升日本国际竞争力的主导产业的技术突破；开发新一代产业与未来的技术领域；通过使用技术规避国际贸易摩擦；推进医疗和福利器械的研究与开发。在产业政策上重点扶持信息产业和特定机械工业、飞机产业及促进原子能开发。努力促进以电子工业为中心的技术变革，帮助企业从模仿向创造转变，并实施出口导向和大规模生产导向战略。建立国家级工业技术研究院，集中全国力量进行技术突破和技术全面化。

中国的产业结构转型：基于完善的价格传导机制

通过对日本在 20 世纪 70—80 年代石油危机冲击下行业利润的分化趋势的分析，实际上我们已经明白 PPI 对于判断此种背景下中国行业利润波动的重要意义，由于中国在行业构成上与当时的日本存在较大的差别，而成品油价格管制现象也是我们不得不考虑的一个问题，另外，中国在经济规模以及工业化程度上与日本的差异，在一定程度上决定了中国的消费以及产业转型与日本不同。

产业属性主导价格回落及复苏期的利润演绎

关于判断中国未来的制造产业利润分化问题，依据上述部分对于日本在石油危机前后产业结构尤其是产业内的利润分配变化的分析，实际上我们已经了解这种变化的大致方向，只不过，鉴于中国与当时日本产业结构的不同，我们自然首先需要了解日本当时产业利润变动的内在趋势，而价格因素则依然是我们寻找原因的关键。

参照日本分类物价指数在回落中的超前期比较、复苏期的滞后期比较，以及大类行业毛利率和主营业务利润变动（见图7-26至图7-29），实际上我们就可以总结出产业的价格变动的确在一定阶段内代表了产业的景气程度，但是在具有明确附属关系的中、下游制造业之间，比如钢铁业和机械业，却存在成本与产品价格的相对概念。具体来看，实际上我们可以将这种资源约束下的价格波动与利润现象的发展划分为三个阶段。

第一阶段，价格衍生产业的景气分化。延续我们的逻辑，在资源约束的背景下，成本上升的过程是一个不断由上游向下游传导的过程，但是不同的终端需求对于不断上升的价格的承受能力是有差别的，因此就存在最终需求回落从而导致价格回落的必然过程，产业之间自然存在一种景气回落的先后次序。参照日本分类物价指数在回落中的超前期比较，实际上行业的景气回落的先后次序是纺织品、造纸、有色金属、塑料、金属制品、电气设备、一般机械、矿产品、精密设备、交通设备、钢铁、电力天然气水、化工、加工食品、石油煤炭。这一阶段中的明显特征应该是，日本的整体PPI在1974年2月见顶后开始回落，但是美国的PPI依然处在高位。

第二阶段，毛利受损的相对差异。在第二阶段，典型的标志应该是美国PPI的逐步回落，而在这一过程中，最为明显的就是在全球需求回落的背景下，对基础性原材料如石油煤炭以及钢铁、化工的需求大幅回落，这一过程在日本的标志性表现应该出现在 1975 年。不过，我们也注意到，随着钢铁价格的回落，下游产业尤其是机械设备业，相对毛利率的受损程度略有减少，如典型的输送机械业在 1975 年已经开始出现毛利率的复苏，虽然总体上行业利润由于需求量的萎缩整体下滑严重，但是毛利率的回落差异以及 1975 年下半年价格指数的回升，都预示着经济增长存在复苏的萌芽。

第三阶段，量的主导时代。1976 年应该是日本工业企业利润在 1973 年 10 月石油危机后的复苏之年，需求的回升使得 PPI 价格指数出现一定程度的复苏，由此带动了大部分行业的毛利复苏，但是就机械制造业而言，由于自身的物价指数增速处在回落过程中，而钢铁行业价格指数的回升较为超前，使其反而出现了毛利下降的倾向。不过，就产业的利润而言，需求量上的分化决定了各个产业之间的景气程度分化，钢铁、金属制品行业在毛利复苏的背景下依然出现亏损，而电气机械、输送机械、电气水运行业则出现主营利润的大幅增长，这种分化实际上体现了一方面在石油及煤炭依然维持价格高位的背景下，高耗能行业自身产量的逐步缩减，另一方面则代表了日本产业结构的正式转变。

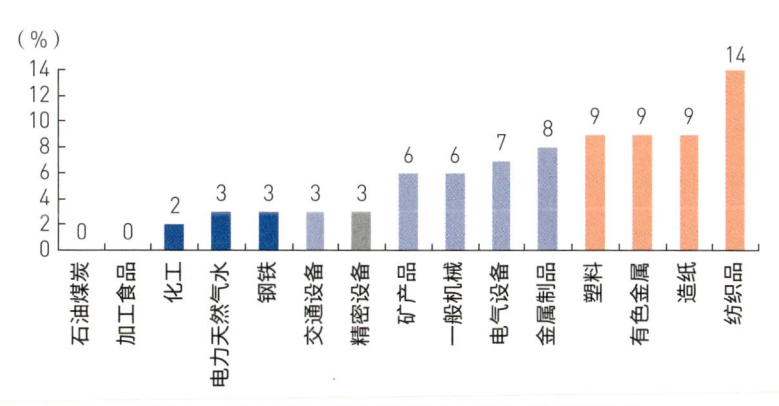

图 7-26　日本分类物价指数变动在回落中的超前期比较

（原油及煤炭最高点：1974 年 10 月）

注：石油煤炭价格指数的回落为原点，其余各类行业按超前回落月份做比较。
数据来源：《日本统计年鉴》，长江证券研究所。

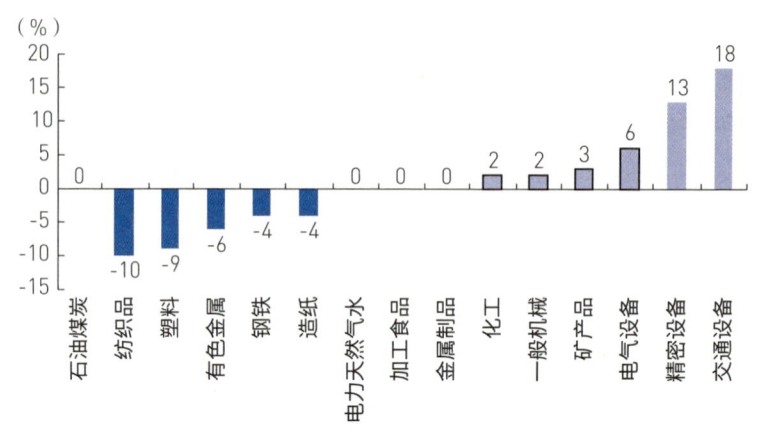

图 7-27 日本分类物价指数变动在复苏期中的滞后期比较（1975 年 11 月）

注：以石油煤炭为原点，其余各类行业以价格回升时间作为比较依据。
数据来源：《日本统计年鉴》，长江证券研究所。

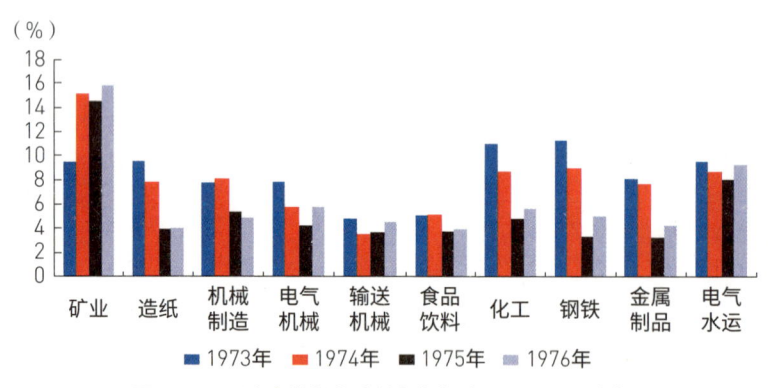

图 7-28 日本大类行业毛利率变化（1973—1976 年）

数据来源：《日本统计年鉴》，长江证券研究所。

总结 1973—1976 年日本产业之间的利润分化，价格与需求量之间的演绎是决定产业景气状况的最关键因素，但是两者之间的主导地位是存在阶段性差异的。目前中国在产业结构分布上与当时的日本有一定的差异，主要体现在中国的煤炭产业上，这会导致中国整体工业企业利润的表现在资源约束背景下与日本不同，但是就产业属性而言，此种价格传导的逻辑并没有变化。日本的这种景气循环值得我们在资产配置时借鉴，毕竟从资本市场的表现来看，随着1974年通货膨胀水平的见顶，机械设备行业在1975年、1976年涨幅排名大幅提升（见表7-10）。

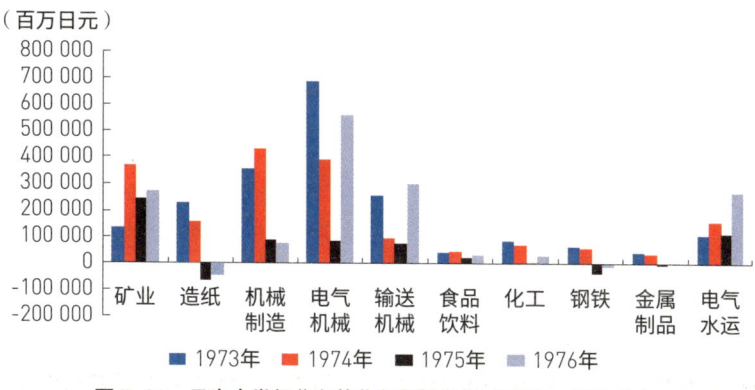

图7-29　日本大类行业主营业务利润变化（1973—1976年）

数据来源：《日本统计年鉴》，长江证券研究所。

表7-10　日本1975—1976年资本市场行业板块表现差异

1975年				1976年			
涨幅前十	幅度(%)	跌幅前十	幅度(%)	涨幅前十	幅度(%)	跌幅前十	幅度(%)
电气机械	48.3	海运	-21.3	通信	83.3	海运	-18.2
精密机械	47.9	空运	-11.7	航空运输	74.3	矿业	-12.2
运输机械	41.2	有色金属	-5.8	石油石炭	68.2	房地产	-2.1
建筑	39.5	农林水产	-5.6	**精密机械**	51.8	农林水产	-1.9
食品	39.0	陆运	-5.6	**运输机械**	45.6	建筑	0.3
橡胶	31.8	石油石炭	-1.3	**其他制造**	40.0	钢铁	0.6
其他制造	31.4	矿业	-0.2	**电气机械**	39.7	有色金属	0.9
商业	28.2	服务业	3.3	食品	29.6	纺织	3.0
金属制品	21.7	造纸	3.7	化学	26.0	电力煤气	3.3
机械	21.4	金融保险	6.7	仓储运输	22.2	服务业	5.2

数据来源：长江证券研究所。

价格管制的利润再分配效用

其实就影响日本和中国目前经济运行的关键而言,最为核心的就是资源约束问题,不过除了产业结构上的差异,中国成品油价格管制机制也是我们不得不考虑的另一个因素。

依据投入产出表,对中国新近一次成品油和电力提价进行分析,我们计算了成品油和电力价格上涨对各个行业的价格波及系数(见表7-11、表7-12),该系数反映了各行业的价格压力。具体的价格上涨幅度的计算方法为本次提价幅度18%乘以价格波及系数。从计算结果看,运输行业、林业和有色金属开采业受影响程度较大,新近一次成品油价格上涨对这些行业利润率的影响在1.4%~2.4%。

表 7-11　成品油下游行业的价格波及系数

排名	行业	价格波及系数	排名	行业	价格波及系数
1	水上运输业	0.24	11	道路运输业	0.12
2	林业	0.22	12	环境资源与公共设施管理	0.11
3	木材及竹材采运业	0.22	13	橡胶制品业	0.10
4	航空货运业	0.16	14	塑料制品业	0.10
5	城市公共交通运输业	0.16	15	陶瓷制品制造业	0.01
6	航空旅客运输业	0.15	16	仓储业	0.09
7	燃气生产和供应业	0.14	17	化学纤维制造业	0.09
8	有色金属矿采选业	0.14	18	涂料颜料油墨及制造	0.09
9	管道运输业	0.13	19	玻璃及玻璃制品制造	0.085
10	铁路货运业	0.12	20	建筑业	0.08

数据来源:长江证券研究所。

本次电力价格提高4.7%,对受影响最大的20个下游行业的利润率影响在0.5%~1.5%。受影响较大的行业为公用事业、金属冶炼和建材等行业。

表7-12 电力下游行业价格波及系数

排名	行业	价格波及系数	排名	行业	价格波及系数
1	林业	0.33	11	肥料制造业	0.14
2	木材及竹材采运业	0.24	12	炼钢业	0.14
3	水的生产和供应业	0.22	13	有色金属冶炼业	0.13
4	基础化学原料制造业	0.20	14	有色金属矿采选业	0.13
5	管道运输业	0.20	15	专用化学产品制造业	0.13
6	铁合金冶炼业	0.17	16	农药制造业	0.12
7	黑色金属矿采选业	0.17	17	合成材料制造业	0.12
8	水泥、石灰和石膏制造业	0.15	18	炼焦业	0.11
9	有色金属压延加工业	0.14	19	燃气生产和供应业	0.11
10	橡胶制品业	0.14	20	钢压延加工业	0.11

数据来源：长江证券研究所。

就价格管制的主导初衷而言，我们认为主要是维持中、下游行业的利润，避免价格的完全传导从而导致通货膨胀程度的加剧，从整体上通过利润再分配的方式维持下游行业利润稳定，弥补石油冶炼业、电力生产业的利润亏损。不过，这一过程也违背了通过价格输导的方式衍生产业景气循环的周期规律，而且目前中国面临的资源约束问题实际上是一个全球性问题，补贴国内经济的实质是补贴全球经济，这在更大意义上延长了目前的石油、煤炭价格的上升趋势。所以，我们认为由价格管制到之后的价格顺畅的转变将是必然趋势，这在一定程度上将会促进价格传导从而导致行业景气分化的进一步演绎，中国产业将会出现日本产业在石油危机之中出现的利润分化现象。

关于消费：大国经济与小国经济的差异

通过与日本当时在资源约束下的消费变动进行比较，我们不得不担心中国消费支出即将步入低谷期，即经济下滑和增长前景的不确定性导致高通货膨胀背景下消费占比依然出现下滑，随后随着经济的复苏，消费支出出现小幅反弹。根据我们前面对于日本经济转折前后各消费大类的分析，我们认为中国未来的消费支出结构变化将是：耐用消费品为主—经济衰退期食品衣着类消费品逐步替代耐用消费品—食品、衣着类消费品引导经济恢复初期的消费反弹—耐用消费品重新替代食品衣着类消费品，除经济衰退期外，贯穿始终的增长因素是交通通信、医疗保健和杂费等服务性行业的较快增长（见图 7-30）。

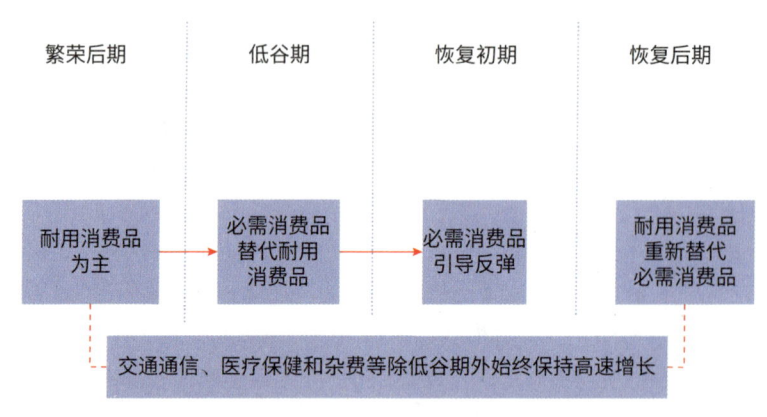

图 7-30 通货膨胀背景下经济转折期消费结构变化趋势图

资料来源：长江证券研究所。

不过，在这一过程中，有一点是我们不得不重视的，那就是中日城市化进程与在通货膨胀背景下的经济转折期并不一致。按照我们的分析，从绝对城市化进程看，目前中国的城市化进程与日本城市化进程第二阶段后期即小城镇向大城市集中阶段的开始相似，中国在 2011 年将基本实现城市化，这一水平与日本 20 世纪 60 年代中后期的城市化水平相当。但是日本面临通货膨胀导致的经济转折期却是在 20 世纪 70 年代中期，因此这两个时期的差异，也就是面临经济转折时中日城市化进程的差异，将对消费产生差异性影响。

而在日本城市化进程第二阶段中，必需消费品支出的减少和耐用消费品普及率的上升是这一阶段主要的特征，人口同时向大城市集中将增加耐用消费品尤其是高档耐用消费品支出，考虑到在未受到短期冲击因素影响时，必需消费品支出随恩格尔系数降低和服务性支出上升是这一阶段城市化进程的必然结果，因此我们认为城市化进程差异的影响，主要体现在城市化进程差异对于耐用消费品普及率的影响方面。

从中国目前耐用消费品普及率看（见图7-31），洗衣机、电冰箱、彩电和空调等一般耐用消费品的普及率已经达到了日本石油危机前的水平，而汽车和音响等较高档耐用消费品的普及率尚有较大发展空间，因此我们认为经济转折时期一般耐用消费品与高档耐用消费品的消费变化趋势会有区别。

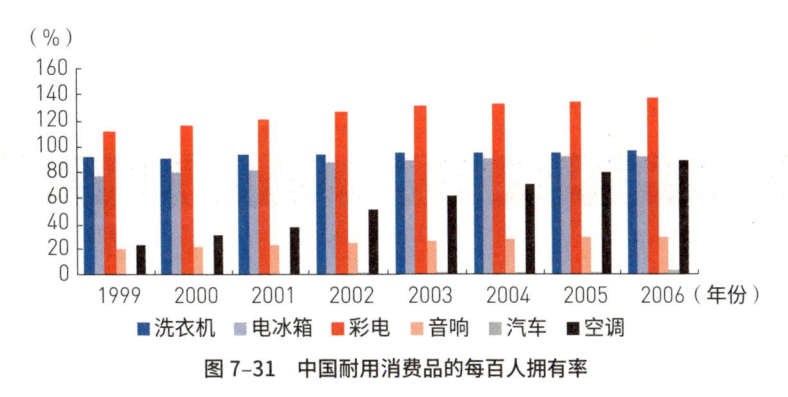

图7-31 中国耐用消费品的每百人拥有率

数据来源：长江证券研究所。

首先，一般耐用消费品支出会同时受到普及率饱和造成的需求下滑和经济下滑双重因素的影响，置换消费的增长率超过新购消费，因此在经济拐点时出现下滑。在恢复初期受到普及率饱和和长期消费意愿薄弱制约，一般耐用消费品支出不会出现大幅上升，当物价平稳、居民消费信心恢复后，一般耐用消费品的消费需求因补偿置换上涨，但是由于普及率饱和，难以反弹到危机前期的增速，中国现阶段这样的耐用消费品包括洗衣机、电冰箱、彩电和空调。

其次，由于高档耐用消费品的普及率本身尚有较大发展空间，因此高档耐用消费品的消费主要受到经济下滑单一因素的影响，在经济拐点时受消费倾向降低影响，依然会出现下滑，但是在经济恢复期消费支出的上升速度会逐步超过一般消费品，并且由于高档耐用消费品的消费支出中新购比例自始至终都超过置换比例，因此，其实际增速仍有较大反弹上升空间。中国现阶段这样的耐用消费品包括汽车和音响。

产业转型的困难度：工业化进程的滞后

按照我们对于工业化的理解，虽然中国现在遇到了日本经济在20世纪70年代遇到的资源约束甚至于在20世纪80年代初遇到的资产价格泡沫化倾向，但是单纯就工业化的进程而言，我们确定中国当前的工业化水平与日本20世纪60年代后半期的工业化水平基本具有可比性（详见前期报告，可参考表7-13），这种工业化进程相对于经济发展水平的滞后性实际上指出了中国在面对资源约束的背景下，产业转型所面临的困难度。

表7-13 中日主要经济指标的比较

主要经济指标	中国	日本
平均寿命（岁）	72（2006年）	71.5（1967年）
第一产业占GDP比重（%）	11.8（2006年）	14.9（1960年）
城市恩格尔系数（%）	30.7（北京）（2006年）	38.8（1965年）
人均电力消费量（千瓦时）	2 100（2006年）	1 236（1960年）
人均GDP（美元）	2 039（2006年）	1 000（1966年）

注：平均寿命为男女平均数。
数据来源：《中国统计摘要》（中国统计出版社），《国际比较统计》（日本银行），《日本百年》（国势社），《人口动态统计》（日本厚生劳动省），《2001年人类发展报告》（联合国开发计划署）。

根据经典的工业化理论，20年的起飞过程基本上在两个中周期完成，根据罗斯托的理论，如果以工业全面增长最迅速的时期作为起飞阶段的标志，英国的起飞阶段为1819—1848年，美国为1868—1893年，不过我们认为对中国借鉴意义最大的还是日本。一般认为日本的起飞阶段在1955—

1975年，而这一时期，基本上分为两个中周期（见图7-32）。这两个中周期基本上以第一个中周期的衰退阶段为过渡。我们认为，中国第一个起飞中周期从2000年开始，在经历2004年的中周期高点和2006年的短周期反弹之后，将在2008年步入中周期的减速然后衰退阶段，这一阶段将持续三年左右，这个阶段实际上就是起飞的20年两个中周期的过渡期。考虑到产业结构的类似性，日本在1965年左右对产业结构的调整对我们还是有借鉴意义的。

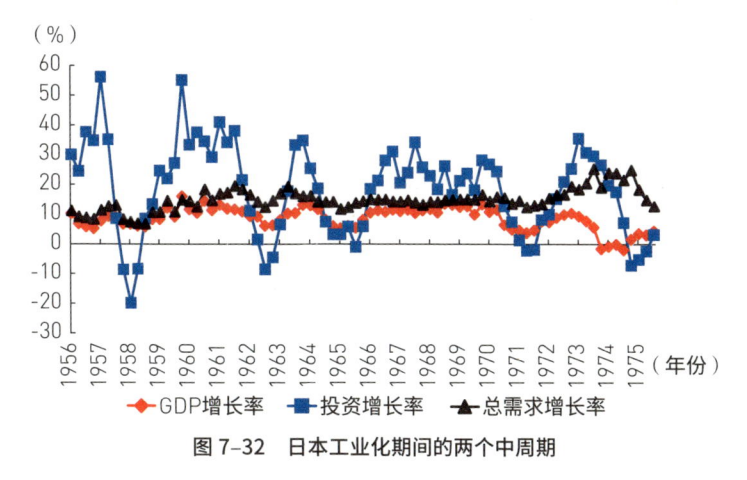

图7-32 日本工业化期间的两个中周期

数据来源：CEIC数据库，长江证券研究所。

从1964—1966年日本在经历第一个中周期调整之后的钢铁业、化学工业、电气机械业、输送机械业利润占比变动上来看（参见图7-33），在经历了1965年的经济调整之后，重化工业与先进机械在工业企业整体的利润占比变化并不像1973年遭遇石油危机之后演变的那么剧烈。从目前的实际情况来看，中国目前依然处在重化工业阶段中，钢铁业、化学工业的成熟度并不类似日本20世纪70年代的情况，典型的表现是中国国内依然对钢铁、化工有强劲的需求，外需对于钢铁需求的贡献仅仅是10%，这意味着我们需要重视的是，虽然中国未来必定会面临资源约束所导致的工业利润下降趋势，但是就重化工业与先进机械业之间的分化而言，复苏期中需求量上的分化并不会像日本一样巨大。

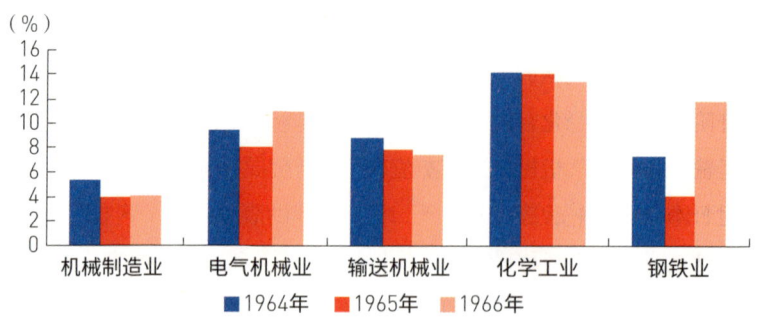

图 7-33　日本 1965 年前后重化工业与机械行业利润占比变化

数据来源：长江证券研究所。

行业配置建议：基于 PPI 反转的阶段性和产业转型的方向性

考虑到 2008 年底甚至 2009 年初宏观经济包括工业企业利润的转折性特质，行业之间的利润分化本身存在一个波动的过程，因此我们对 2008 年下半年的资产配置，并不会给出明确的超配以及低配配置建议，而是以描述价格波动下对产业机会的寻找为主。

由于在统计数据中难以寻觅到中国关于 PPI 分类构成的依据，所以我们仅能从大类分项的演绎中寻找到 PPI 在各个产业之间的相关性，从中国 PPI 及采掘、原料、加工物价指数波动趋势来看（见图 7-34），决定 PPI 波动区间以及拐点的关键是下游的原料和加工业，而原料产业与 PPI 波动的同步性是最高的。这也就意味着中国和当年日本在 PPI 的回落与原油煤炭价格指数的回落上应该是具备一致性的。

参照日本在第一次石油危机前后价格波动引导的产业利润分化，结合中国目前物价指数中的主导影响因素，我们就可以总结依据 PPI 反转的阶段性资产配置思路（详见表 7-14）：中国 PPI 上升的过程，实际上意味着中、下游行业依然存在价格传导的能力，这应该是虚拟经济全面繁荣的根基；而在中国 PPI 下行、美国 PPI 依然维持高位的背景下，上游行业中的石油与煤炭业对于中、下游行业的利润压缩全面开始，石油与煤炭行业的景气依然维持；美国的 PPI 开始步入下滑阶段，意味着全球需求极度萎缩，通胀全面下降，上游行业的价格指数出现快速回落，一定程度上有利于下游制造业，我们看好运输机械、电气机械行业毛利的相对复苏；PPI以及企业利润的回升阶段，量的分化将主导行业利润的复苏情况，依据中国产业升级的方向，运输机械和电气机械行业依然值得关注，但是鉴于目前中国工业化进程与当时日本工业化进程存在的差距，机械行业的景气度以及钢铁行业的非景气度都要弱于当时的日本。

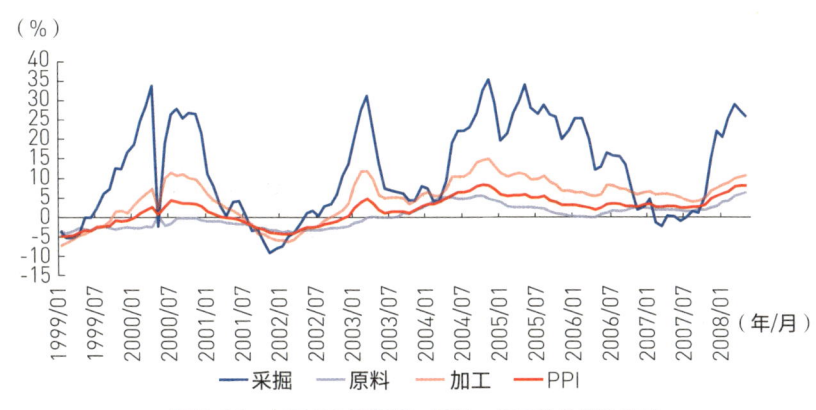

图7-34 中国PPI及采掘、原料、加工物价指数波动

数据来源：CEIC数据库，长江证券研究所。

表7-14 分阶段行业配置建议

四阶段	周期性行业景气循环	稳健配置
中国PPI上升	石油业、煤炭业景气延续时间最长	交通通信、医疗保健、食品饮料
中国PPI下行、美国PPI维持高位	石油业、煤炭业景气高点，中、下游行业利润受到挤压	
美国PPI步入下滑阶段	全球需求收缩，超配下游毛利相对复苏的运输业、电气机械行业	
PPI回升及利润回升阶段	需求量主导利润变化，超配运输机械的、电气机械行业，但是中国机械行业的景气度以及钢铁行业的景气弱化程度要小于当时的日本	

资料来源：长江证券研究所。

07 PPI演绎利润轮动

就消费而言，考虑到日本在石油危机期间，耐用消费品为主—经济衰退期食品衣着类消费品逐步替代耐用消费品—食品、衣着类消费品引导经济恢复初期消费反弹—耐用消费品重新替代食品衣着类消费品，而除经济衰退期外，贯穿始终的增长因素是交通通信、医疗保健和杂费等服务性行业的较快增长。依据目前中国的宏观经济演绎，我们建议超配的行业为食品饮料、交通通信和医疗保健。至于电力热力水等公用事业的配置，在第一次石油危机期间，日本该行业的利润增长维持较为稳定，价格的调整水平依托能源价格，目前就中国而言，投资机会在于价格体制的改革，建议标配。

主题配置：规模化生产与节能环保

面对资源约束形成的成本压力，产业结构的天然属性使其很难避免景气最终下滑，但是产业内部组织结构在集中度方面的差异化，不仅有利于增强产业在上、下游之间的议价能力，更重要的是对其中的龙头公司来说，更趋一体化的生产模式也有利于规避利润大幅下滑的风险。另外，依照日本的发展经验，替代能源的兴起将是一种趋势，而究竟以何种模式兴起则依赖国家的产业政策支持，但是无论如何，节能环保被视为实体经济运行的关键要素。

规模化生产与龙头公司受益

龙头公司的规模经济性

我们之所以如此关注产业组织的变化情况，是因为产业组织的变化与盈利能力的变化是密切相关的，换句话说，盈利能力的变化是造就规模经济的龙头公司的主要因素，而这种现象对饱受成本压力的行业的发展是有利的。科尔尼对产业组织演进的研究表明，产业的盈利能力或公司的盈利能力随产业组织演进曲线的变化而变化，尽管这种变化存在一定的时滞，如图7-38所示。

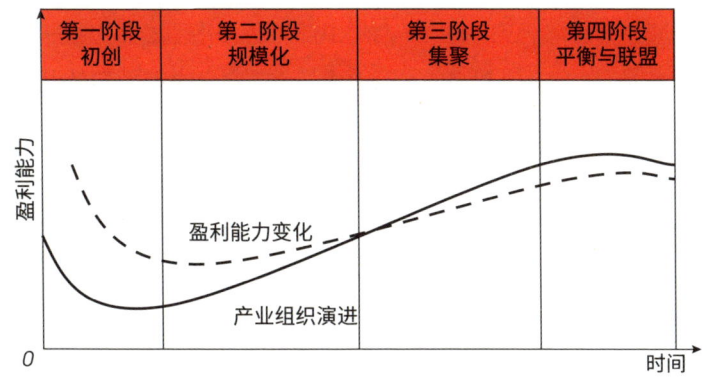

图 7-35　产业盈利能力随产业组织演进

资料来源：（加）丁焕明、（德）弗里茨·克勒格尔、（德）斯蒂芬·蔡塞尔著，张凯译，《科尔尼并购策略》，机械工业出版社，2004 年。

从图 7-38 可以看出，在一个产业的初创阶段，产业组织的变化与产业盈利能力的变化之间并没有非常紧密的关系，也就是说，初创时期，产业组织并不是影响盈利的主要因素，但随着产业的不断成长，产业组织形态将对产业盈利产生影响。可以肯定地说，良好的产业组织形态给产业盈利带来正面积极的影响，换句话说，良好的产业组织形态阻止了盈利的持续下滑，可望实现盈利能力的平稳持续增长。产业组织结构的优化对于盈利能力的改变无疑是正向的。因此，规模主导的龙头公司就受益于这种被优化的组织结构。

当前我国大部分产业都处于产业组织演进的第二阶段，即规模化阶段，而这一阶段正是产业盈利能力的上升期，这意味着产业组织的这种迅速整合将使这些产业的盈利能力显著增强，这是产业组织的整合缓和成本压力，从而带来投资机会的核心所在。

在理论上，关于市场集中度提高影响利润的学说，各派产业组织理论存在较大分歧，较为有代表性的观点是哈佛学派的"垄断价格说"和芝加哥学派"大企业效率说"。哈佛学派认为，在垄断市场中存在少数企业在价格上的共谋和协调行为，以及通过设立高进入壁垒限制企业的进入，这削弱了市场的竞争性，从而使垄断企业得到垄断价格和高额利润。依据这种观点，产业集中度与市场绩效的正相关性源于垄断企业的价格垄断行为。与哈佛学派的观点不同，芝加哥学派的观点是高集中部门的大公司之所以能够得到高利润，主要是因为它们具有较高的经营效率，而与它们的市场垄断地位无直接联系。以上两种观点长期争执不下。总的来看，20 世纪 70 年代以前，哈佛学派的"垄断价格说"得到较多的承认。但近 20 年来，越来越多的经验和实证研究证明，芝加哥学派的"大企业效率说"更具有说服力。同时我们认为，大企业在形成市场优势后有条件进行企业内部再投资，提升产业的技术水平或进入壁垒，尤其是进入壁垒，这是大公司能持续保持竞争优势的源泉。

产业组织重构对相关产业的溢出效应评估

对不同的产业，产业组织重构的溢出效应的表现有很大差异，而重构的主要方式是并购重组，因此，我们可以从并购重组的长期绩效角度来看待产业组织的重构带来的溢出效应。

产业组织的重构，就其本质而言，可以理解为纵整（纵向并购）与横合（横向整合）。纵整可以看作产业沿着产业链条的一种价值移动，其目的是实现成本降低或者解除上下游瓶颈对产业发展的限制。横向整合是相同业务之间的合并行为，横合的主要目的是追求规模报酬递增效应。我国大部分产业组织的演进都处于规模化阶段，因此，横合可能是将来我国产业组织重构的一种主要形式，但对不同的产业，规模报酬递增的表现有明显的差异，因此，这使得产业组织的重构对产业溢出效应的表现也不尽相同。由于纵整要跨越不同的行业，在管理能力的延伸上面临比横合更大的障碍，因此，纵整的整合难度要高于横合，纵整对行业成长性的影响相对于横合更为长期一些。

影响产业组织重构的另一个重要因素是国家的产业政策，对产业的管制情况和国家政策的支持力度会对产业组织重构的进程产生非常显著的影响。对于某些国家鼓励或者由于产能过剩而受到国家限制的产业，产业组织的重构相对容易一些，产业会更多地受益于组织重构，但国家管制较严的产业发生组织重构的难度相对高一些。

我们综合我国各个产业特点以及产业组织现状，考察了产业组织重构对于产业成长性的影响，并选择了容易出现产业组织巨变的相关行业，如表

7-15所示，综合重构的溢出效应，在这种产业组织的嬗变过程中，我们认为值得关注的机会集中于汽车及配件、化工、石化、化纤、水泥、机械、电气设备、软件及服务、计算机硬件、房地产开发以及医药行业。

表 7-15 产业管制、组织重构与产业溢出效应

一级行业	子行业	管制情况	产业集中度	组织重构类型	重构溢出效应
消费及服务	商业	无	较低	横向	较强
	汽车及配件	准入限制	较高	纵向	较强
	家电	无	部分子行业较高	纵向	较弱
	纺织服装	无	较低	横向	较弱
	酒店	无	较低	横向	较弱
原材料	化工	无	子行业不同	纵向	较强
	石化	价格管制、准入限制	较高	纵向	较强
	钢铁	准入限制	较低	横向	较弱
	化纤	无	高	纵向	较强
	水泥	无	较低	横向	较强
投资品	机械	无	低	横向	较强
	建材	无	低	横向	中性
	电器设备	无	低	横向	较强
信息技术	软件及服务	无	低	横向	较强
	计算机硬件	无	低	横向	较强
	通信服务	无	高	横向	中性
能源	石油采掘	准入和价格管制	高	纵向	较强
	煤炭开采	价格管制	较低	横向	中性
公用事业	电力	价格管制	较低	横向	较弱
房地产	房地产开发	无	低	横向	较强
医药		价格管制	低	横向	较强
金融		准入和价格管制	较高	横向（外资）	较强

资料来源：长江证券研究所。

节能环保对缓解资源约束的关键效用

日本解决石油危机的模式转变：节能以及替代能源支持政策的强化

日本在20世纪70年代遭遇的两次石油危机，实际上反映的是其在能源方面面临的诸多问题：日本虽然没有石油资源，却是世界第二大石油消费国；日本经济对石油的依赖度仍然居高不下；进口石油离不开中东轴心；国民对核电的质疑增加，政府逆水行舟坚持推进；生产领域需要继续节能，生活领域耗能问题突出。20世纪80年代后，针对日本的能源问题，决策层面的政策选择方向是：继续重视供给，控制消费；继续提倡全社会节能，重点放在民用领域，咬住油、气、核电不放松，其他能源作为补充。具体来看，主要体现在以下两个方面。

一方面，继续推进节能，重点放在生活领域，在第二次世界大战后相当长的时间内，产业一直是日本能源消费的主力，特别是重工业的发展需要大量消耗能源（可参考表7-16）。两次石油危机促使日本进行产业结构调整，重工业在产业中的比重下降，家电、机械、半导体等劳动密集型和技术密集型产业成为20世纪80年代经济增长的支柱，产业结构的调整和家电的普及使产业能源消费的增长得到控制，民用能源消费和运输用能源消费增加，生活和运输领域能耗问题突出。针对新的能源消费形势，日本加强节能对策，除了继续开展产业自主节能运动，还促进家电、办公机械能效改进，控制民用空调对能源的消耗，鼓励开发新建筑材料，提高住宅、建筑物温度调节效率。在运输层次，继续改进汽车能耗系统，促进环保型汽车普及，提倡利用公共交通工具，提高物流效率。

另一方面，日本政府坚持利用核电，重视安全和环保，日本是核能利用大国，使用中的核电站52个，在建的2个，目前世界上拥有核电站最多的是美国，有104个，其次是法国，有55个，日本在世界核电领域位居第三。继续实行能源多样化的策略，探索最佳综合利用途径，石油、核能、煤和天然气是日本的主要一次能源（见表7-17），在此基础上，政府积极鼓励开发新能源，争取提高新能源比重，同时加强对各种能源特性的研究，努力实现能源最佳综合利用，日本虽然一直主张加强对新能源的开发投入，事实上重点一直没有离开石油和核能，从2002年日本对能源的预算看，对石油的预算投入金额最大，占能源预算总额的78%，其次是对核电的投入，对新能源的投入力度与前两项相比差距巨大。

表 7-16　1978 年日本与主要发达国家能源消费部门结构比较

	日本	美国	英国	联邦德国	法国	意大利
工业部门（%）	57.7	32.2	40.0	40.8	40.9	45.7
交通部门（%）	17.7	34.5	22.2	18.9	21.7	21.1
民用部门（%）	24.6	33.3	37.8	40.3	37.4	33.2
合计	264.47	1 353.44	147.62	200.54	145.32	105.61

注：合计栏中的单位是换算成石油 100 万吨。
数据来源：（日）富馆孝夫，《能源产业》；长江证券研究所。

表 7-17　日本一次能源供给结构变化

年份	总量	石油(%)	煤(%)	天然气(%)	核能(%)	水力(%)	地热(%)	新能源(%)
1973	414	77.4	15.5	1.5	0.6	4.1	0	0.9
1980	427	66.1	17.0	6.1	4.7	5.2	0.1	1.0
1985	438	56.3	19.4	9.4	8.9	4.7	0.1	1.2
1990	526	58.3	16.6	10.1	9.4	4.2	0.1	1.3
1995	588	55.8	16.5	10.8	12.0	3.5	0.2	1.1
1997	604	53.6	16.9	11.6	12.9	3.8	0.2	1.1
1998	589	52.4	16.4	12.3	13.7	3.9	0.2	1.1

注："总量"栏中的单位是换算成石油 100 万千升。
数据来源：CEIC 数据库，长江证券研究所。

转型与博弈下的投资机会：中国节能减排衍生的投资机遇

从日本解决能源危机的方式中，我们可以发现产业结构的转型起到了一定作用，节能环保以及相应替代能源的发展依然起到了关键作用，虽然目前的形势决定了我们暂时无法针对产业升级以及替代能源作出明确的趋势判断，但是有一点却是中国必须向当年的日本学习的，也就是节能环保力度的持续加强。

中国在2006年开始实施的"十一五"规划中明确提出了2010年的环境保护主要指标，并强调达到这些指标是必须不折不扣地加以完成的硬性任务。提出节能降耗、污染控制、土地保护和森林培育等环境类指标并不是从"十一五"时期才开始的，但把这些指标作为一条不可逾越的"红线"和衡量政府经济与社会发展绩效的约束性硬指标却是与以往不同的巨大转变。值得关注的是，中央政府同时第一次把GDP增长率作为预期性的"软"指标提出。这种"硬"与"软"的转变体现了约束性，这也是我们认为历史性转型阶段到来的依据之一。

中国目前处于环保产业发展的第二阶段，即环保基础设施发展阶段。目前中国环保事业的主要驱动因素如下：高速的经济增长、工业现代化、城市化、高污染。在当前中国环保事业的发展阶段，环保投入将进一步加大，这一投入主要由政府主导的环保项目建设以及企业投资的污染治理建设两部分构成。

但是，在目前阶段，环保投入相对仍然有限，资源的稀缺性决定了目前在考虑如何最有效地达到"十一五"规划的约束性指标时，必须考虑轻重缓急的优先顺序。而这样的优先顺序将使得一些行业率先受益，当前最需要解决的是水污染问题和大气污染问题。

节能环保产业是一个已经很大，而且将不断做大的蛋糕，设备和服务的提供商会直接受益。但由于国内企业缺失核心技术和制造工艺，目前并不能充分享受其带来的发展机会，自上而下投资机会的选择余地就大大减少了。但因为节能环保的推进，相关行业将迎来大规模的行业整合，龙头公司将从中显著收益。优先顺序的存在意味着行业整合是一个轮动的过程。我们认为造纸行业、建材行业和化工行业将成为率先整合的行业，也是目前具有较大投资机会的行业。另外，值得强调的是，中国宏观经济增速面临放缓的可能性，而且这种情况发生的概率较大。在这个宏观背景下，我们认为节能环保的推进并不会停止，而且执行的力度不会衰减。

我们注意到，在日本政府大力推进公害防止的过程中，因为受到第一次石油危机的冲击，20世纪70年代日本的经济增长受到了明显的抑制，1974年甚至出现了负增长（见图7-36）。

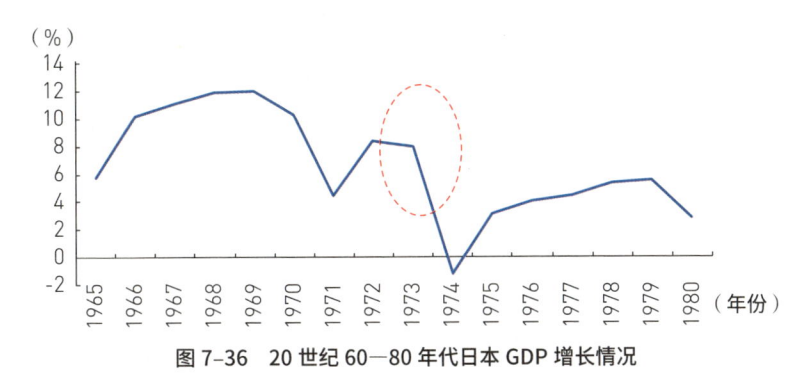

图7-36 20世纪60—80年代日本GDP增长情况

数据来源：日本《经济白皮书》，长江证券研究所。

经济增长减缓并没有减缓对防止公害事业的推进，民间企业防止公害投资的额度和增速在1974年、1975年甚至达到最高点（见图7-37）。可见，日本的历史经验表明，即便面临经济减速的压力，由于国家在制定发展战略时已经考虑到了这种支付成本的必要性，并不会因此减少节能环保支出，也不会减轻推进节能环保的力度。至于更加详细的分析报告，敬请关注长江证券《转型与博弈下的投资机会——节能环保专题报告》。

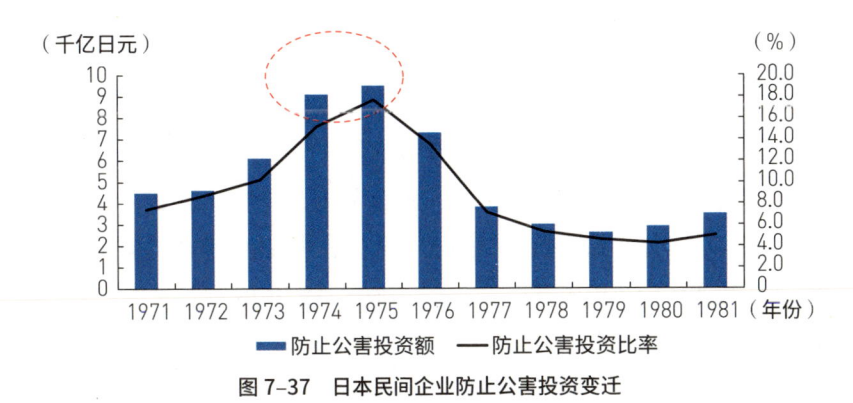

图7-37 日本民间企业防止公害投资变迁

数据来源：《日本产业通鉴》，长江证券研究所。

08　"V"的右侧延展
从刚性需求释放到寻找潜在的增长点

▪ 2009年3月24日

前言:"V"字下的反弹与反转

经济运行具有自我脱轨的能力(由于正向反馈),正像经济具有自我复轨的能力一样(由于负向反馈)。如此一来,看不见的手就不止亚当·斯密所说的一只,而是应该有两只……

——拉斯·特维德《逃不开的经济周期》

拉斯·特维德在他的著作中曾经如此直白地描述经济周期,繁荣—萧条周期的不同阶段可以划分为:静止,增长,信心,兴旺,激奋,发展过快,震荡,压力,停滞,再次进入静止而告终。经济体系中两只手的运作模式是一只手形成实体经济扩张过程中的顶,而另一只手则构筑经济回落中的底部。这也映衬出我们此篇报告中"V"的本质所在,在底部的构建乃至"V"的右侧进一步延展中,不可缺乏的是经济体系中原有的刚性需求。

值得强调的是,我们所谓中国经济增长"V"字反弹并不是单纯的实际

GDP演绎趋势概念。毕竟，在目前世界性经济危机的背景下，一方面，财政扩张效应的释放对投资以及GDP的直接带动作用是我们所无法衡量的；另一方面，从我们对1929年美国、1990年日本和1997年中国的经验比较来看，财政扩张对资本市场仅仅是短期的促发因素，政府投资之外的"V"字扩张动力才是决定资本市场反弹与反转的根本。

另外，很多人在阅读了我们有关实体经济"V"的右侧观点策略报告之后，似乎认为现在资本市场的延续性已经到了反转的阶段。需要澄清的是，在我们的逻辑体系中，虽然已经承认此轮实体经济调整的"V"字已经形成，但是"V"的右侧延展涉及投资、消费的持续性，这才是真正决定资本市场反转的根本。显然，中国资本市场未来仍然需要反弹与反转之间的过渡。

过渡因素的逐步释放过程本身意味着实体经济新一轮扩张循环的开始，而在此过程中，产业轮动所衍生的投资机遇与目前的境地是有差异的，去库存化的核心在于刚性需求引导的经济触底回升，而工业化追赶国核心的经济复苏机制其实在于民间投资的回升。产业层次的渐进性是引导日本在1955—1970年经济调整多以"V"字方式完成的关键，无疑，中国真正"V"字调整所衍生的资本市场反转因素在于：在外部需求疲弱的背景下，当价格回落引导的刚性需求回暖逐步释放完毕后，产业升级层次的投资能否适时跟上。

工业化经济周期中的"V"字调整

在传统经济学的定义中，经济周期调整分为3~4年的存货周期、8~9年的固定资产投资周期以及20年的建筑周期，周期时限的长短展现的是不同的经济触底以及见顶方式，一般而言，"V"字调整更多见于存货周期，鉴于制造业的存货周转期基本为1~2个季度，因此，存货周期中的"V"字调整往往迅速，并且以企业的存货高位扩张、大幅减少、均值回归为特征。

"V"字反弹源于去库存之后的补库存

关于中国此轮实体经济调整中"V"字的形成,或者更确切地说是一个经济触底之后反弹的形成,其内在的主导是围绕通货膨胀大幅波动之后的库存调整(见图 8-1)。

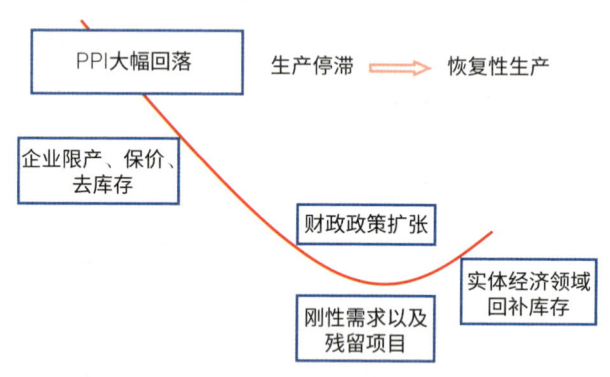

图 8-1 实体经济"V"的右侧构筑

资料来源:Wind 资讯,长江证券研究所。

中国实体经济自 2008 年 9 月以来可能形成的第一个低点,从表现形式上与处在起飞萧条期的 1975 年日本、1981 年韩国的情况极其类似,PPI 大幅回落的过程映衬着实体经济中生产单位产品原材料成本与销售收入的不匹配,边际利润的丧失意味着企业限产、使用原有高价原材料生产的产成品更具经济价值,这就是我们所看到的在去库存过程中发电量增速与实际 GDP 环比大幅下滑的本质,毕竟在这个阶段,生产部门的唯一操作方式是限产保价以及降低产成品库存。

伴随着企业大规模的限产活动,生产过程有望在低位形成新的平衡机制,达成较低位置的弱平衡。此时需求不仅源于衰退期之前的残留项目,还源于当通货膨胀成为经济周期的主导调整因素时,价格也就是所谓成本回落将会激发新的需求产生。当然,低位的弱平衡仅仅是形成资本市场第一个低点的核心因素,此时的促发契机还来源于货币政策放松所带动的流动性释放,以及凯恩斯主义扩张所带动的经济复苏预期。

这其实在本质上就是一个简单的价格调整形成供需新平衡的机制。由于在初始阶段的降库存过程中，生产部门往往在经济拐点初期积累了大量的原材料及产成品库存，因此价格在初始阶段往往急剧下跌，企业处于盈亏平衡之下的局面展现的是尽快兑现前期利润或者避免更大损失的心理，而经济学中价格促成供需平衡的逻辑则决定了这种过程的短暂性，阶段性的财政扩张以及需求刚性使得生产部门在消耗过多的产成品库存后，价格出现反弹而生产也由此延续。归结而言，库存由高到过低再逐步向均值水平回归的过程，体现的是企业生产由停滞向恢复的过渡，也就是实体经济"V"的右侧初始推动力量。

存货周期与金融危机的调整差异——需求刚性的意义

通过对实体经济"V"的右侧初始推动力量的探讨，我们实际上已经基本了解了这一过程，而接下来的问题则在于了解这一过程的必然性以及持续性。凭借我们对于日本以及美国工业化进程的了解，"V"字反弹并不是在每一次经济周期的调整过程中都会展现的，决定存货调整的逻辑基础在金融危机与通货膨胀的大背景下，展现出来的完全是另一种现象。

考虑调整过程的典型性，我们才能体会出"V"字反转的内在动力，而存货周期一般都会伴随价格波动而形成，我们从日本在20世纪70年代以及90年代的两次经济调整中，GDP增速与缩减指数同比增速的时滞对比可以发现（见图8-2、图8-3），在1974年第四季度，当缩减指数所代表的通货膨胀处于最高位，而月度的PPI增速呈现见顶回落之时，实际GDP增速创下此轮经济周期的最低点，但是这个过程仅仅持续了一个季度，之后实际GDP增速呈现"V"形反转，这与中国从2008年第四季度到现在的情况更为类似。但是，在1991年日本平成泡沫破灭之后，其实际GDP与缩减指数的关联性并不强。

两相对比，究其内在的关键原因，我们认为，在暂且不考虑财政扩张的情况下，中国在2008年第四季度和日本在1974年第四季度当价格回落之后（因为日本在20世纪90年代初期也有大幅的扩张性财政政策，而残留项目在一定意义上也会存在更多的类似性），价格大幅波动引导存货大幅调整从而引发"V"形的核心其实就在于收入支撑的刚性需求变化。

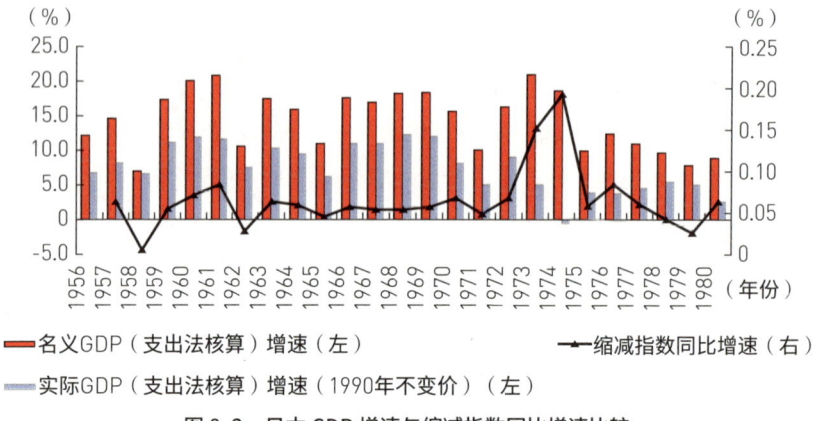

图 8-2 日本 GDP 增速与缩减指数同比增速比较

数据来源：CEIC 数据库，长江证券研究所。

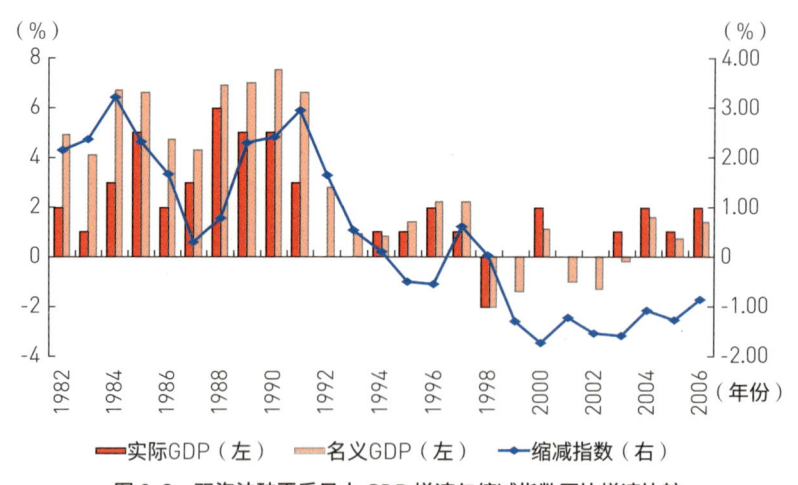

图 8-3 双泡沫破灭后日本 GDP 增速与缩减指数同比增速比较

数据来源：《日本长期统计年鉴》，长江证券研究所。

因此，在资产价格泡沫破灭的背景下，收入（包括财富效应）的迅速下降使得基于刚性需求的库存调整，也就是我们一直强调的"V"形反转很难呈现，螺旋式的需求下滑过程决定了一种"L"形或者"U"形模式。可见，决定"V"的关键虽然在形式上是存货的大幅波动，但是初始、根本的决定因素却是收入支撑的刚性需求与回落后的产成品价格的博弈。

中国此轮实体经济调整的"V"字低点已经形成

通过比较金融危机与单纯通货膨胀引导的实体经济调整，我们可以总结"V"形产生原因的本质：其一是价格增速由上升至下降的转变，就典型工业化期间的制造国而言，显然 PPI 更具代表意义；其二，也是最为关键的一点在于刚性需求的稳定性，抑或表述为，实体经济运行中仍然存在着尚未被满足的需求部分，远离金融危机使得收入带有明显的滞后回落特征，由此，存货的消耗速度也将加快。另外，制造产业层次性升级所推动的投资、产能释放将进一步推动"V"的右侧延伸。

由此，考虑到自 2008 年 9 月以来中国实体经济的通货膨胀水平，尤其是 PPI 的明显回落（见图 8-4），在经历了 1 个季度左右的大幅削减库存后，以 PMI（采购经理指数）为代表的实体经济活跃度虽然仍旧处在 50% 景气水平之下（见图 8-5），但是与 11 月相比，下滑程度已经明显放缓，我们有理由相信中国此轮调整中的"V"字低点已经形成。

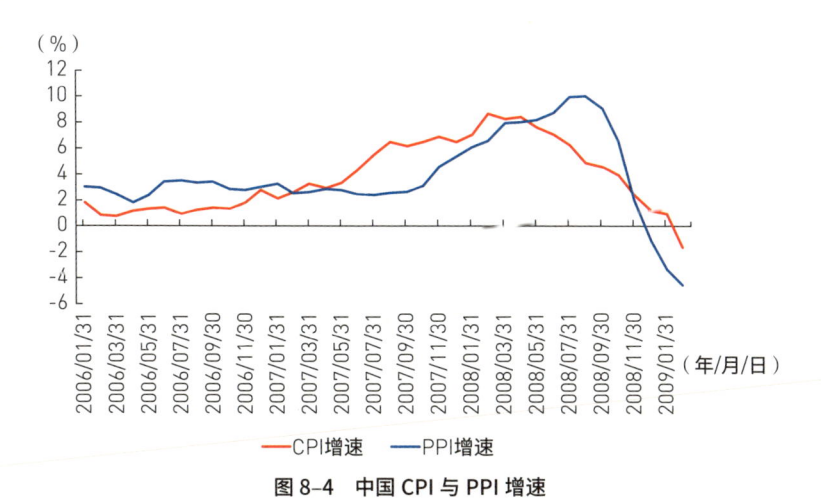

图 8-4 中国 CPI 与 PPI 增速

数据来源：Wind 资讯，长江证券研究所。

08 "V"的右侧延展 269

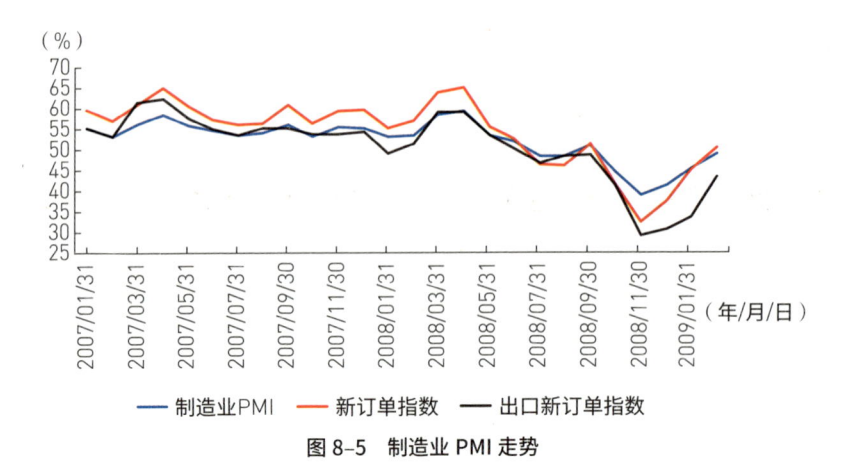

图 8-5 制造业 PMI 走势

数据来源：Wind 资讯，长江证券研究所。

当然，就"V"字低点的问题现在仍旧存在众多分歧。首先来自外需的大幅回落。这一因素的确给外需依赖度更甚于当年日本的中国带来了非凡的经济复苏压力，但是外需的回落其实从 2008 年中就已经开始呈现，而价格作为供需双方均衡的协调器，超跌之后的反弹本身就意味着刚性需求的逐步释放，这一点在最近出口企业订单有所恢复的事实中可以得到验证，也就是说外需的回落本身就已经体现在"V"字的低点中。除非外需在美国出现新一轮金融危机，比方说信用卡泡沫破灭之后再次大幅回落，但是考虑到目前美联储的金融解救方案以及财政扩张，这种可能性已经变得很小。

其次，钢铁行业在经历了价格大幅反弹之后，产品价格开始出现回落，部分产品价格甚至已经低于之前的低点，这似乎意味着实体经济需要经历"二次去库存化"。但是，值得重视的是，钢铁价格的回落一方面缘于下游经销商在国家出台四万亿财政扩张计划之后大幅回补库存，另一方面则由于小钢厂普遍复产，而这种过程与"V"的低点中价格回落引导去库存完全是有差异的，我们更愿意称这种现象为"去产能化"，它所限制的是"V"字演绎中的右侧延展高度，而不是形成新低点的过程。况且，在长波衰退奇异点通货膨胀大幅波动的背景下，"V"的初始带动作用的关键并不在于类似钢铁业的生产部门，而在于以刚性需求为支撑的耐用消费品部门。

"V"的右侧延展的进一步探讨

在谈论了"V"字低点决定因素的基础上，我们进一步探讨有关"V"的右侧延展问题，其实这是我们之前阐释的关于资本市场中级反弹延续的基础，依据一般的经济周期理论，工业化运行中的"V"字延展主要依托于投资也就是产能的进一步扩张。当然，这种产能扩张体现的是制造业的层次式递进也就是所谓产业升级过程，毕竟，滞后回落的消费在经济"V"字的初始演绎过程中依然在不断回落，但是当遇到长波衰退期资源约束引发的通货膨胀水平大幅上升时，我们可以发现，由于产能扩张受限、通货膨胀高位抑制消费，"V"的右侧延展的初始动力来源于刚性需求支撑的耐用消费品消费反弹。

普遍存货周期中的消费滞后于投资

在一般的经济周期调整过程中，消费一向被视为滞后于投资，但是在现时的经济思想体系中，这却是一个相当狭隘的认识。我们首先列举一个最典型的例子，用以说明此种滞后性的形成原因。

我们曾经提及，日本在1965年遭遇了1964年东京奥运会之后的低谷效应，实际GDP、固定资产投资、消费数据均呈现周期性的回落：此轮周期调整外在的促发因素就是1964年东京奥运会结束之后投资增长率的急剧回落，但是由于日本在20世纪60年代初期实施的国民收入倍增计划，在1965年伴随投资回落的经济增长过程中，劳动者收入增速依然维持高位，总需求构成中消费支出与投资的差异也导致了经济增长在1965年底部徘徊时产业之间的差异。

对比日本在1964—1966年重点产业的主营业务利润增速（见图8-6），我们发现，在经济增长大幅回落的1965年，利润增速放缓趋势最为明显的是建筑业、陶瓷土石业、机械业、钢铁业，而农林渔业、矿业、食品饮料业、批发业、房地产业反而在1965年取得了更高的利润增速，而在实体经济伴随投资增速的逐渐回升出现复苏的1966年，投资相关行业的主营业务增速则出现明显回暖,相反,消费相关行业的盈利增长出现回落。从对特定行业航空客运周转量、货物周转量的比较中我们可以更清晰地辨别(见图8-7、图8-8),无论是在1964年中周期调整时期,还是在1974年石油危机期间,定期客运周转量的增速都要明显滞后于货物周转量的增速。

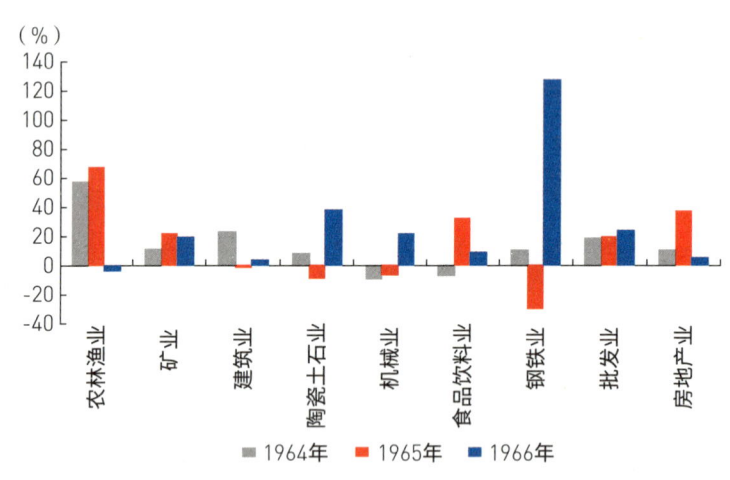

图8-6 日本1964—1966年重点产业主营业务利润增速

数据来源:CEIC数据库,长江证券研究所。

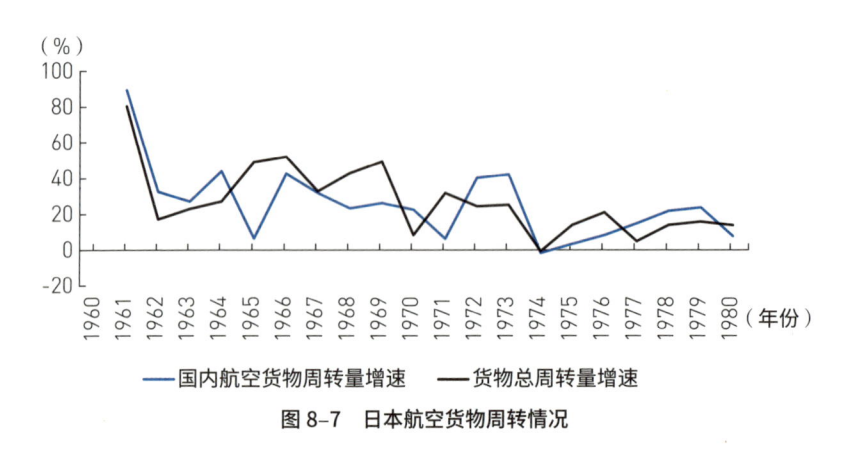

图8-7 日本航空货物周转情况

数据来源:CEIC数据库,长江证券研究所。

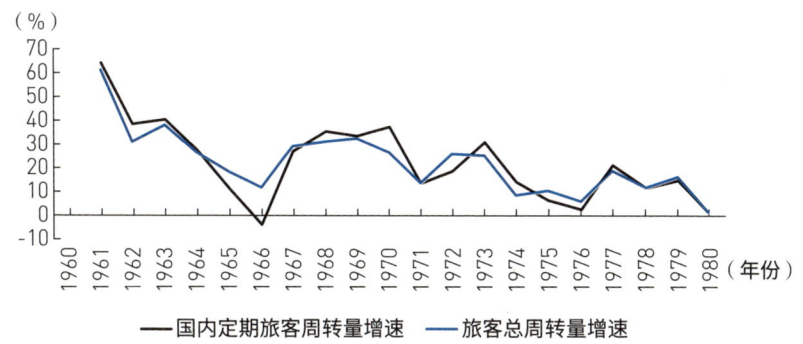

图 8-8　日本航空客运周转情况

数据来源：CEIC 数据库，长江证券研究所。

其实，消费滞后于投资的简单逻辑，无非就是伴随投资需求下降，企业经营利润逐步回落引导工资收入下降，由此，消费，尤其是耐用消费品消费都存在一定的滞后经济周期性。不过，尽管消费在一定意义上都是由货币幻觉主导，也就是说当前消费的支出更多由工资收入的名义增速主导，即使名义增速略微低于实际的通货膨胀率，收入增长依然能够释放相应的消费需求。但是一旦碰到通货膨胀水平大幅上升，那么货币幻觉的动力就会明显受到质疑，而这一点恰恰是我们现今以及日本在 1974 年，也就是长波周期衰退中通货膨胀大幅上升中所面临的镜像。

资源约束下的耐用消费品反弹

通货膨胀奇异点下的汽车销量异常波动

我们依然围绕 1975 年日本的实证经验，来解释耐用消费品尤其是当时普及率偏低的汽车的销售波动，从日本国内轿车销售量与名义工资收入增速的变动中可以看出（见图 8-9、图 8-10），货币幻觉下工资收入与销售增速出现背离，在名义工资收入增速逐步下降的 1975 年，日本当时国内轿车的销售增速却达到了 19.72%，销售总量达到 273 万辆，甚至超过了 1972 年的水平，仅略低于实体经济最为强劲的 1973 年。

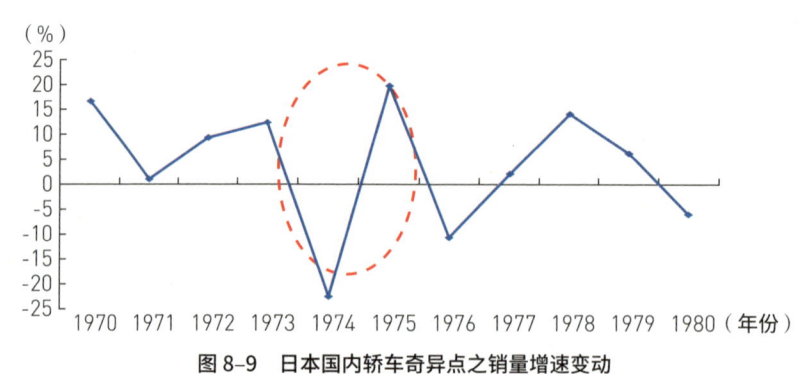

图 8-9　日本国内轿车奇异点之销量增速变动

数据来源：CEIC 数据库，长江证券研究所。

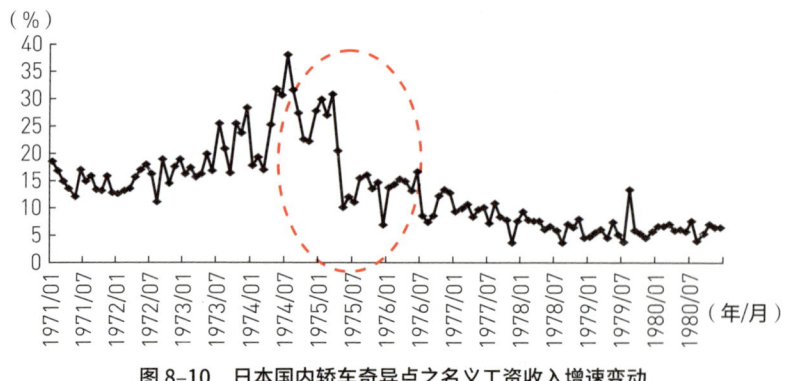

图 8-10　日本国内轿车奇异点之名义工资收入增速变动

数据来源：CEIC 数据库，长江证券研究所。

究其原因，所谓货币幻觉的确在通货膨胀小幅波动的情况下是消费的主导因素，但是一旦通货膨胀呈现类似于长波萧条期的奇异点，那么经济扩张后虽然名义工资收入依然维持在高位，但是由于价格的攀升，需求受到抑制，而在实际 GDP 触底回升的过程中，通货膨胀水平的大幅回落以及名义工资收入的调整滞后，使得耐用品消费存在阶段性的反弹动力。20 世纪 90 年代日本消费影响因素分解见表 8-1。

表 8-1　20 世纪 70 年代日本消费影响因素分解

年份	平均消费性向前年差	收入因素	习惯因素	物价因素	就业因素
1972	-0.61	-0.60	-0.53	0.08	0.44
1973	-0.50	-0.23	0.71	-1.76	0.78
1974	**-2.91**	**-0.34**	**-0.25**	**-0.94**	**-1.38**
1975	**1.51**	**-0.13**	**0.44**	**1.90**	**-0.70**
1976	0.78	0.09	0.48	0.13	0.08
1977	-0.50	-0.17	-0.57	0.43	-0.19
1978	0.55	-0.14	0.06	0.53	0.10
1979	0.02	-0.11	0.07	-0.21	0.27
1980	0.03	0.10	0.46	-0.49	-0.04
1981	0.34	0.01	-0.18	0.61	-0.10

数据来源：CEIC 数据库，长江证券研究所。

普及率与耐用消费品异常波动之间的关联

当然，在通货膨胀回落引导耐用品消费阶段性回升的过程中，并不是所有的消费品都会出现类似的现象，我们仔细比较 20 世纪 70 年代日本冰箱、汽车、空调、彩电新购与更换数据（见表 8-2）。这些耐用消费品的普及率变化见图 8-11。

普及率较高的冰箱、彩电销售变动存在明显的滞后效应，也就是当日本实际 GDP 在 1974 年第四季度见底反弹之后，新购或者更换数据的回升均滞后到 1976 年甚至 1977 年。

冰箱作为 20 世纪六七十年代兴起的耐用消费品，在 20 世纪六七十年代的日本整体处于普及率较低的水平，较低的普及率使其在经济大幅涵盖通货膨胀、大幅波动的背景下，整体增长水平较为稳定。

20 世纪 70 年代日本汽车的普及率稳定在 40% 左右的水平，由于日本在整个 20 世纪 70—80 年代都处于石油危机引发的世界性通货膨胀中，因此，与 20 世纪 60 年代的经济增速相比于日本汽车普及率的上升在这一阶段明显放慢。

表 8-2　20 世纪 70 年代日本重点消费品新购与更换波动数据（单位：%）

年份	冰箱 新购	冰箱 更换	汽车 新购	汽车 更换	空调 新购	空调 更换	彩电 新购	彩电 更换
1966	35.3	13.1	12	12.8	4.6	0	2.5	0.9
1967	55.4	11.3	22.8	20.9	11.7	0	14.8	1.7
1968	52.8	16	30.8	28.5	18.4	0	30.6	1.5
1969	38.6	27	35	39.7	22.2	1.4	56.6	4.6
1970	32.6	32.7	40.4	43.6	28.6	1.4	62.6	7.7
1971	21	37.6	39.4	43.2	36.5	1.5	78	8.4
1972	17.3	48	45.6	50.5	39.6	4.8	69	15.1
1973	16.9	55.6	35.1	55.8	73	1.6	50.6	23.8
1974	**11.4**	**67.6**	**26.9**	**54.8**	**61.1**	**4.6**	**25.3**	**24.1**
1975	**8.2**	**56.3**	**29.3**	**57.7**	**58.5**	**4.5**	**19.9**	**32**
1976	**8.7**	**60**	**28.3**	**52.4**	**61.9**	**3.6**	**12.1**	**37.7**
1977	9	69	28.5	55.8	72.9	8.3	15.4	41.5

数据来源：CEIC 数据库，长江证券研究所。

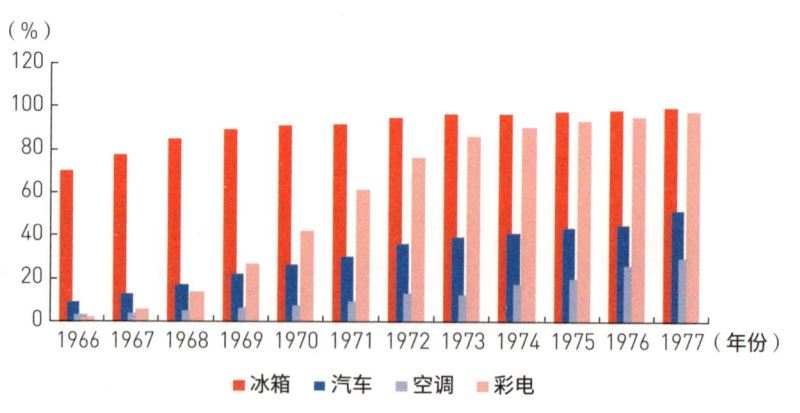

图 8-11　20 世纪 60—70 年代日本耐用消费品普及率变化

数据来源：CEIC 数据库，长江证券研究所。

由此我们可以得出，在通货膨胀引导的实体经济大幅波动过程中，"V"字形成的外在表现是存货投资由过低点向均值水平的回归，而初始的带动力量中普及率处在中等水平、受制于成本上升的耐用消费品消费会存在阶段性的反弹，20世纪70年代日本最具代表意义的是汽车消费的反弹，而中国目前的情形实际上也与之类似。

资源约束下"V"字的初始推动力量在于内部消费

通过对比，我们已然了解在日本1975年实体经济呈现"V"字反弹伊始，以汽车为代表的耐用消费品消费存在阶段性的反弹，考虑到存货更多意义上反映的是对需求端的印证，需要进一步分解需求端即主要的企业设备投资、外部需求在"V"字中的意义。

1975年日本企业设备投资回升缓慢

日本在设备投资方面，1973年前期随着需求扩大，企业也加大了设备投资，主要是为了应对劳动力短缺以及工资上涨带来的成本增加而采取的省力化投资，同时为了减少公害排出而增加了环保投资，特别是环保投资一直处于上升阶段，投资比例从1970年的5.8%上升到了1973年的10.6%。到了1974年，电力、通信、房地产以及金融等非制造业在行政指导以及资金运转困难的约束下，大幅缩减设备投资；而制造业特别是钢铁、石油、化学等行业由于环保投资的加大以及前期需求的保障，设备投资只下降了4.4%。

不过1975年虽然日本经济逐步走出低谷，但设备投资的恢复稍滞后于经济周期，这主要是由于本次经济下滑的态势要远大于以往的经济调整，所以需求不能很快恢复，同时企业收益的改善落后于经济，而且由于当时企业对经济未来预期仍然比较悲观，所以并不能马上增大设备投资。也就是我们之前所论述的，资源价格的大幅抬高一定程度上反映的是，世界经济体系中当时作为中游制造国主力的日本，国内已经存在较为严重的产能过剩问题，并且从产业结构的构成来看，内部经济中制造业的升级之路已经逐步达到顶端，也就是很难像1965年一样通过类似带动产业升级的投资来推动经济增长，由此也意味着在1975年"V"字伊始，以企业扩张产能为代表的设备投资并不是推动力量。

外需的推动作用显现在 1975 年第三季度

从日本当时的外需恢复情况来看，出口的回暖一直等到 1975 年的第三季度，也就是说，虽然在普遍面临资源约束冲击的背景下，美国、日本的实体经济均存在通货膨胀回落之后的存货回升，但是这种过程更多意义上是一个内部经济体系的循环过程，外需的恢复往往存在滞后性，毕竟通过观察历次经济周期的调整，可以发现贸易保护主义在经济体经济微弱增长的阶段一直存在。

我们再次回到日本的汽车销量数据（见图 8-12），用数据进一步推导外需主要是美国进口需求对于日本经济增长在 1975 年 "V" 字过程中的作用。就增速比较而言，日本汽车的出口量在 1974 年之后均有所回落，这一点与世界经济当时处于比较弱的水平有关，而从另一个出口与内销比例的角度我们可以看到，1975 年出口与内销的比例要低于 1974 年和 1976 年，这意味着从变动数据来看，在 1975 年尤其是经济呈现 "V" 字的开始，外需的推动力一方面在放缓，另一方面也明显弱于之前以及国内的需求变动。

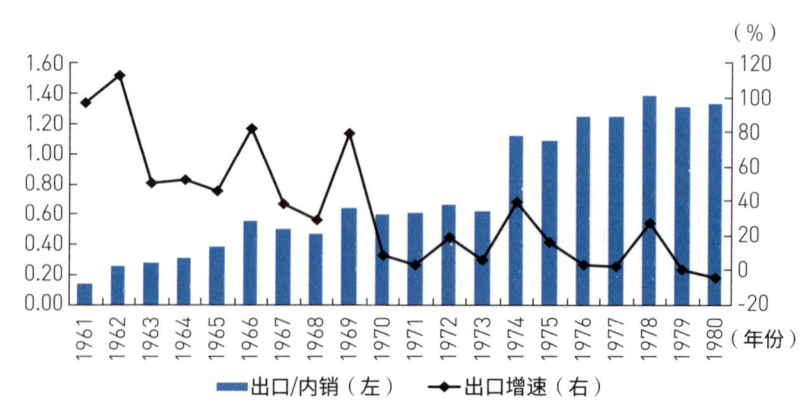

图 8-12　日本 20 世纪 60—70 年代汽车内销、出口对比

数据来源：CEIC 数据库，长江证券研究所。

小结：中国的"V"字如何演绎

从日本在 1975 年"V"字演绎的规律中，我们可以体会到，刚性需求在通货膨胀大幅波动下的重要意义，而由于通货膨胀水平的大幅上升，国内的私人投资、外需短期内都难以得到大幅改善，因此，长波周期衰退期中奇异点"V"的初始构筑最关键的是内部需求，即普及率处于中等水平的耐用消费品需求。就中国目前的实际消费情况而言，其实跟日本比较类似的也就是汽车和房地产。

当然，我们从 2008 年撰写年度策略报告以来，就没有忽视过在金融危机情况下的中国与 1975 年的日本，外需疲弱程度以及触底反弹的方式有很大不同，这一点在日本大宗商品价格的稳定（1975 年）与中国大宗商品价格的暴跌（2008 年）中可以体会到，然而这种外需的回落以及成本的节约模式虽然在本质上与日本 1965 年的情况有些许差异，但是在中国"V"的初始阶段并不会体现不同。

一方面，恰如我们之前所提到的，外需的回落在中国 2008 年 11 月产品价格触底反弹的过程中已经有所体现，而未来美国经济遭受第二波经济危机从而引导外需进一步大幅回落的可能性正在变小，况且日本在 1975 年开始形成"V"的过程中，外需的贡献力度也是负的；另一方面，就成本的大幅回落而言，毕竟日本在 1975 年面临的问题在于成本的增速回落而不是真实价格的回落，而中国遇到的情况某种程度上好于日本，但是成本的大幅回落也意味着需求的过快萎缩，耐用品消费的阶段性反弹并不纯粹依赖价格的回落，在一定程度上收入才是长期决定因素。

由此，展望中国的实体经济调整模式，我们依然坚信自 2008 年 11 月以来的价格反弹更重要的是部分普及率偏低的耐用消费品（如汽车、房地产）消费反弹，这意味着"V"字的初步构成动力已经形成，至于外需的疲弱以及中国的产能过剩问题，是决定中国"V"字右侧延展多长时间以及多高幅度的关键，而在刚性需求依然支撑的耐用消费品消费回暖过程中，投资以及外需并不如内部刚性需求重要。

资本市场展望：双底逻辑的再验证

自 2008 年撰写《PPI 演绎利润轮动——资源约束下的行业资产配置》以来，我们就中国资本市场底部形成的判断都来源于 PPI 的拐点趋势。诚然，PPI 回落后无论是中国实体经济还是资本市场都迎来预期之中的转折，只是我们目前依然认为资本市场的转折只是中级反弹的延续，毕竟从本质上来看，"V"字的推动力量来源于上一轮经济周期中的需求残留，这却并不代表实体经济新一轮扩张的开始，资源约束下中级反弹的延续性依托于"V"字右侧的刚性需求释放，而反转的过程则来源于设备投资或者是外需的回升，当刚性需求释放完毕时，我们也必将迎来反弹与反转之间的过渡。

"V"字下的反弹与反转区分

资本市场甚至于实体经济在演绎反弹与反转的过程中，上升的幅度并不足以成为区别弹与转的标准，就像我们自 2008 年以来对于美元指数一贯的评论一样，虽然东欧问题在一定程度上拓宽了美元的反弹幅度，但是从内在的角度，避险需求推升的美元指数只能维持转折之前的贬值趋势，形成中期 80~90 之间的震荡区间，却并不足以反转。

继续回到资本市场，参照我们关于实体经济"V"字右侧延展的逻辑，由于此种趋势扭转的关键其实来源于实体经济之前所积累的刚性需求释放，因此这并不代表经济新一轮的扩张开始，这也是日本资本市场在 1974 年实体经济触底之后，资本市场依然会存在"双底"的核心因素。

我们将日经 225 指数与失业率的综合表现放在图 8-13 中，虽然失业率一向被视为实体经济的滞后指标，但是它往往代表实体经济新一轮扩张的开始，可以看到，日经 225 指数在 1974 年 10 月达到石油危机中调整的第一个低点，之后的反弹持续了将近 8 个月，幅度接近 26%，从 1975 年 6 月开始持续 3 个月调整，幅度在 15% 左右，随着失业率见顶，日经 225 指数才开始真正意义上的反转，只是从幅度来看，由于此次日本经济的产能扩张受限，失业率虽然在 10 月见顶回落，但是此后依然维持在较高水平，日经

225 指数从 1975 年 9 月至 1977 年底，总计上升幅度为 25%。

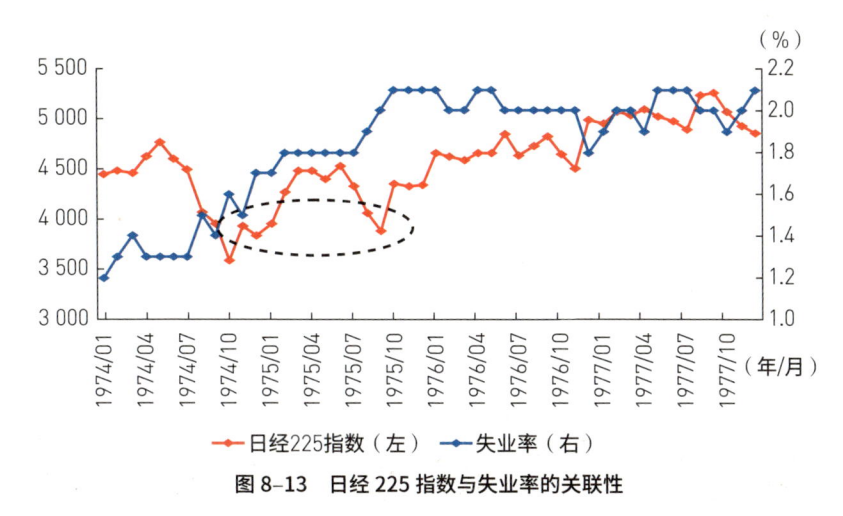

图 8-13　日经 225 指数与失业率的关联性

数据来源：CEIC 数据库，长江证券研究所。

日本 1975 年反弹与反转的过渡

日本 1975 年过渡期的市场表现

的确，从失业率的角度我们可以清楚地感受目前实体经济以及资本市场的反弹意味，而这也使得我们需要花费更多的精力来探寻资本市场包括实体经济反弹向反转过渡的根本，毕竟失业率相对来说更偏于宏观角度，而且从中国目前公布的失业率数据来看，很难找到确切以及及时的跟踪指标，我们还是延续一贯的资产配置思路，从中观的角度来感受资本市场中级反弹终结的可能因素，当然寻找反弹与反转之间的过渡也是我们的核心关注点。

我们首先关注的是日本资本市场在资本市场中级反弹结束、由反弹向反转过渡期中的表象（见表 8-3）：就公司规模影响市场而言，初始反弹的过程中中型、小型公司的表现要明显优于大型公司；在调整的初始阶段，也就是 1975 年 6—9 月，小型、大型公司的表现要优于中型公司，但是整体的分化并不如反弹的初始阶段；在反弹结束时，整体资本市场处于反转的初始阶段，也即 1975 年 9—12 月，小型、中型公司的表现略优于大型公司；而在反转的 2 年时间内，小型公司的表现也明显超越中型以及大型公司，这应该与全球实体经济疲弱、迫切需要多种创新有关。

其次，从产业轮动的角度来看，在 1975 年中级反弹结束时，资本市场防御性的特质较为明显，房地产业、汽车业表现滞后；在 1975 年 9 月到 1975 年底日本资本市场反转的初始阶段，汽车业成为行业板块表现的第一，而房地产业表现甚至落后平均水平；在 1975 年 9 月至 1977 年底反转的长期过程中，表现较为优越的行业为石油、煤炭制品（与石油危机后油价维持高位有关）、通信（技术创新）以及机械装备、房地产等。

表 8–3　日本 1975 年中级反弹结束之后的各行业表现差异（单位：%）

1975 年中级反弹结束调整幅度		1975 年 9 月至 1975 年底调整幅度		1975 年 9 月至 1977 年底调整幅度	
TOPIX	-12.53	TOPIX	12.13	TOPIX	25.11
电力设备	-20.06	航空运输	-1.07	海运	-26.37
海运	-19.36	港口运输	0.19	钢铁	-9.43
建筑	-19.06	采掘	0.26	采掘	-6.86
房地产	-16.60	陆地运输	1.99	纺织服装	-2.12
橡胶	-15.75	服务业	2.42	橡胶	6.68
金属制品	-15.07	通信	4.27	有色金属	16.99
玻璃制品	-14.89	橡胶	5.21	机械	19.19
交通运输设备	-14.47	公用事业	6.23	建筑	19.75
精密仪器	-13.96	其他制品	6.76	金属制品	20.53
机械	-13.95	房地产	7.08	其他制品	22.04
中型公司股票	-13.41	石油及煤炭制品	7.32	大型公司股票	22.30
有色金属	-12.58	有色金属	7.33	中型公司股票	28.00
大型公司股票	-12.55	造纸	8.64	造纸	28.48
纺织服装	-11.66	金属制品	10.90	电力设备	30.43
钢铁	-11.55	大型公司股票	11.92	服务业	36.45
采掘	-10.71	机械	12.05	小型公司股票	36.93
航空运输	-10.64	中型公司股票	12.13	港口运输	39.96
小型公司股票	-10.25	小型公司股票	13.80	陆地运输	40.88
通信	-10.05	食品	14.27	玻璃制品	41.11

续表

1975年中级反弹结束调整幅度		1975年9月至1975年底调整幅度		1975年9月至1977年底调整幅度	
其他制品	-9.55	农业	14.57	**房地产**	**42.49**
公用事业	-8.82	纺织服装	15.05	食品	43.26
造纸	-8.50	建筑	15.05	**交运设备**	**48.81**
港口运输	-7.58	钢铁	15.14	精密仪器	63.97
服务业	-6.89	玻璃制品	16.24	农业	72.06
食品	-6.72	海运	21.12	公用事业	72.82
陆地运输	-6.18	精密仪器	25.91	航空运输	104.37
石油及煤炭制品	-4.82	电力设备	28.78	石油及煤炭制品	111.45
农业	-3.78	**交运设备**	**28.84**	通信	113.55

注：TOPIX 为东证股价指数。
数据来源：CEIC 数据库，长江证券研究所。

日本1975年过渡期的本质在于寻找潜在的增长点

日本股市在 1975 年 6 月出现将近 15% 左右的调整幅度，我们依据日本经济署的研究得知其促发因素：其一是美国股市在这一阶段同期出现了相应的调整；其二是日本内在出现了经济调整中的众多问题，失业率开始上升，对未来经济恶化的预期，市场集中抛售电气机械和建筑相关股票，化学公害的表面化，佳能公司不分红、永大产业大幅亏损、兴人公司破产等。

外围股市美国这一阶段的调整反映了滞涨时期经济体的典型特征，即经济一旦出现回升迹象，那么实体经济领域的通货膨胀水平就会立即上升，更是由此引发基准利率的波动（见表 8-4），由于美联储一直以来更为关注的就是 CPI 月环比的波动（见图 8-14），我们可以看到，1975 年 6 月 2 日，CPI 月环比结束之前数月的下降，此后大幅攀升，美联储大幅上调了基准利率，可见，就影响日本股市的外围因素而言，主要在于当时美国价格的回升使货币政策重归紧缩。

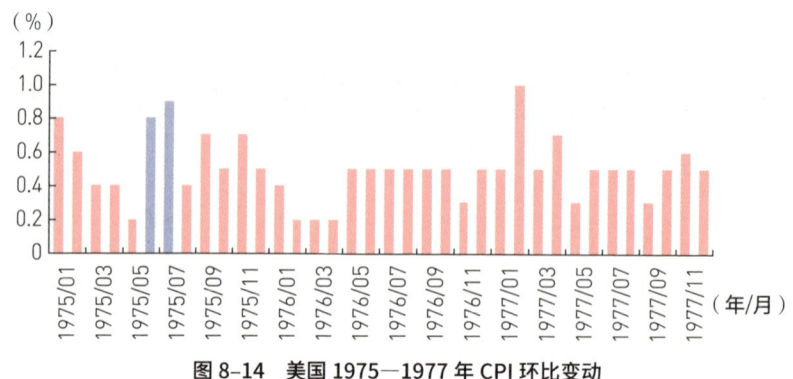

图 8-14 美国 1975—1977 年 CPI 环比变动

数据来源：CEIC 数据库，长江证券研究所。

表 8-4 美国 1975 年基准利率变动

时间	1975 年										1976 年
	1月1日	1月10日	1月16日	2月4日	2月6日	2月26日	3月10日	3月21日	4月30日	6月2日	10月1日	1月12日
基准利率(%)	8	7.25	7	6.5	6.25	6	5.75	5.5	5.25	**6.5**	4.875	4.75

数据来源：CEIC 数据库，长江证券研究所。

另外，就影响中级反弹结束的内部因素而言，失业率在经历前期的稳定之后的大幅上升的确是反映实体经济包括资本市场尚未反转的关键表现，但是由于这一指标过于宏观和庞大，并不能反映实体经济的微妙变化。就与目前中国类似的 20 世纪 70 年代日本而言，我们一直表示衡量通货膨胀水平最关键的指标是 PPI 而不是 CPI，这也是决定日本资本市场的核心要素，可以看到资本市场中级反弹结束的时间点恰巧是 1975 年第三季度（见图 8-15）。

关于其中的内部联系，包括中级反弹的结束以及反弹向反转过渡的成功，我们结合日本"V"字反弹中耐用消费品消费的阶段性反弹，以及在股市中级反弹中，汽车、房地产板块表现较为优越，在中级反弹调整过程中表现落后，在反转的开始，汽车板块的表现要明显优于房地产板块，可以得出，中级反弹调整形成的核心在于，价格回落引导的耐用消费品消费阶段性反弹结束，而反弹向反转过渡成功的关键则来自外需的逐步回升，这方面体现最为明显的是日本的汽车业。应用一句我们在年度报告中所撰写的论调就是，日本股市中级反弹的结束源于"V"字形成中耐用消费品消费阶段性反弹的消失，而反弹向反转的过渡就是一个寻找潜在增长点、经济重获扩张动力的过程。

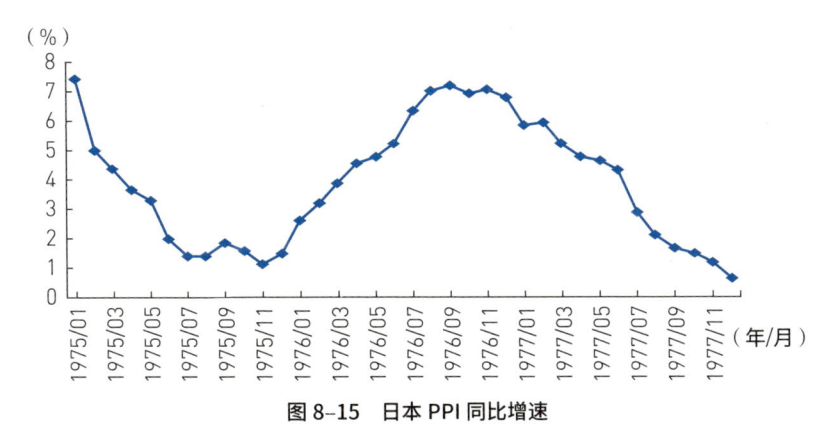

图8-15 日本PPI同比增速

数据来源：CEIC数据库，长江证券研究所。

中国：中期反转的决定因素

从日本在1975年资源约束背景下"V"字的形成以及资本市场由反弹向反转过渡的过程中，我们已然发现，1975年6—9月中级反弹结束的标志是实体经济通货膨胀水平的再次上升，当然也包括失业率的再次上升，但是其中的本质却在于，耐用消费品消费受益于价格回落呈现的阶段性反弹面临结束，而新的潜在增长点如外需却要等到1975年第四季度才开始真正复苏。

由此，鉴于调整因素的类似性，中国资本市场此次中级反弹何时向反转过渡的核心其实就在于，价格回落引导的耐用消费品消费阶段性反弹何时结束，这也衍生出中国式中级反弹结束和日本当时关注标的的不同。虽然失业率作为一个综合指标依然具有参照意义，但是从更为中观的PPI来看，日本当时面临的困境是资源约束所带动的成本压力，因此PPI重归向上是反弹结束的本质（见图8-16）。而就中国目前的状况来看，资源约束在金融危机的背景下短期内大幅缓解，也就是说其展示更多的是一种需求不足。

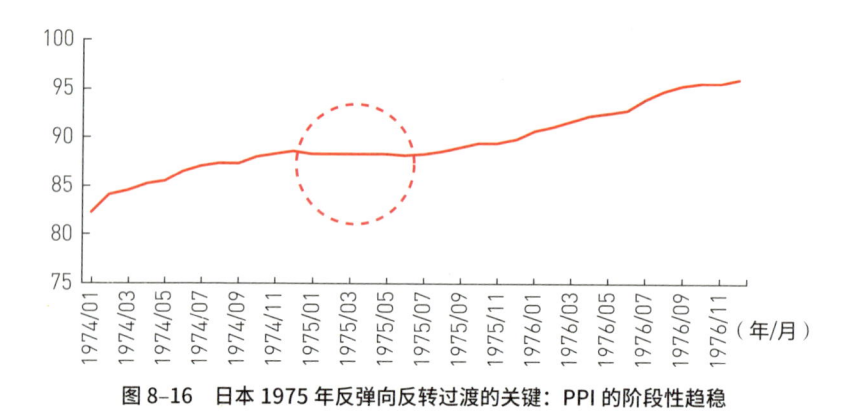

图 8-16　日本 1975 年反弹向反转过渡的关键：PPI 的阶段性趋稳

数据来源：CEIC 数据库，长江证券研究所。

在我们的逻辑框架之内，虽然 "V" 字反弹的初始动力来源于价格回落形成的耐用消费品消费阶段性反弹，但是这并不意味着在当前成本大幅回落的背景下，中国的中级反弹能比日本在 1975 年（大致为 8 个月）延续更长时间。毕竟，就中国和 20 世纪 70 年代的日本而言，制造国的本质特征使其受到的是成本端、需求端两端的合力，资源价格的回落在一定程度上反映的恰恰是需求端的萎缩，由此也决定了收入的稳定增长将会受到极大抑制。

因此，从表现形式来看，从 PPI 的角度出发，中国此次中级反弹结束的标志很有可能是价格指数反弹后的重新回落，而不是像日本价格指数趋稳后的持续上升，这一点其实在部分行业（如钢铁业）中已经有所显现。但是考虑到 "V" 字中形成中级反弹的核心是耐用消费品消费的反弹，所以，消费品部门中普及率偏低的汽车以及房地产销量和价格的波动才是关键的决定因素。

展望未来，中国资本市场中期反转的决定因素无非集中在两方面（见图 8-17）。

一是外需何时恢复，但是在美国遭遇资产价格泡沫破灭的背景下，这一疲弱的态势可能会持续较长时间，与 20 世纪 90 年代日本类似的资产负债表衰退的本质，使美国在金融机构即使已经清除不良资产之后，负债刚性化的美国个人消费者也将会压缩一段时间的消费，凭借收入降低原有的负债水平，这一点对全球贸易来说不是一件好事。

二是就内需或者投资引导产能的进一步扩张而言，中国在经济发展的过程中与日本在1955—1970年最大的不同就是外部依赖度的问题。我们在之前也已经提到过，日本在1955—1970年"V"字反弹的核心其实在于产能的层次性扩张，也就是说当经济调整的时候，日本投资衍生的产能扩张是一种产业逐步升级的表现，而不是增加或者重复加大原有已经显现产能过剩的行业的产能的表现。而中国由于过早介入世界经济分工体系，在制造业的发展过程中并没有展现出特别明显的层次性升级过程，我们可以看到中国近几年在汽车、机械、电子类行业的同步大幅演进，这也意味着当我们遭遇外需疲弱，想通过新一轮的产业升级式产能扩张来带动投资恢复的时候，却发现我们几乎所有的制造性行业产能已然不缺。由此带来的问题就是，中国在此次金融危机中反弹向反转的过渡时滞比日本在1975年要更长。

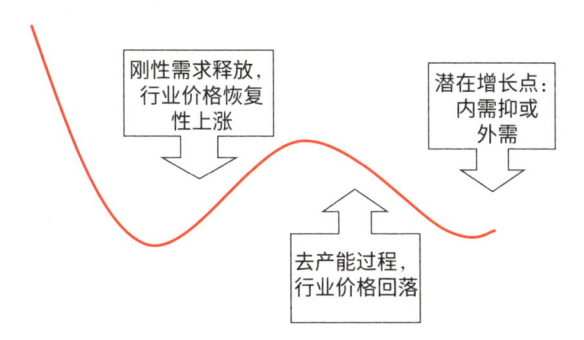

图8-17 中国资本市场反弹向反转的过渡因素分解

资料来源：CEIC数据库，长江证券研究所。

"V"字演绎下的资产配置：
短期刚性需求与中期产业轮动的综合

我们在2008年度策略报告《经济增长变革期的产业轮动》中就已经提

08 "V"的右侧延展

及了 2009 年资产配置的具体思路，由于实体经济在资源约束的背景下"V"字的初始动力在于刚性需求的释放，而外需以及内部投资扩张涉及的则是"V"的右侧延展高度问题，因此，就资产配置而言，必然涉及一个短期刚性需求释放和中期过渡因素的综合。

通货膨胀水平回落下中国短期的刚性需求释放

资源约束下"V"字的初始动力集中在刚性需求逐步释放的过程中，这种消费的反弹本质上是通货膨胀高点与之后的收入低点间的过渡，收入的滞后性使得消费短期的主导因素是产品价格，当通货膨胀水平大幅回落时，收入的增长虽然在未来某一时点存在由于经济回落导致的下滑，但是就短期而言，由于财政政策扩张以及原有的需求刚性，生产部门出现恢复性生产，而这种类似河北钢铁厂 80% 复产的情况本身就意味着，过剩产能淘汰从而引导失业率上升的节奏被延后，或者说失业率上升的程度至少被减轻了，那么，生产部门经营的阶段性乐观也将给予消费部门相应的扩张冲动，可以说，中国在 2009 年 3 月的"V"字形势取决于消费部门向生产部门的逆向传导幅度，而此过程才是一种过剩产能淘汰的真正验证（见图 8-18）。

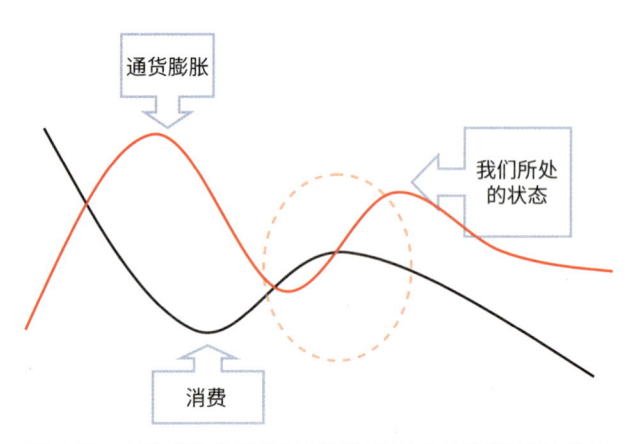

图 8-18　中国"V"的延伸在于消费部门向生产部门的逆向传导

资料来源：长江证券研究所。

通过比较日本1975年耐用消费品消费的表现可以得知，消费类别主要是普及率处于中等水平的汽车，而中国目前的耐用消费品中彩电、空调、冰箱的普及率已经偏高，与20世纪60—70年代的日本相比，汽车保有量的发展速度仍然偏慢（见表8-5），这也意味着短期内刚性需求受益价格反弹能够持续的行业就集中在汽车业以及人口红利依然处在释放过程中的房地产业。

表8-5 日本与中国轿车发展速度的比较

日本	1960年	1973年	增长倍数
日本轿车国内销量	145 227辆	2 953 026辆	19.33
日本轿车保有量	457 333辆	14 473 630辆	30.65
日本百人轿车保有量	0.49辆	13.39辆	26.33
中国	1997年	2006年	增长倍数
中国国内轿车销量	487 695辆	3 811 607辆	6.8
中国客车保有量	5 805 582辆	26 195 686辆	3.51
中国百人客车保有量	0.47辆	1.99辆	3.23

数据来源：Wind资讯，日本汽车经销商协会，日本国土交通省，《中国汽车工业年鉴》，长江证券研究所。

中观产业轮动的一般释义及其适用性

就中期而言，资本市场在寻找潜在增长点，在反弹向反转的过渡过程中，才是实体经济产业轮动的真正开始，而就产业轮动的研究而言，更多的是基于对传统经验的归纳。

杰弗里·施坦格尔（Jeffrey Stangl）曾经在文章《商业周期的产业轮动》（Sector Rotation over Business-Cycle）中，依据美国股市近60年的表现将不同优势行业归结在不同的周期运行中，周期的运行被划分为繁荣期和衰退期两个阶段，只是繁荣期又衍生出三个不同的子阶段，而衰退期包括两个子阶段（见表8-6）。美国资本市场包括实体经济最核心的要素其实集中在金融体系的放贷活动，因此在衰退向繁荣的过渡初始，表现最好的就是金融部门，以及对贷款利率较为敏感的可选消费板块。

表 8-6 美国股市中的产业轮动特征

繁荣期三阶段			衰退期两阶段	
阶段 1	阶段 2	阶段 3	阶段 4	阶段 5
计算机 交通运输	基础原材料 投资品 服务业	生活必需品 能源	公用事业	可选消费 金融

资料来源：杰弗里·施坦格尔，《商业周期的产业轮动》；长江证券研究所。

从美国资本市场近期周期的轮动来看，这种依据经验总结得出的规律的确具备极强的指导意义，但是当应用到目前的中国以及 20 世纪 70 年代的日本时，我们可以发现，这种靠金融体系放贷催生实体经济结束衰退本质上依托的是工业化已经过渡到一个成熟体系，消费成为经济的主导力量，而工业化内部的制造业投资基本停滞，唯一的例外是在长波周期的复苏期，新的技术创新带动的投资扩张。

由此，考虑到中国目前依然正在进行工业化，我们需要采用一套全新的产业轮动辨别思路，通过参考 20 世纪 60—70 年代日本在工业化以及资本市场方面的表现，我们提出了三部门的产业轮动基本构想，如图 8-19 所示。

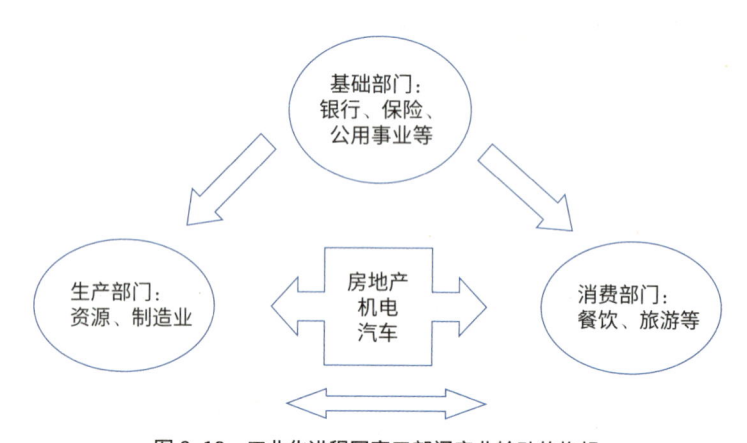

图 8-19 工业化进程国家三部门产业轮动的构想

资料来源：长江证券研究所。

以基础部门、消费部门、生产部门作为实体经济的三个部门，从决定因素的角度来看，消费部门扩张依托于利率以及收入水平的提高，生产部门则受到下游需求以及上游资源约束的压力，基础部门中最具重要性的应该是银行，银行是调控消费部门、生产部门资金成本的核心力量。而在制造业内部，我们认为最为关键的三个行业是房地产、机电以及汽车，因为这三个行业是生产部门、消费部门的主要衔接点。

中期过渡因素也即产业轮动的开始：基于三部门之间的传导

通过前面的论述，我们已经大致了解三部门产业轮动的关注焦点以及基本思路，那么就中国资本市场中期过渡之后的反转而言，投资、外需、内需三者究竟哪方面成为拉动中国实体经济扩张的关键，会决定产业轮动的选择思路。

情景一：投资的有效性

通过投资进一步扩张来带动实体经济实现"V"字调整应该是工业化国家的典型经历，其主要的推动力量在于，金融体系降低贷款利率，企业的投资意愿提升从而带动产能建设、收入水平提高、消费扩张的模式，这也是消费滞后于投资的根本（见图8-20）。而在这一过程中，金融体系的放贷扩张以及实体经济领域层次性的产能投资是关键所在。产业轮动所带动的初始投资逻辑就在于：银行、升级性质的制造业是首选。

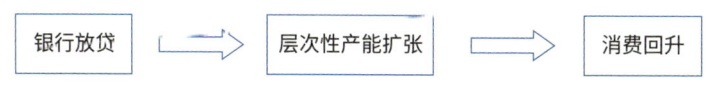

银行放贷 ⇒ 层次性产能扩张 ⇒ 消费回升

图8-20 投资有效性下的产业轮动基本规律

资料来源：长江证券研究所。

情景二：外需恢复的可能性

如果外需存在逐步恢复的可能性，那么由此衍生的产业轮动规律与单纯依赖投资相比，将存在较大的差异，与外部需求关联度较大的机电以及纺织部门有望迎来提前复苏的可能。就实体经济而言，由于机电部门的产业链带动效应更大，因此它对上游制造业和收入回升带动的消费回暖更具意义（见图8-21）。在这一过程中，值得重视的另一个现象就是，金融体系即银行的放贷效应被弱化，外部需求的释放与内部银行之间并不存在关联性，考虑到目前最大的需求国就是美国，其实在本质上是美国的银行将多余资金通过进口需求的方式，转移到了中游制造国。所以，就外需带动下的新一轮经济增长而言，机电、纺织部门值得首选，而银行的配置价值需等到实体经济过渡到全面繁荣之后才会出现。

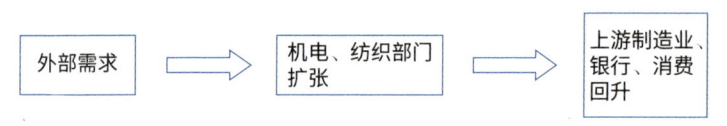

外部需求 ⇒ 机电、纺织部门扩张 ⇒ 上游制造业、银行、消费回升

图8-21　外需恢复下的产业轮动基本规律

资料来源：长江证券研究所。

情景三：信贷消费的拓展性

制造业国家在工业化期间一直都期望内需能够成为推动实体经济增长的核心因素，但是就美国的成熟经验而言，使消费成为经济周期的先导因素的关键在于信贷消费的大幅扩张。毕竟，如果仅依靠收入来决定消费，消费增长就必然需要投资的进一步扩张，但是当消费变得对信贷也就是银行的贷款利率更为敏感时，其先导性也伴随着银行的贷款利率波动逐步呈现，这种典型的产业轮动规律实际上是美国在1960—2000年主要的调控方式，也是我们之前所提到美国股市为何会如此演绎产业轮动的根本，银行、可选消费将是配置的首选（见图8-22）。

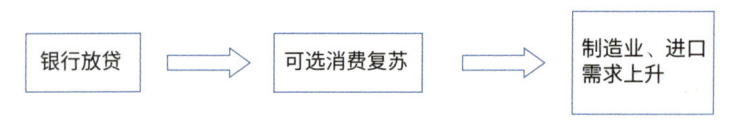

银行放贷 ⇒ 可选消费复苏 ⇒ 制造业、进口需求上升

图8-22　信贷消费拓展下的产业轮动基本规律

资料来源：长江证券研究所。

综合而言，三种产业轮动的规律性，使我们有更充足的理由来把握中国资本市场未来反转的可能性。与投资有效性、外需恢复可能性相比，通过拓展信贷消费来带动实体经济恢复在目前的中国似乎为时尚早。从长期来看，消费对于贷款利率敏感度的上升需要依托的是收入增长的稳定性，而在经济回落的背景下，要短时间促成这一转变并不现实，日本在20世纪90年代金融危机背景下内部消费始终无法被刺激就是一个最好的例证。

所以，中国资本市场或者"V"字进一步延展的关键就在于民间投资和外需的恢复性问题，影响外需部门的因素容易理解，无非就是一个美国进口需求何时恢复的问题，但是我们已经提到，在遭遇特殊的资产负债表问题时，进口需求不仅取决于内部经济体的金融体系修复，而且最重要的是需要一个收入增长降低原有负债水平的过程。因此，中国外需的恢复需要的不仅仅是美国实体经济的触底，而是需要其较长一段时间复苏的积累。

那么，民间投资的恢复时滞以及方向会在最终意义上决定中国的产业轮动过程。我们承认中国目前的制造业结构仍旧存在升级的空间，但是这种难度与日本在1960—1970年面临的情况是完全不一样的，工业化中出口依赖度的上升虽然有利于经济体的经济迅速增长，但是会打破原有工业化的升级体系，这就是中国目前所遭遇的困境，由于日本、美国优势制造业转移，可供中国进一步扩张产能的制造业投资空间并不充裕。

我们唯一值得欣喜的就是，中国这一依然庞大的经济体和区域之间的分化造成的区域城市化率差异，意味着部分城市化率偏低的地区仍旧需要靠投资推动经济增长，但是由于大部分制造业并不存在极强的区域分割，原有过剩的产能也会限制这种投资空间。因此，单靠内部投资拉动扭转中国实体经济，从而带动资本市场重归反转，可能一方面需要投资中的设备国有化，另一方面外需对于中国实体经济"V"的右侧重要性从中期来看依然难以被忽视。值得强调的是，由于在中国之前依赖外需发展的模式中，实体经济已经积累了大量由美国信贷消费所释放的流动性，因此即使靠民间投资拉动来推动新一轮的实体经济复苏，银行的作用也会相应滞后。

小结：第二季度暨 2009 年下半年资产配置建议

我们在年度报告中曾经提及有关 2009 年全年的资产配置建议，就中期而言，进一步提高城市化与工业化的协调性才能解决中国经济原有的一系列（如二元结构等）矛盾。因此依据刘易斯的经典城市化理论，超配有利于提升农业整体生产效率的行业，至于受益于社会保障体制进一步完善的医药行业，弱市中的平稳性将会使其一直得到关注，而我们坚信只有依赖农业和医药业发展所带动的新型城市化建设，才有助于真正意义上的内需推动经济增长，从而形成产业的均衡式发展。

伴随着新型城市化建设所带动的中国经济复苏，由于东部和中、西部城市化阶段的不同，大都市圈的扩张将使得东部区域呈现更多的服务业繁荣特质，而中、西部则表现出更为明显的投资拉动。

比较三种产业轮动所推动的现象差异，表 8-7 显示了我们对 2009 年第二季度暨 2009 年下半年资产配置建议，这也是我们对 2008 年年度报告配置建议的进一步细化。

表 8-7　2009 年第二季度暨 2009 年下半年资产配置建议

	"V"字演绎现象	行业配置建议
短期阶段	耐用消费品销量回升；PPI 指数低位反弹	地产、汽车等具备刚性需求支撑的耐用消费品；去库存化的过程中，滞后回升以及稀缺性的上游资源
中期阶段	刚性需求释放完毕；PPI 重新回落	寻找潜在增长点的开始，机电部门以及纺织部门的核心在于外部需求何时回升 就民间投资而言，产业层次性的升级扩张依然是主要方式，关注机械、交通运输设备行业 银行在经济繁荣期已经累积足够流动性的背景下，对于实体经济的先导性意义已经落后 涵盖汽车、房地产的可选消费的真正反转依赖于实体经济的真正回升 制造业内部的上游资源中，虽然有色金属一向对经济反转有极强的敏感性，但是这种持续上升的动力首先需要的是中、下游制造业中某个对通货膨胀承受能力较强的产业 由于世界经济的疲弱，我们相信个股风格更为关注的应该是小型公司，主要是鉴于其被收购价值以及较强的技术创新能力

资料来源：长江证券研究所。

09 过渡期的必然性与复杂性
基于通货膨胀预期的情景分析

- 2009年6月7日

前言：过渡期的必然性

我们在之前的策略报告中提出，市场自2009年5月开始进入验证预期的阶段，市场在验证什么预期，无非就是增量需求能不能出现的问题。因为在价格被扰动之后，未来的经济复苏已经不能依靠价格波动后库存或者刚性需求的变化，而是要依靠真实需求的恢复，依赖失业率、名义工资收入增长见底回升之后的增量推动，市场的验证与等待本质上就集中于这一点。而中级反弹到过渡期的确定，却取决于支撑中级反弹的刚性需求延续状况。因此，未来市场的发展与刚性需求的延续以及之后新增需求的变化息息相关。

由于失业率仍处于上升趋势，收入滞后调整将成为大概率事件，因此下半年经济复苏的新增增长点无非是房地产领域与外需领域。然而，外需在美国需求疲弱的情况下，复苏的时间和程度都难如人意。另外，房地产阶段性繁荣的持续更是有赖于通货膨胀本身的持续，因此2009年下半年的实体经济和资本市场最终的决定因素依然来源于通货膨胀的演进趋势。当然，随着流动性的大规模释放，通货膨胀也有两种可能的演绎路径，中国经济和市场策略也由此可能展开两条不同的道路。

更重要的是，不管这两条路径如何演绎，中国中级反弹的结束不可避免，在失业率仍在上升、收入滞后调整的情况下，反弹与复苏之间的过渡期已变得不可避免。

消费的双低点趋势导致过渡期调整

关于刚性需求的维持问题，实际上也就是我们一再强调的消费双低点周期错配问题，即在完成财富积累后处于消费升级阶段的国家，当通货膨胀水平大幅波动时，通货膨胀水平波动对于消费支出的影响总是领先于失业率上升带来的收入影响，从而形成消费双低点的模式，这一模式的特征在20世纪70年代的日本和现阶段的中国都出现了。

从日本实体经济的表现看，日本人均实际可支配收入的低点在实际GDP增速低点前后分别出现了两次。第一个实际增速低点在实际GDP低点前1年左右及PPI增速最高峰时出现，之后由于PPI回落，以及杠杆率偏低、储蓄率偏高，结构受金融货币体系波动影响较小，GDP增速反而出现上升，之后出现回落，但是由于通货膨胀缓和并没有回到之前的低点；而消费倾向也在实际GDP触底后出现上升，因此反而对消费形成了正面支持，从而形成了经济底部的刚性需求（见图9-1）。

因此，就2009年下半年的经济而言，我们不得不面对的是经济过渡期，而这种过渡期更多来自支持中级反弹的刚性需求受制于收入滞后调整以及通货膨胀水平的回升被重新抑制。

实际上，从20世纪70年代日本的消费支出中（参见图9-2），可以明显地看出，1975年第一季度日本的可支配收入出现了明显的上升趋势，而消费支出的上升趋势则更为显著，这是1974年第四季度到1975年第一季度实际GDP增速出现快速触底回升的重要原因。但是随后从1975年第二季度开始，实际收入增速和消费支出增速都开始重新出现下滑，从而导致经济增速在1975年第三季度开始重新步入环比缓慢回升的低位均衡增长阶段。

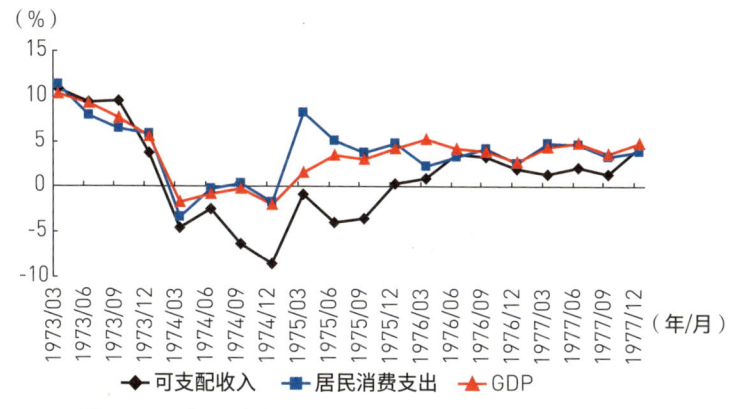

图9-1 日本20世纪70年代可支配收入、居民消费支出和实际GDP的变化趋势（实际同比增速）

数据来源：CEIC数据库，长江证券研究所。

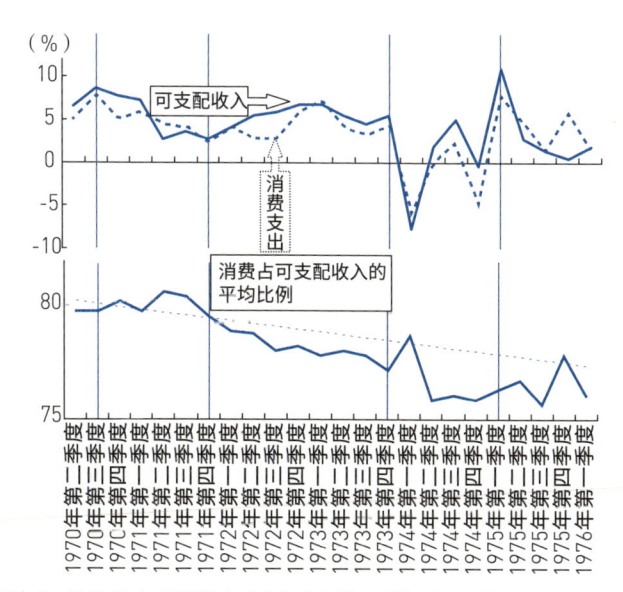

图9-2 日本20世纪70年代消费占可支配收入的平均比例及可支配收入、消费支出的波动

数据来源：CEIC数据库，长江证券研究所。

09 过渡期的必然性与复杂性　　297

那么为什么消费会出现这种滞后于经济增速回落的变化呢？主要原因有三个。

首先，缘于通货膨胀波动的影响。从日本 20 世纪 70 年代的数据看（见图 9-3），名义消费和名义收入的波动是滞后于经济增速变化的，正如我们 2008 年在《双底演绎》报告中所提到的，这会导致名义 GDP 滞后于实际 GDP 出现。相应地，实际值则会受通货膨胀水平波动影响出现阶段性上升，从而出现刚性需求导致的消费阶段性上升，这也是消费双低点之间出现高点反弹的重要原因。

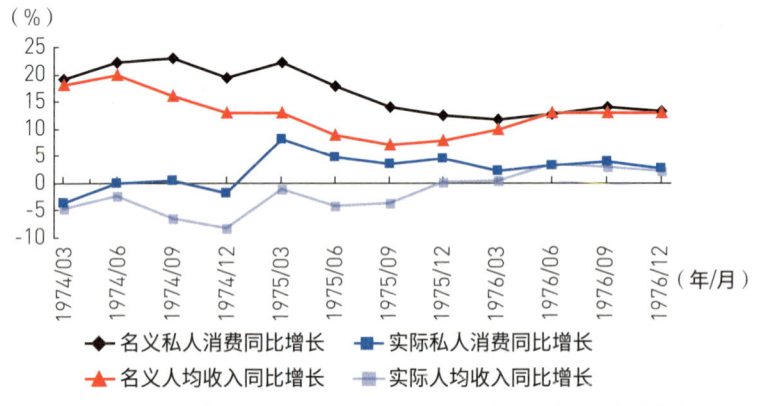

图 9-3 日本 20 世纪 70 年代名义和实际收入以及名义和实际私人消费变化

数据来源：CEIC 数据库，长江证券研究所。

其次，在于收入刚性的滞后。从 20 世纪 70 年代日本的实际工资指数看（见表 9-1），日本的实际工资指数从 1975 年第一季度开始明显地增长，但是这种增长从 1975 年第二季度开始滑落，尤其是在 1975 年第二季度末第三季度初出现明显回落，与前面的可支配收入以及消费支出的变动是相当的。

最后，更值得注意的一点在于，实际工资指数的两个高位点分别出现在 1974 年末和 1975 年中，这主要是年中奖和年终奖等造成的收入集中变动，而日本 1974 年底的实际工资指数同比并未下滑，甚至出现 5% 的正增长，但是 1975 年中则出现明显下滑，显示企业利润变动对居民收入的滞后影响是显著的。

表 9-1　日本 1974—1975 年实际工资指数变动

时间	实际工资指数	同比变动(%)	时间	实际工资指数	同比变动(%)
1974 年 1 月	53.10	-4	1975 年 1 月	58.50	10
1974 年 2 月	50.60	-5	1975 年 2 月	56.30	11
1974 年 3 月	54.10	-5	1975 年 3 月	61.80	14
1974 年 4 月	54.30	0	1975 年 4 月	57.70	6
1974 年 5 月	59.40	7	1975 年 5 月	57.70	-3
1974 年 6 月	102.20	6	1975 年 6 月	101.20	-1
1974 年 7 月	110.30	10	1975 年 7 月	110.50	0
1974 年 8 月	65.20	5	1975 年 8 月	68.70	5
1974 年 9 月	57.30	3	1975 年 9 月	60.30	5
1974 年 10 月	56.80	-3	1975 年 10 月	59.00	4
1974 年 11 月	58.40	-3	1975 年 11 月	61.80	6
1974 年 12 月	178.40	5	1975 年 12 月	176.80	-1

数据来源：CEIC 数据库，长江证券研究所。

实际上，这种收入的滞后调整主要受失业率影响，从日本当时的失业率看（见图 9-4），一直到 1975 年第三季度才开始趋于稳定，因此，在此之前的收入总是存在着调整的需要。

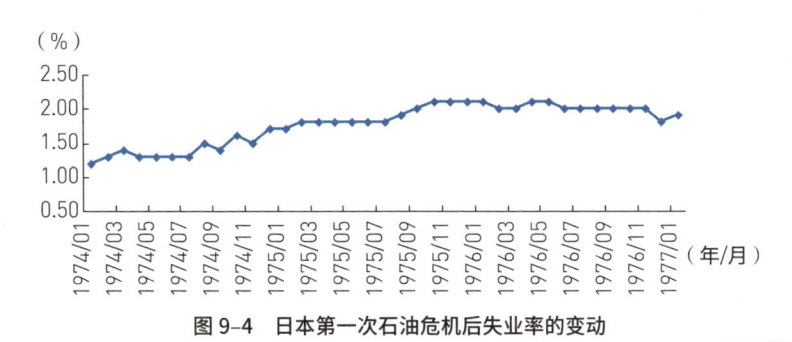

图 9-4　日本第一次石油危机后失业率的变动

数据来源：CEIC 数据库，长江证券研究所。

从中国目前的情况看（见图 9-5），一方面，与日本 20 世纪 70 年代类似，居民实际可支配收入增速的最低点出现在 2008 年第一季度，之后在经济增速回落的背景下反而出现上升，因此带动了实际 GDP 迅速探底回升，这与日本双低点模型的前半段是相同的。

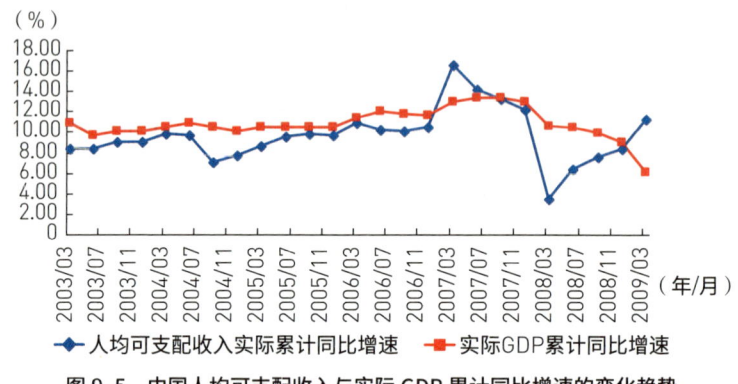

图 9-5　中国人均可支配收入与实际 GDP 累计同比增速的变化趋势

数据来源：CEIC 数据库，长江证券研究所。

因此，目前虽然中国没有准确的失业率数据，但是从我们的调研采样看，失业率依然是在上升的，这使得 2009 年下半年失业率上升导致实际收入和消费下滑成为大概率事件。

另一方面，从中国这一阶段的调整数据看（见图 9-6），与历史均值相比，国内的零售实际总额并没有出现真正的调整，这使得消费有较大的下调压力，特别是在收入调整的背景下。因此，我们预期消费从第三季度开始可能正式步入双低点后半部分的下滑阶段。

我们认为，中级反弹的延续性取决于阶段性刚性需求的持续性。实际上，由于实际可支配收入和其引导的消费支出的阶段性形成短期更多受通货膨胀水平波动影响，相应的经济增速的影响是滞后的，因此，这种阶段性背离难以长期持续，这也就意味着从经济触底反弹到真正反转之间还存在中级反弹之后的调整过渡期。

从前面的分析中我们可以看到，实际上中级反弹的延续，本质上在于刚性需求能支撑多久的时间问题，从中国目前的情况来看是消费的持续性问题；而调整期后中国经济恢复的本质，在于新需求的出现，正如我们前面所提到的增量需求的恢复，而从下半年来看，这无疑都指向了两个核心：一是内需的房地产领域，二是外需领域。

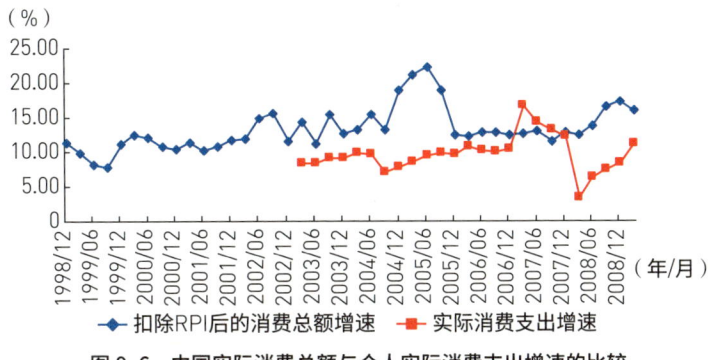

图 9-6　中国实际消费总额与个人实际消费支出增速的比较

注：RPI 为零售物价指数。
数据来源：CEIC 数据库，长江证券研究所。

实际上，从1975年日本"V"字反弹的右侧，可以看到经济恢复的步骤是：在政府财政支出引导下，库存投资恢复增长，随后，刚性需求导致个人消费支出和住房建设投资出现增长，这一过程伴随的是实际GDP触底后的快速反弹阶段，而真正的名义GDP回升即调整期的结束需要等到出口和民间投资恢复增长。

因此，关于中国下半年的内需，实际上收入滞后调整导致的消费回落是一个大概率事件，政府投资的潜力和深度随着去政策化的过程和财政收入的下滑，更有可能逐步回落，因此，新增的需求只能来自新的增长点。这种新的增长点，在没有出现革命性的创新因素之前，或者来自外需恢复增长，或者来自跟上的内部民间投资。外需增长，显然与作为此次变动的主导国美国的经济复苏状况和资本市场波动息息相关，而民间投资，根据现阶段中国的主导产业，更多体现在房地产领域。实际上，对于经济复苏的判断，也就变成了对于外需和房地产业未来趋势性变动的判断，这两个领域的变动成为决定资本市场中级反弹延续与终结的两个核心因素。

中级反弹的延续与终结：美股进入关键期

对中国经济和资本市场而言，决定未来走势的因素不可避免地与美国经济和美股走势相关。从经济周期和预期因素看，未来美国经济两项因素的变动将对中国经济产生重要影响。这体现在两方面，一方面是美国经济去库存化后紧随而来的补库存行为对于中国外需的拉动；另一方面是未来美国消费变动对于经济复苏的支持力度，从而形成主导国对于全球经济的带动。当然，美国经济两项因素的变动都会影响美股的走势，正如我们之前在中级反弹因素中所强调的，美股对于中国资本市场外围支撑的影响本身就是决定中级反弹延续和终结的三大因素之一。

美国补库存对中国外需的拉动需待第四季度才能完成

关于美国补库存对中国外需的拉动作用，实际上很多人是抱有期待的，考虑到美国在2008年第一季度经济触底后，已经开始了类似于中国2008年第四季度的去库存化过程，那么一旦出现与中国类似的大规模补库存行为，势必会形成对中国外需的短期刺激。那么，美国补库存对于中国外需真能形成拉动作用吗？我们的观点是，即使有，也很难在2009年内出现。从美国经济此次库存调整的特点看，美国将经历漫长的去库存化与缓慢的补库存过程。

首先，耐用品库存仍需要经历较大降幅的去库存化行为。

随着2008年经济周期导致的通货膨胀水平大幅波动，非耐用品库存早在2008年下半年就开始下降，这当然与大宗商品价格的大幅下滑有关，扣除物价变动因素后，我们发现实际非耐用品库存仍然呈现大幅下滑态势，这一趋势开始于2008年3月，即大宗商品价格开始暴涨的初期。因而从2008年第三、第四季度开始，特别是第四季度，非耐用品行业在原材料、产成品的积累上均出现大幅下滑。但是与非耐用品库存大幅下滑形成鲜明对比的是，耐用品的去库存过程尚未完全开始，库存水平的下滑也更多由于价格的下降，在扣除价格变动因素后，实际库存量仍在上升（见图9-7）。

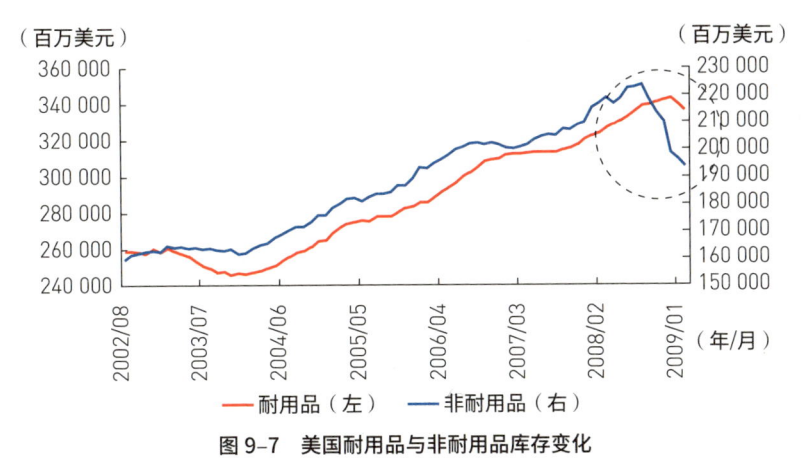

图 9-7　美国耐用品与非耐用品库存变化

数据来源：彭博，CEIC 数据库，Datastream 数据库，长江证券研究所。

这种情况出现的主要原因是美国销售的疲弱。2008 年第四季度以来销售持续疲弱，耐用品行业的产成品库存在经历了前三个季度的下滑后，第四季度产成品库存略有上升，而原材料和在产品库存则均出现较大上升，这说明企业在当季大幅降低了开工水平，同时对于价格大幅下滑的原材料仍保持一定的需求惯性。但采用长远的眼光，这预示着耐用品行业去库存的过程只是刚刚开始，对包括基本金属在内的上游原材料的需求将非常疲弱。

同时，由于耐用品行业的库存销售比仍处在高位（见图 9-8），目前库存特别是原材料库存的攀升更多是由于被动减产后的累积而不是主动应对需求的回升。因此，考虑到需求因素的存在，相较于历史上非耐用品和耐用品的补库存下降水平，目前耐用品库存仍需伴随经济恢复出现较大的降幅调整，才能真正带动补库存的行为。

其次，美国库存的先行指标显示去库存行为仍需要较长的消化周期。结合历史经验，我们发现一些指标可以有效地提前捕捉厂商回补库存这一行为，其中包括 PMI 分类指数中的库存指数以及库存销售比。

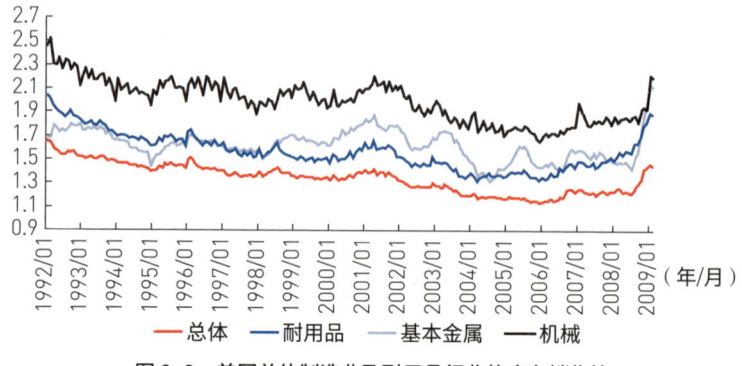

图 9-8 美国总体制造业及耐用品行业的库存销售比

数据来源：彭博，CEIC 数据库，Datastream 数据库，长江证券研究所。

我们前面已经分析了库存销售比，而从 PMI 分类指数中的库存指数与总体库存水平波动之间的趋势来看（见图 9-9），可以明显地观察到 PMI 分类指数中的库存指数领先总体库存 1~2 个季度变化，因此在我们观察到 PMI 分类指数中的库存指数发生明显趋势性回升之前，我们没有任何理由相信库存回补会发生，这也决定了在未来 1~2 个季度内，很难出现趋势性的补库存行为。

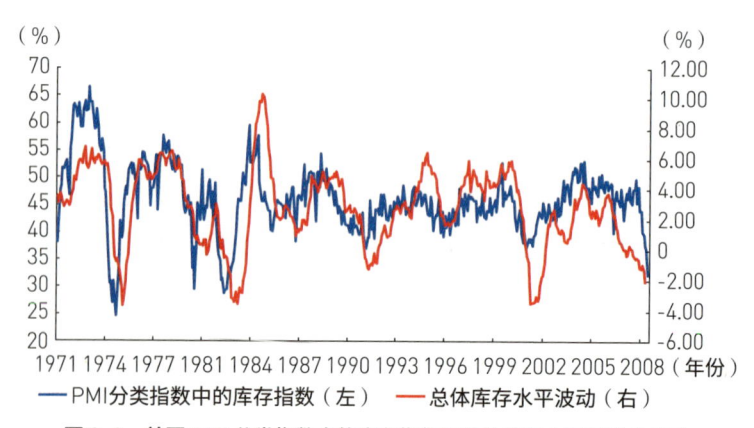

图 9-9 美国 PMI 分类指数中的库存指数与总体库存水平波动的关系

数据来源：彭博，CEIC 数据库，Datastream 数据库，长江证券研究所。

综上所述，库存的未来趋势性回升将主要取决于需求的复苏与回暖。根据我们对宏观经济的把握，美国 GDP 增速的同比低点要到 2009 年第四季度才会出现，美国本轮衰退结束于 2009 年第四季度，而一般库存水平的回升会滞后于衰退的结束时点，因此从历史经验来看补库存行为要到 2009 年第四季度后才会出现。

"真实收入"支持下的美国消费反弹动力不足

就美国经济中期复苏而言，至关重要的是目前美国经济结构中的主导力量——私人消费的复苏。从目前的经济数据来看，美国消费确实在 2009 年第一季度出现了环比的回升，那么消费是否已经见底，未来消费的动力究竟何在？实际上，这是我们对美国未来经济发展趋势判断的根本，也是对于中国外需中期发展趋势判断的根本。

实际上，与中国类似的是，美国这次经济周期下的消费回升更多来自个人实际可支配收入的支持。通过对比可以看到，在大萧条时期，消费的大幅下滑伴随着个人收入崩溃式瓦解一起出现。美国个人实际可支配收入在 1929—1933 年下降了近 1/4（见图 9-10），没有了真实收入的支撑，消费支出也同时出现了大幅度的下滑。相比而言，这一次消费支出的下滑远远没有 20 世纪 30 年代那么严重，其原因在于个人真实收入的支撑。事实上，当前美国的个人实际可支配收入始终保持稳定，甚至还略有回升（见图 9-11），这是支撑本轮消费和经济探底的最重要原因。

如前所述，中国实际收入阶段性维持的主要原因一方面在于物价的剧烈波动，另一方面在于居民财富的前期积累以及资产负债表状况良好。关于第一点，中美面临着相同的世界性通货膨胀水平剧烈波动期，因此都会受到相应的影响；但是关于第二点，美国显然不具备这种前提。那么，美国出现实际收入上升支撑消费的主要原因何在？

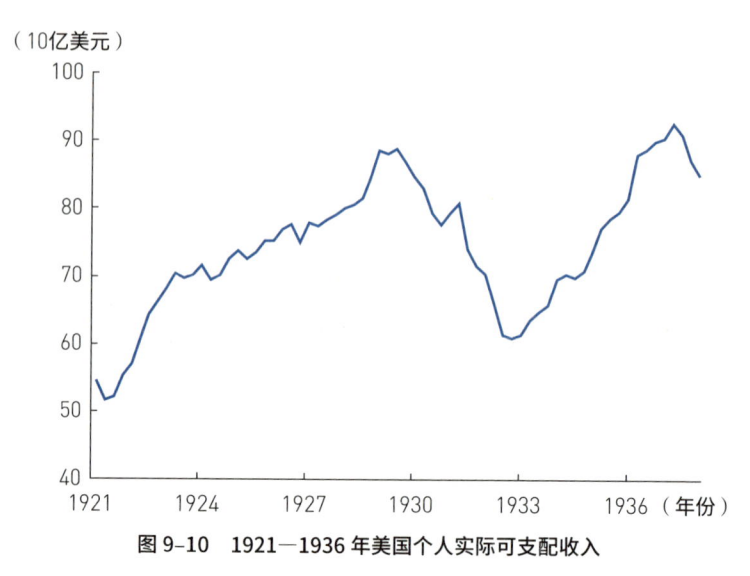

(10亿美元)

图 9-10　1921—1936 年美国个人实际可支配收入

数据来源：Datastream 数据库，长江证券研究所。

(10亿美元)

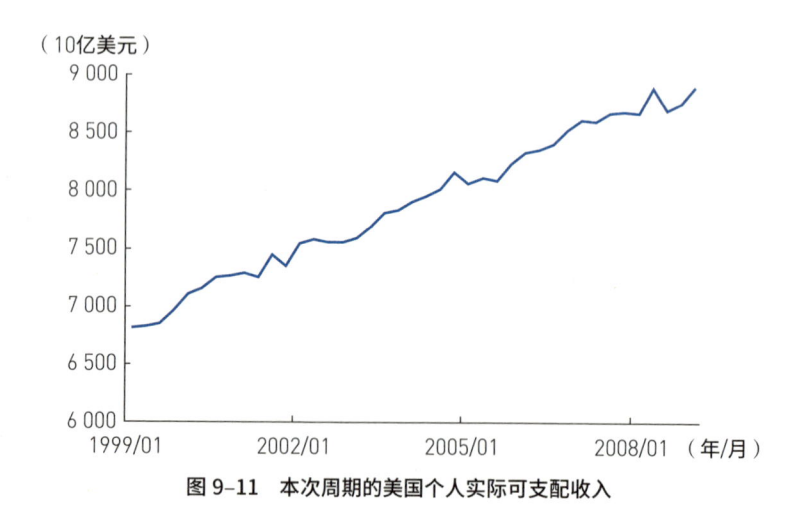

图 9-11　本次周期的美国个人实际可支配收入

数据来源：Datastream 数据库，长江证券研究所。

　　实际上，这与美国政府启动的大规模收入支持的财政刺激方案息息相关，可以看到，正是失业救济金的补助以及减税规模的大幅增加，在很大程度上支撑了个人可支配收入的增长。在财政刺激下，个人税负在 2008 年第一季度占个人收入的比重下滑到了近10%（见图9-12）。

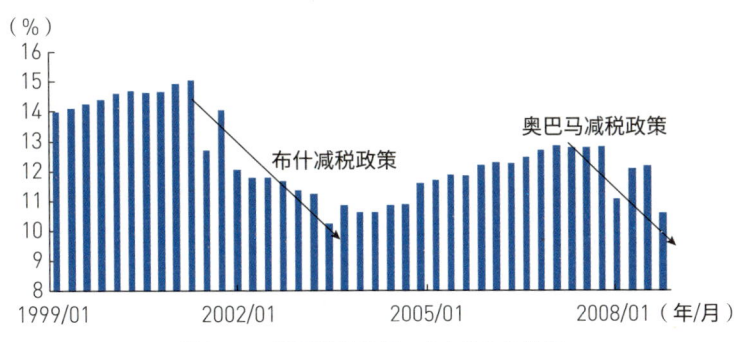

图9-12 美国税收负担占个人收入的比重

数据来源：彭博，CEIC数据库，Datastream数据库，长江证券研究所。

而从收入结构的变化看（见图9-13），代表真实经济动力的工资薪金和资产收入均出现明显下滑，而支撑个人当期收入的除了减少的税负，还有政府的转移支付和社保养老金的缴纳，因此，现有的收入支撑因素更多来源于短期的税负减少，这更多是一种政策行为，而决定收入的主体收入项则不可避免地处于下滑过程中。

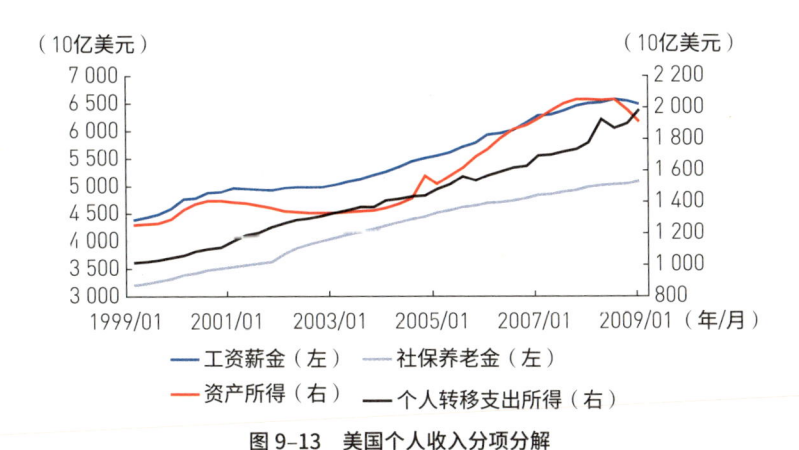

图9-13 美国个人收入分项分解

数据来源：彭博，CEIC数据库，Datastream数据库，长江证券研究所。

09 过渡期的必然性与复杂性

但是，虽然财政政策通过增长实际收入支持了美国消费的触底回升，但是这种模式能否持续？我们认为有四种因素会导致美国消费难以持续强劲反弹，从而会在 2009 年下半年抑制美国经济的复苏势头。

首先，美国居民的资产负债表仍需调整，居民负债占 GDP 的比重将趋于下滑（见图 9-14）。居民负债与 GDP 的比值时隔近 80 年再次回到了 100% 的峰值，显然这一趋势将不可持续，尽管这一比值在金融深化延续的大背景下未必会回到二三十年前的水平，但我们预计在未来三至五年，居民负债占 GDP 的比重将逐步回落至 84% 附近，这一次 15% 左右的下滑将足以导致 2 万亿美元消费杠杆的丧失。

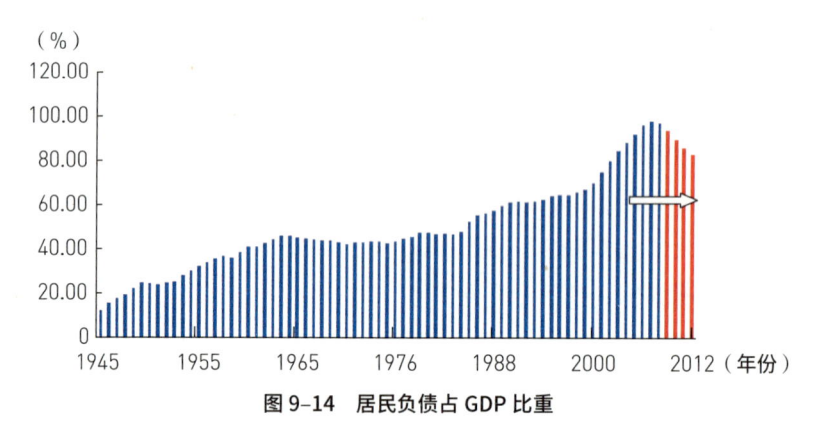

图 9-14　居民负债占 GDP 比重

数据来源：彭博，CEIC 数据库，Datastream 数据库，长江证券研究所。

其次，与中国类似，美国就业人数不断减少，失业率仍在上升通道（见图 9-15）。虽然劳动力市场的领先指标单周首次申领失业救济人数很有可能已经在 5 月达到峰值，但下半年的就业情况依然不容乐观，最困难时期的过去并不意味着就业率的下滑就此戛然而止，失业率在年底前维持上升趋势，极有可能超过 10%。事实上，正如我们之前所谈到的，就业率的大幅下滑必然会拖累收入，导致收入进一步下滑，这将对消费产生间接的负面作用。

图9-15 美国就业人数

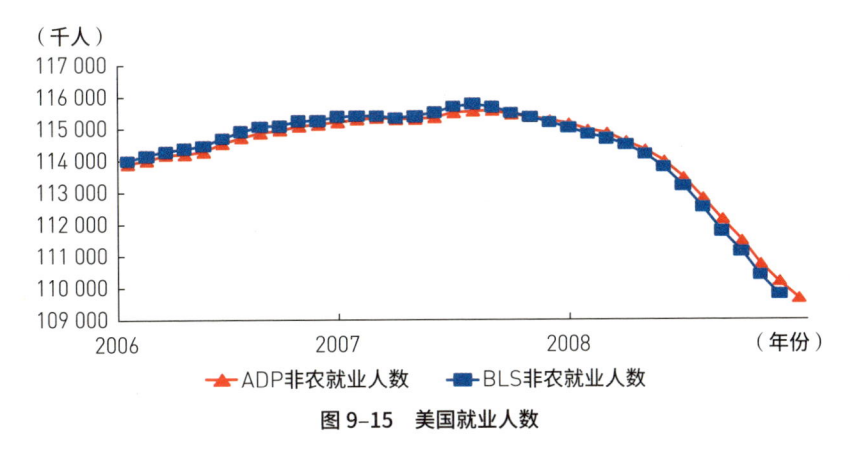

注：ADP是美国人口数据的缩写，美国ADP就业数据被市场称为"小非农"；BLS为美国劳工统计局的缩写。
数据来源：彭博，CEIC数据库，Datastream数据库，长江证券研究所。

再次，从个人储蓄率反映的美国消费意愿来看，美国消费的复苏也存在减弱趋势。在经济低谷时消费者信心的恢复事实上只是冲击后回归平衡的过程，而非代表对未来强劲复苏的预期。消费者信心恢复实际上掩盖了另一个事实，那就是消费意愿仍然异常疲弱，这体现在美国的个人储蓄率上（见图9-16）。实际上，在大萧条的复苏时期，储蓄水平从1933年至1936年四年间回升了7.5个百分点，这里面有很大一部分是预防性储蓄和无信贷无就业背景下消费结构的变化所致。我们判断回升的个人储蓄率很有可能在2010年达到7%，在此之后，如果出现可支配收入的下滑，即政策对收入的支撑作用消退，那么储蓄率反而可能会有所下降，从而影响美国居民的消费意愿和消费支出。

最后，耐用品消费的复苏相对疲弱，住房需求也相对疲弱，限制了消费反弹的高度。从数据可以看到，非耐用品消费与耐用品消费在2009年第一季度环比回升的基础上，出现了回落局面，同时耐用品消费的反弹明显弱于非耐用品消费（见图9-17）。我们预计，只有在耐用品消费企稳并明显回升的背景下，真正的消费底部才会出现。也就是说，非耐用品消费与耐用品消费可能将呈现一个明显的"W"形走势。同时，与中国不同的是，美国住房消费面临需求不足的境况（可参考图 9-18），预计美国的设备投资有望在下半年对 GDP 产生正贡献，而住宅及非住宅投资则在 2010 年上半年才可能真正见底。此后，住宅投资在未来两年仍将较为疲弱，这反映了居民住房需求的不足。住房需求疲弱还将限制其他耐用品（包括家具、家电在内）消费的增长。

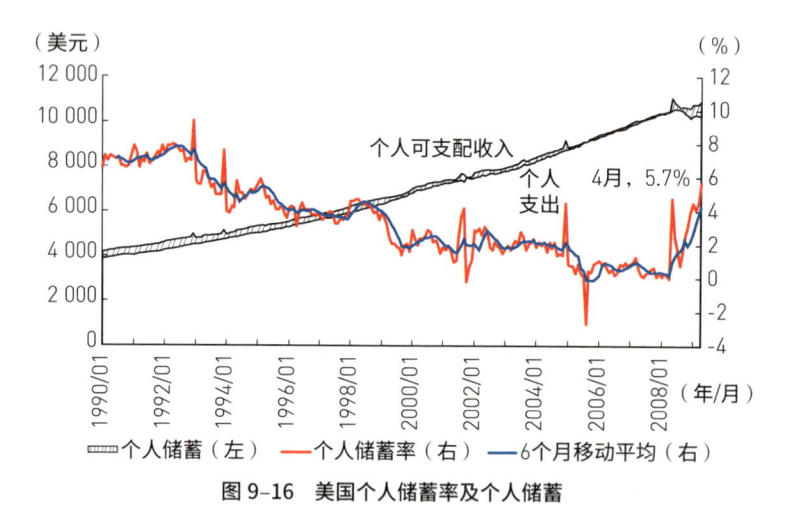

图 9-16　美国个人储蓄率及个人储蓄

数据来源：彭博，CEIC 数据库，Datastream 数据库，长江证券研究所。

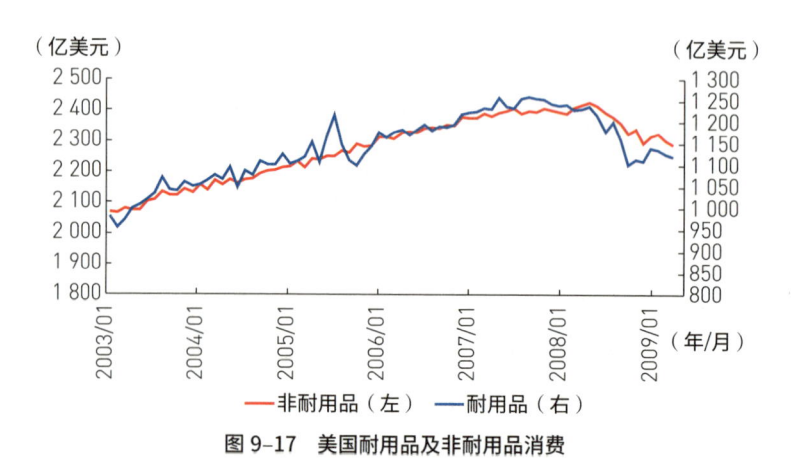

图 9-17　美国耐用品及非耐用品消费

数据来源：彭博，CEIC 数据库，Datastream 数据库，长江证券研究所。

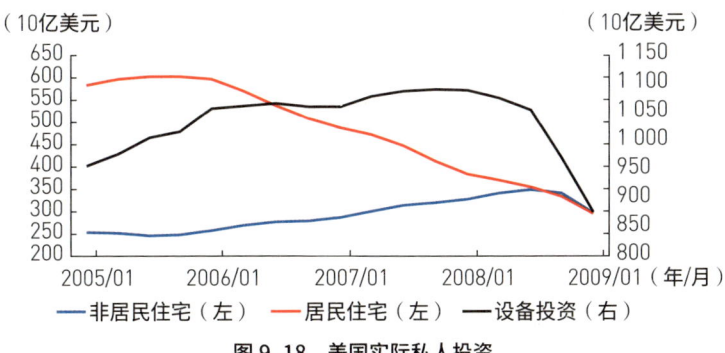

图 9-18　美国实际私人投资

数据来源：彭博，CEIC 数据库，Datastream 数据库，长江证券研究所。

综上所述，从居民负债表调整、失业率和储蓄率上升以及消费品复苏结构的角度看，我们的判断是，短期消费的复苏得益于财政政策支持下真实收入的稳定。但就复苏的强度而言，我们则相对谨慎，在巨大的财政预算缺口和去政策化预期以及缺乏信贷和就业支撑的背景下，耐用品消费将保持疲弱，未来消费有可能再次探底。相应地，这会影响美国经济复苏的进程，从而影响美国的资本市场波动，美国作为长波周期的主导国，进一步影响追赶国经济的复苏预期。

美股进入关键时期

从美国经济的角度看，在经济于 2009 年第一季度环比触底后，确实出现了持续的反弹，从经济数据看，深度调整后环比数据的反弹较为显著，环比数据相继出现见底趋势并相互加强，主要包括物价、房地产、消费、就业等数据，因此 2009 年第二季度的数据环境是最佳的。美国经济正在经历从冲击低位向弱势均衡的回归，数据环比增长效应最明显。相应地，资本市场出现大幅度反弹，这进一步支撑了中国的中级反弹，这是一个水到渠成的过程。

但是，正如我们在对美国经济探底因素的分析中提到的，当消费者信心恢复、个人开支下滑放缓导致经济触底后，进一步的回升有待于库存投资的明显改善，以及住宅投资反弹带动耐用品消费的回升（见图 9-19）。

GDP环比增速　　货币政策

财政政策及预期

原材料暴跌后的成本回落　　　　　　　　　　　美元明显贬值后有利于制造业出口

股市见底回升后财富负效应的结束　　　　住宅投资反弹，同时进一步带动耐用品消费

　　消费者信心恢复、个人开支下滑放缓　　前景出现明显改善后库存投资的反弹

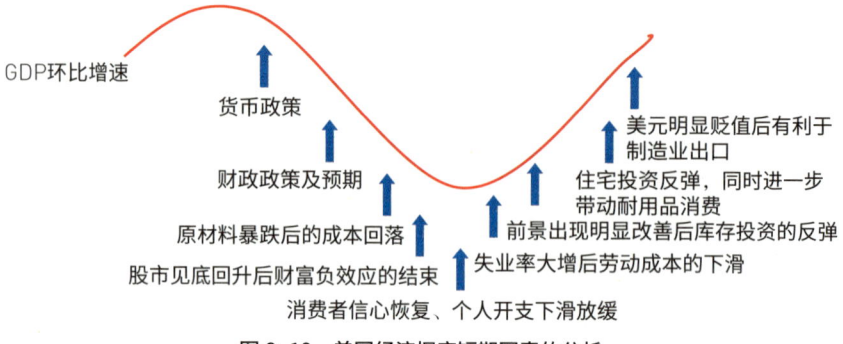

　　　　　　　　　　　　　　　　失业率大增后劳动成本的下滑

图 9-19　美国经济探底短期因素的分析

资料来源：长江证券研究所。

而从上面的分析中可以看出：首先，从美国此次去库存的趋势看，美国需求在历史相对周期中也是较弱的，这直接造就了美国去库存的缓慢以及相应的对中国外需拉动的滞后，因此库存的反弹需要等到第四季度才有可能出现；其次，从消费反弹结构看，耐用品消费的反弹明显弱于非耐用品，而从消费的支撑因素和未来趋势看，美国消费还存在着再次向下调整的可能性。因此，对美国经济和资本市场的运行趋势的判断，都需要在原有复苏预期下进行修正。

在此基础上，我们判断，美国经济与中国经济类似的地方在于，在经历 2009 年第二季度向弱势回归的过程后，2009 年第三季度的数据环比将不会出现大幅的回升，而会缓步回升，虽然这一阶段同比数据由于基期效应将逐渐转好，尤其是在 2009 年 9 月以后，但是环比回升的缓慢和企业业绩滞后于预期的逐步体现，无疑将冲击资本市场的超预期刺激。同时，由于通货膨胀因素的抬头，市场将逐步转向关注未来再通货膨胀和去政策化的出现，这都将影响市场的信心，从这个角度看，美股也进入了关键时期。

因此，虽然 2009 年第四季度将是实际 GDP 增速触底的时期，也是经济体可能在经历连续收缩后迎来首次增长的转折期，但是对资本市场而言，尤其是伴随着需求过弱背景下去库存化的姗姗来迟，美股迎来资本市场的调整期将成为大概率事件。在目前美国股市进入转折的关键时期，这也将影响中国

资本市场的预期和信心，进一步削减中级反弹原因中外围支撑因素的影响。

中级反弹的延续与终结：
房地产问题是通货膨胀预期下的泡沫问题

就房地产业而言，主要的问题在于定性，当中级反弹决定性因素，即刚性需求结束后，房地产业的繁荣由何种因素决定，何种因素决定了房地产业未来发展的趋势。因此，不同阶段房地产属性的问题也就成为判断未来房地产行业发展趋势的关键。

房地产问题是通货膨胀预期下的泡沫问题

房地产问题实际上是一个争议很大的话题，因为房地产具有资产属性和使用属性。这意味着房地产同时汇聚了两种投资逻辑。

其一，属于刚性需求范围的房地产成交，即房地产成交量增加的根源来自价格的回落，这种价格回落可能来自经济低谷背景下的让利销售，也可能来源于货币政策宽松带来的信贷成本下降，而其根源来自我们前面所提到的刚性需求，即收入阶段性维持背景下价格回落触发的刚性需求。但是在2009年第二季度之后，这种刚性需求的环境在变化：一方面，2009年第三季度开始收入滞后调整是大概率事件；另一方面，通货膨胀预期会导致货币政策去政策化行为，而前期的成交量又给开发商带来了提价预期，这将伤害刚性需求的延续。

因此，如果房地产刚性需求增加的根源是价格的下跌，那么房地产的改善性需求必然对价格上升和收入预期有更高的敏感性，所以，当刚性需求释放之后，房地产的成交量将更多地与房地产价格波动和收入预期相关，而收入预期的低点将在2009年下半年出现，这体现了经济周期运行的惯常规律。所以，只要我们不能预期中国的失业率已经见顶或者收入的低点已经来临，我们就没有理由在方向上认为房地产的成交量不会下降。

其二，属于泡沫需求范围的房地产成交，主要缘于通货膨胀预期下房地产本身具有的资产属性，在通货膨胀水平回升的背景下，一切固定利率的资产都将减值，而经济可能处于由衰退紧缩减息向增长通货膨胀加息过渡时期。在经过我们改良后的美林时钟中可以看到（见表9-2），这时收益较高的投资标的为股票和工业属性商品，如金属等。而如果经济转向停滞，即出现滞胀，则有可能转向股票和能源、贵金属等资产属性类商品。相应地，从美国和日本20世纪70年代的行业指数的波动及排名看（见表9-3、表9-4），我们看到在滞胀阶段，房地产、贵金属与能源类行业的涨幅位于前列，这说明，在经济恢复进入调整期，而又出现通货膨胀预期的情况下，房地产出现泡沫需求是大概率事件。

关于中国市场，通过与美林时钟对比，我们发现中国经济周期内的各类资产尤其是股票、债券及货币相较于美国市场在上一个阶段的后期开始提前反应，因此更为领先，这应该与中国资产更着重预期有关，进一步加大了这种泡沫预期推动的房地产成交量维持甚至增长的可能性。

表9-2 在美林时钟中加入利率变量后对中国实证资产的配置

状态	GDP状态	CPI状态	货币政策	时间段	最优资产	最优资产
1	衰退	紧缩	减息	2001年1月2日—2002年2月22日	债券	国债/企业债
2	衰退	紧缩	加息	2002年2月25日—2002年4月30日	股票	小盘股/国债/能源
3	增长	紧缩	加息	2002年5月8日—2002年12月31日	股票/商品	企业债/金属/股票
3	增长	紧缩	加息	2004年1月2日—2005年12月31日	股票/商品	低市盈率股票/金属/国债
4	增长	通货膨胀	加息	2003年1月2日—2003年12月31日	股票/商品	企业债/金属/股票
4	增长	通货膨胀	加息	2006年1月4日—2007年9月30日	股票/商品	低市盈率股票/金属/国债
5	衰退	通货膨胀	加息	2007年10月8日—2008年7月31日	债券/商品	债券/能源/小盘股
6	衰退	通货膨胀	减息	2000年1月4日—2000年12月29日	债券	国债/企业债/农产品

资料来源：CEIC数据库，长江证券研究所。

表 9-3 美国 20 世纪 70 年代滞胀阶段各行业指数的波动及排名

排名	行业	1976年10月至1978年3月波动(%)	排名	行业	1978年4月至1980年11月波动(%)
1	房地产	46.7	1	贵金属	380.9
2	消费者服务	42.6	2	建筑	242.8
3	出版印刷	29.2	3	石油天然气	225.7
4	服装	28.0	4	采掘	190.7
5	贵金属	23.2	7	房地产	127.2
31	标普指数	-12.8	25	标普指数	46.4
35	消费商品	-20.6	35	零售	14.4
36	采掘	-22.3	36	电信	9.7
37	办公用品	-25.7	37	汽车	3.7

数据来源：CEIC 数据库，长江证券研究所。

表 9-4 日本 20 世纪 70 年代滞涨阶段各行业指数的涨幅

1975年9月至1976年6月		1976年6月至1978年3月	
行业	涨幅(%)	行业	涨幅(%)
交通运输设备	54.74	电力、燃气	67.28
精密仪器	51.60	石油及煤制品	65.97
小盘股	39.95	化工	44.90
机械	33.53	服务业	41.91
钢铁	30.43	制药	39.58
非铁金属	25.73	房地产	33.75
中盘股	23.66	精密仪器	32.34
化工	23.39	批发交易	27.90
东证股价指数	22.72	食品	26.72
大盘股	20.08	金属制品	25.37
批发零售	15.52	小盘股	19.61
制药	15.35	交通运输设备	19.33

续表

1975年9月至1976年6月		1976年6月至1978年3月	
行业	涨幅（%）	行业	涨幅（%）
其他生产品	13.62	中盘股	17.30
金属制品	13.13	东证股价指数	13.95
房地产	7.11	大盘股	11.98

数据来源：CEIC数据库，长江证券研究所。

因此，我们认为从第三季度开始，房地产业更有可能面临刚性需求下滑和泡沫预期提升两者博弈的状况，而博弈的结果，取决于通货膨胀维持的时间。

原因在于，资产价格泡沫的内在来源是实体经济杠杆化率的提高，只有金融体系借贷的上升才会使资产价格脱离实际的供需平衡，从而更多地展现出一种货币现象，而金融体系借贷的恢复并不是一个直接降低利率的过程，这种借贷同时受存量和增量因素制约：存量因素在于已有的居民和企业储蓄积累，增量因素在于未来个人、企业收入增长的水平。从目前中国的状况看，两难之处在于，就资产负债表而言，在此次金融危机中中国的居民财富受到的影响的确比美国等国家要小得多，但是就经济恢复周期的调整而言，收入增长的制约在一定程度上仍会存在一个过渡期。

因此，泡沫预期转化为通货膨胀问题，即如果长期通货膨胀加强泡沫预期，则房地产业泡沫化繁荣是大概率事件，如果通货膨胀仅短期上升继而步入通缩，那么房地产业的发展受到收入调整的制约。实际上，20世纪70年代的美国经济和日本经济，在1976—1978年出现长期滞胀之前，在经济触底反弹的1975年也曾出现阶段性的通货膨胀率回升，尤其是1975年6月通货膨胀率环比大幅回升还导致了美国上调基准利率的货币政策变动，但是在此期间，美国房地产行业指数整体表现依然不佳（见表9-5），这也说明了通货膨胀持续时间的长短决定了房地产泡沫化的可能性，房地产业在刚性需求导致的中级反弹之后本质上要面对通货膨胀预期下的泡沫问题。

表 9-5　20 世纪 70 年代美国经济滞胀前各行业指数的波动

排名	行业	1973 年 1 月至 1974 年 12 月波动 (%)	排名	行业	1975 年 1 月至 1976 年 6 月波动 (%)
1	煤炭	27.1	1	煤炭	97.9
2	贵金属	24.6	2	服装	93.6
3	钢铁	2.6	3	电子产品	90.7
4	采掘	0.2	4	汽车	88.3
21	**标普指数**	**-43.4**	25	**标普指数**	**45.4**
28	汽车	-52.6	28	保险	41.4
29	电子产品	-52.8	29	零售	40.5
33	出版印刷	-56.9	33	**房地产**	25.5
37	**房地产**	**-78.6**	37	贵金属	-11.4

数据来源：长江证券研究所。

房地产行业和汽车行业阶段性表现的不同——房地产是通货膨胀预期下泡沫的佐证

另一点佐证来自汽车行业。汽车和房地产都为刚性需求的典型代表，即在经济反弹阶段中行业受到的影响以收入调整和价格下降为主，但是我们可以看到，除了在反弹初期即刚性需求释放时期，汽车行业和房地产行业具有相类似的表现外，当中级反弹结束后，汽车行业和房地产行业的表现截然不同。

以日本为例，由于行业数据的缺乏，我们选择行业指数作为行业发展状况的代表。可以看到，在刚性需求导致的中级反弹时期，以及中级反弹后的调整期，汽车行业和房地产行业都出现了同涨同跌的同向运动，其涨跌幅度也基本相当。但是，当日本经济在 1975 年第四季度走出第二个底部步入经济复苏道路时，汽车业出现了涨幅榜前端，房地产业依然不见起色，而到了滞胀时期，房地产业出现在涨幅榜前列，相反汽车业则表现一般。

上述变化的出现正是由于主导房地产行业指数和汽车行业指数的因素不同：在中级反弹阶段，两者共同由刚性需求引起反弹，而在之后的调整期，两者也都是由于刚性需求受到收入滞后调整制约而下跌，因此走势趋同；但是在恢复期阶段，汽车业受益于当时日本恢复的新增长点——外需恢复，因此快速回升，相应地，房地产业则在滞胀阶段才由通货膨胀预期下的泡沫引导至涨幅榜前列。因此，两个行业的走势也从侧面印证了刚性需求之后房地产本质是通货膨胀预期下的泡沫问题（见表9-6）。

表9-6　20世纪70年代日本交通运输设备和房地产行业走势

行业TOPIX波动情况	中级反弹（1974年10月1日至1975年6月30日）	调整期（1975年6月30日至1975年9月30日）	恢复期（1975年9月30日至1976年6月30日）	滞胀期（1976年6月30日至1978年3月30日）
交通运输设备（%）	18.96	-13.97	54.74	19.33
房地产（%）	10.33	-14.80	7.11	33.75

数据来源：长江证券研究所。

中级反弹的延续与终结：基于通货膨胀分析的两种情景

既然外需不是2009年下半年能够依赖的，而相应的房地产业走势则取决于通货膨胀的延续性。因此，中国经济未来的走势实际上与通货膨胀息息相关。

按照我们的观点，中级反弹与反转之间的过渡期是必然存在的，问题只是这个时刻什么时候出现。我们前期反复提到的对2008年以来世界经济走势的基本认识是，在长波的衰退期，通货膨胀将对经济增长保持相当高的敏感性，所以一切经济变化的根源就是通货膨胀问题。而在验证预期阶段，如果把对经济走势的判断简单化，那么对经济走势的判断基本上就是通货膨胀的情景分析。在历史上，在通货膨胀水平大幅波动后的经济恢复初期基本上都会出现大宗商品价格的阶段性反弹（见图9-20）。

因此我们基本可以排除中国在2009年内出现持续通缩的可能性，那么只剩下两种可能的情景。

第一种情景就是通货膨胀出现并延续。我们自 2008 年就一直指出，目前的通货膨胀主要不是看 CPI，而是看 PPI，最核心的是看资源价格。谁也不能否认经济反弹的支撑因素是政策，通货膨胀则是博弈政策极限的手段。也就是说，在通货膨胀水平没有大幅度变动之前，政策是有空间的，因此也为通货膨胀投机带来了空间。所以，行情的终结必然来源于通货膨胀预期的大幅回升，而且极有可能就是投机流动性利用通货膨胀博弈政策的结果。

图 9-20　高盛商品指数（GSCI）走势

数据来源：彭博，长江证券研究所。

实际上，从目前的世界经济走势看，谁也不能断言世界各国政府主导的流动性释放就到了极限，货币体系动荡导致的世界性经济危机是否会由于货币大量投放而出现 2~3 年的恢复缓冲期，也是难以断言的。

因此，在目前的政策倾向下，通货膨胀有持续的可能，而如果通货膨胀持续，则意味着两种结果：其一，世界恢复原有分工体系；其二，中国经济以房地产业为龙头进入滞胀阶段。

关于世界恢复原有分工体系，主要原因在于：如果通货膨胀持续，就意味着需求不再是大宗商品价格反弹空间的桎梏，需求恢复意味着世界经济出现恢复性增长，而在创新性需求难以出现的情况下，这种恢复性增长一定来源于对原有国际产业分工下的共生模式的恢复和延续。

实际上，我们早在《色即是空》中就这种共生模式进行了详尽的分析（见图9-21），可以预见，这种共生模式重新恢复的可能性在于：美国印钞机的再次开动可能会引发消费增长的恢复，并且在一定程度上恢复美元的公信力和原有模式的经济增长预期，因为共生模式的基础是美元的信用度，因此制造核心国和资源核心国就会重新将它们的大量外汇储备投入美国，压低美国长期利率，维持美国流动性的顺畅，从而推动资产价格膨胀以及国民消费持续快速增长。

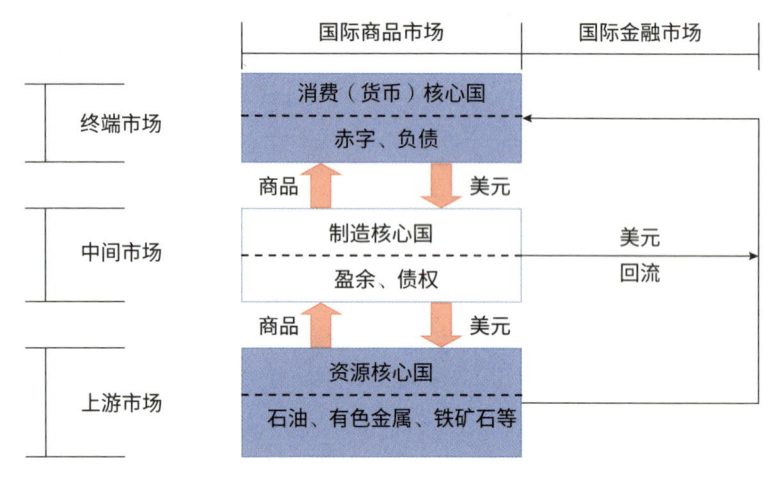

图9-21　国际产业分工下的共生模式

资料来源：长江证券研究所。

在此基础上，美元势必会保持贬值态势，原因在于在美国制造业疲弱的情况下，要维持原有的共生模式，美元作为最终消费端势必要部分重归弱势。更重要的是，用流动性解决过度消费的问题，只会阶段性地导致过度消费和资产泡沫，这会导致美元贬值和商品价格走高，从而使全球陷入流动性推升的滞胀局面。

实际上，从每一轮美国经济衰退与美元走势的情况来看（见图9-22），美国经济结束衰退与美元趋势性贬值之间的间隔越来越短，而美元趋势性贬值的时间也越来越长，这充分说明目前美国经济的依托力更多表现在美元趋势性变化所引导的过度消费和资产泡沫。而从这一次危机看，美元的贬值甚至有领先衰退真正结束到来的迹象，这一方面说明这次经济恢复增长的本质在于流动性泛滥，另一方面会提前推动资产泡沫的到来。

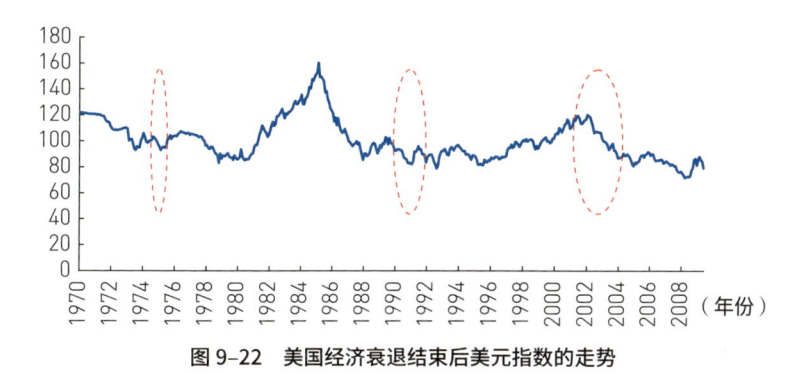

图9-22 美国经济衰退结束后美元指数的走势

数据来源：彭博，长江证券研究所。

面对这种情况的中国，则会迎来滞胀的环境：一方面，前期推动经济反弹的刚性需求因素中，收入将会滞后调整；另一方面，中国作为制造核心国也就是大宗商品的净进口国，由于美元贬值先于衰退真正结束到来，因此下游的需求并未完全恢复，但是大宗商品在美元贬值和复苏预期的共同推动下的价格上升无疑将抵消前期的成本下降，对中国的大多数行业尤其是中坚的制造业而言，外需真正恢复之前并不是很好的发展时期。

但是如前所述，刚性需求消失后的房地产业由通货膨胀预期下的泡沫因素主导，则会在这种滞胀的状态下得到快速发展，而由于中国经济体系中房地产业处于主导行业地位，因此中国经济会呈现出建筑这一条主线的产业繁荣推动投资继续快速增长，而消费有所回落，外需预期有所提高的趋势。

第二种情景是阶段性通货膨胀出现立即转向通缩的可能，即通货膨胀反弹不能持续，这是经济需求疲弱的典型表现，也就是目前流动性泛滥依然不能带动原有世界分工体系恢复的原因。那么，在世界整体缺乏创新机制的情况下，这意味着中国的外需确实在短期内还是不存在反弹的契机，更重要的是，通缩环境使得居民对于收入预期调整的担忧占据主导地位，这意味着另一新增长点——民间投资的主力——房地产行业也依然缺乏机会，因此中国经济将走上消费回落、外需乏力、投资主要依靠政府拉动的道路。

情景分析下的市场趋势和策略选择

在前面两种情景分析中，实际上我们可以看到，对未来经济走势的判断，也就简化为对通货膨胀运行趋势的判断，只要通货膨胀运行趋势明朗，对经济走势的判断就会明朗。

回归到市场，我们沿着相同的逻辑进行。关于第一种情景，即通货膨胀可以延续，那么无疑意味着投资时钟进入了滞胀阶段。在这一阶段中，根据投资时钟，上游的能源品、贵金属和房地产及建筑产业链上的行业都应该成为配置重点，我们对其也可以保持更为积极的态度。

但是如果是第二种情景，即通货膨胀会立即过渡到通缩，则经济的调整期可能会被相应拉长，因此谨慎和防御将成为2009年下半年的主题，考虑到可选消费品消费也会受到收入滞后调整影响，因此稳定增长类的纯防御行业如医药和必需消费品应该成为配置重点。

因此，在两条主线下，逻辑都是清晰的，但是关键的问题是选择哪一条主线。从前面的分析中可以看到，外需的恢复和失业率稳定带来的收入重新回升可能都是一个漫长的过程，因此从周期运行上看应该选择第二种可能性。但是本次周期的特质中出现了明显的用流动性解决流动性问题，美国制造业太过疲弱，从而导致美元贬值先于衰退结束，这是世界分工体系发展到目前的最大问题，这也增加了此次经济周期与通货膨胀互动的复杂性。

值得注意的是，不管是哪种情景，有两个因素都是确定的。

首先，对中国而言，不管是否会持续出现通货膨胀，在衰退真正结束之前都不会出现外需的全面恢复，我们面临的无非是通货紧缩和滞胀两种可能性，而在收入滞后调整和刚性需求结束的背景下，二者都会迎来一个调整期，区别仅仅在于调整期的长短。当通货膨胀水平上升导致刚性需求变化时，市场应该进入调整时期，CPI 与 PPI 之差的收窄依然是反映市场趋势性变化的重要指标，因为刚性需求无论在 20 世纪 70 年代的日本还是现阶段的中国都是趋同的（见图 9-23、图 9-24）。

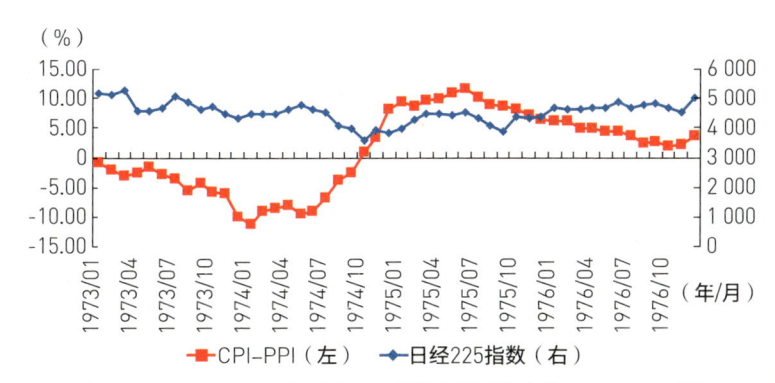

图 9-23　1974—1975 年日经 225 指数中级反弹走势与 CPI-PPI 走势

数据来源：CEIC 数据库，长江证券研究所。

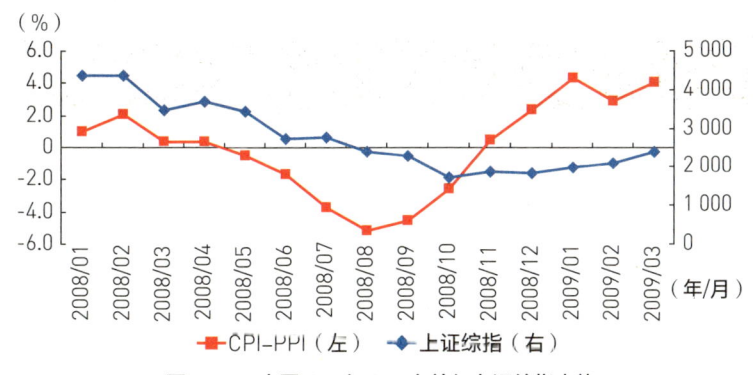

图 9-24　中国 CPI 与 PPI 之差与上证综指走势

数据来源：CEIC 数据库，长江证券研究所。

考虑到基数效应的影响，PPI 要到 7—8 月才能见底（见图 9-25），而新的涨价因素最快在 6 月出现上升，相应地，如果 CPI 新的涨价因素不出现大的波动（见表 9-7），那么 CPI 与 PPI 之差也在 2009 年第三季度出现逆转的概率较大（见图 9-26）。在我们的逻辑中，这意味着刚性需求重新受到价格上涨制约，中级反弹结束，从这一指标看，我们依然维持2009年第三季度市场将进入中级反弹后的调整期的判断。

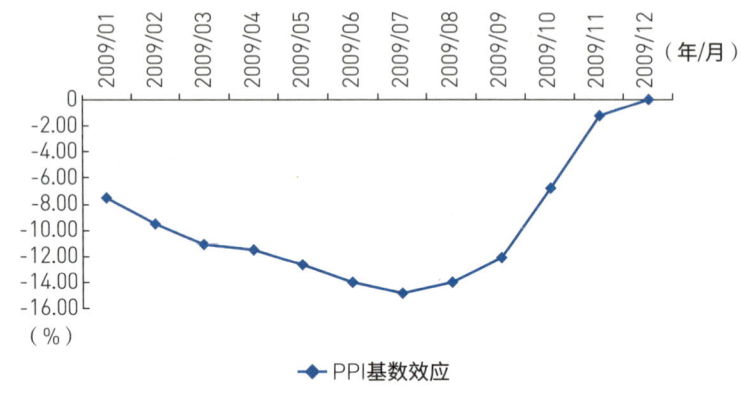

图 9-25 2009 年 PPI 翘尾因素趋势

数据来源：CEIC 数据库，长江证券研究所。

表 9-7 CPI 分解以及未来预测值（单位：%）

时间	同比	环比	翘尾因素	新涨价因素（3月份以后为预测值）
2009 年 1 月	1.0	0.9	0.1	0.9
2009 年 2 月	-1.6	0.6	-2.6	1.0
2009 年 3 月	-1.2	-0.3	-1.9	0.7
2009 年 4 月	-1.0	0.3	-2.0	1.0
2009 年 5 月	0.2	0.2	-1.6	-1.4
2009 年 6 月	-0.1	0.1	-1.4	1.3
2009 年 7 月	-0.5	-0.3	-1.5	1.0
2009 年 8 月	-0.6	-0.2	-1.4	0.8
2009 年 9 月	-0.4	1.8	-1.3	0.9
2009 年 10 月	-0.5	-0.4	-1.0	0.5
2009 年 11 月	0.2	-0.1	-0.2	0.4
2009 年 12 月	0.9	0.5	0	0.9

数据来源：长江证券研究所。

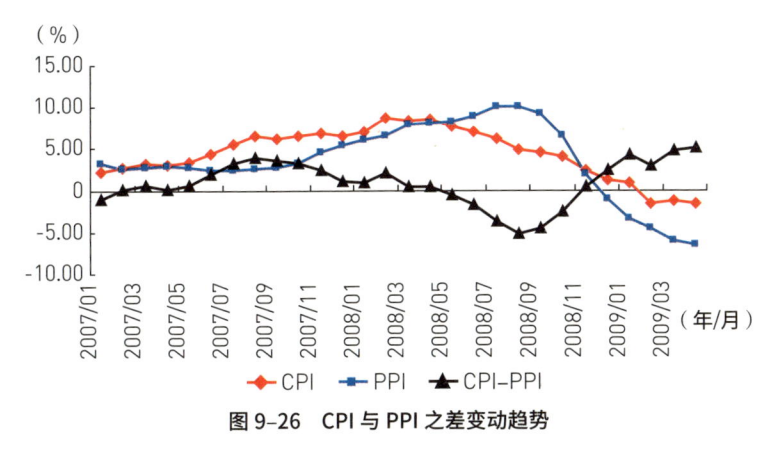

图9-26 CPI与PPI之差变动趋势

数据来源：CEIC数据库，长江证券研究所。

其次，无论是哪种情景的交互变化，局部通货膨胀和阶段性通货膨胀的出现都是大概率事件，差别在于其是否会演变为持续的通货膨胀，因此资源价格就成为未来配置中需要重点关注的对象。在资源价格上升阶段，由于房地产和建筑相关行业以及能源品种会维持强势，考虑到这些行业在大盘指数中的占比较大，因此大盘更多地表现为伴随大宗商品价格波动的高位波动趋势，对房地产和能源行业在滞胀下的资产配置应当成为进攻型配置的主体。但是一旦出现资源价格回落的状态，大盘会由于周期性行业的整体下跌而出现深幅回调，此时的配置策略应立即转向纯防御性行业。当然，不管哪种情况出现，正如我们前面所强调的，中期反弹的顶部已然构筑，调整期将成为2009年下半年市场节奏的主旋律。